# 유언 遺言

《화태 귀환 재일한국인회》 회장 이희팔 (李羲八)

도서출판 풍

# 목 차

서문 / 5

소논문 「사할린 잔류 조선인의 한국 영주 귀국에 관하여」 / 10

* 구술

1. 조선에서 / 27
  가족 | 친척들 | 가난한 마을 | 소학교 | 농업실습학교 | 결혼 |
  돈벌이 타향살이 | 농업지도원 | 가라후토(사할린)에 가다 |

2. 사할린에서 / 56
  광산 도착, 훈련 | 탄광 노동(갱내) | 탄광 노동(갱외) | 해방 직후의 사할린 사회 |
  오도마리(코르사코프)에서 공동생활 | 어업 콤비나트 | 군 관련 건설회사 |
  일본인 귀환사업 시작 | 재혼 | 귀환 |

3. 일본에서 / 115
  마이즈루舞鶴로 귀환, 도쿄東京에 정착 | 모임 결성 | 초기의 활동 | 일과 생활 |
  한국의 고향으로 | KCIA본부로 연행되다 | 사할린―일본―한국 간 편지 중계 |
  잔류 조선인의 일본 초청 및 가족 재회 운동 | 국회의원 간담회 결성 |
  김덕순 씨의 한국방문 | 사할린 재방문 |
  김덕순 씨의 한국방문 이후 | 현재

[ 관련 자료 ]

{1} 구술 <南사할린 나이부치 탄광의 기억> 박노학 / 199

{2} 사할린 잔류 조선인 귀환 청구소송(제1차 사할린 재판) 관련문서 / 204
　　[의뢰서] 사할린 억류 귀환 한국인회
　　[경력서] 박노학 | [경력서] 신창규 | [경력서] 최호술 | [경력서] 김재봉 |
　　[경력서] 김병문 | [경력서] 심계섭 | [경력조사서] 김근수 | [경력서] 이갑수 |
　　[표지 없음] 이동옥 | [상고서] 이만세 | [상고서] 한청술 | [경력조사서] 이사술 |
　　[경력] 전종근 | [경력서] 호리에 카즈코 | [경력서] 신성규 |

{3} <화태 억류 귀환 한국인회> 회장 박노학 외 6명이 일본변호사연합회
　　인권옹호위원회 앞으로 보낸 문서 / 226
　　- <재사할린 한국인 귀환을 위한 조사 및 구제 신청서>

{4} 시 '애수의 해협' — 박노학 / 232

{5} 일본 국회에서의 질문서 및 회답 / 234
　　① 중의원의원(우케다 신키치) 국회질문서 및 내각총리대신(다나카 가쿠에이) 회답
　　② 중의원의원(구사카와 쇼조) 국회질의에 대한 내각총리대신(나카소네 야스히로)
　　　의 회답

{6} 연보 / 238

저자 후기 / 250

# 서문

　이 책은 <화태(樺太) 귀환 재일한국인회> 회장 이희팔(李羲八) 씨의 구술을 정리해 기록한 것이다.

　이희팔 씨는 1923년, 당시 일본의 식민지였던 조선에서 태어났다. 생가는 경상북도 영양군의 가난한 소작농이었으며 5남매 가운데 막내다. 가족 중에 오로지 혼자 소학교를 졸업했음에도 일자리가 없었다. 하는 수 없이 20세 때 갓 결혼한 아내를 두고 이른바 '관 알선모집'*(주1 식민지시기 조선인 노무 동원의 한 단계. 이른바 조선인 강제동원은 1939년 8월 무렵부터 시작된 '회사 자유 모집'과 1942년 2월 무렵부터 시작된 '관 알선모집', 1944년 9월 무렵부터 시작된 '징용' 등 3단계가 있었고, 전쟁이 가속화됨에 따라 국가통제가 강화되어 갔다. 민간업자가 비교적 자유로이 모집한 '회사 자유 모집'과는 달리 '관 알선모집'은 조선총독부나 일본 후생성이 전면에 나서 부대 형태로 편성한 조선인들을 일본과 사할린 등으로 보냈다)에 지원해 당시 일본의 식민지였던 南사할린(일본 점령 당시 가라후토)으로 간다. 가라후토인조석유(주)가 개발 중인 나이부치 탄광이었다. 2년 기한의 근로계약이 만료되기 직전에 사할린 현지에서 강제 징용된 상태로 일하다 일본이 전쟁에서 패하자 징용이 해제된다. 그 후 항구도시인 오도마리(大泊, 현 코르사코프)로 이동해 지내면서 조선으로 돌아갈 날을 기다렸다.

　1946년 말에 일본 정부가 시작한 귀환사업은 일본인만 해당하고 조선인은 대상에서 제외된다. 이희팔 씨는 1950년, 사할린에서 일본인 여성과 재혼해 3명의 자녀를 낳았다. 스탈린 사망 후 1956년 10월에 일소 공동선언이 조인되자 소련에 잔류한 일본인들의 귀환사업이 재개된다. 이희팔 씨 가족은 1958년 1월, 교토京都 마이즈루舞鶴 항구에 상륙해 곧바로 도쿄東京로 간다.

　도쿄 아다치구足立區에 있는 귀환자 숙소에 입소한 이희팔 씨는 같은 귀환선을 타고 일본에 온 조선인 2명과 함께 한 일본인의 도움을 받아 <화태 억

류 귀환 재일한국인회>를 만들고 회장을 맡는다. 이후 토목공사 노동으로 생계를 이어가며 사할린에 남아 있는 조선인들을 구제할 방법을 찾고자 일본 국회에 진정서, 청원서를 보내고 언론에도 사할린의 사정을 호소했지만, 자금도 전문지식도 없는 데다 민족단체의 지원도 받지 못해 고생이 이어졌다. 이런 상황에서도 사할린에서 이 모임 앞으로 보내온 편지들을 바탕으로 약 7천 명의 '귀환 희망자 명부'를 작성했고, 1966년에는 한국 정부에도 명부를 제출하게 되었다.

1975년, 이 모임이 중심이 되어 사할린에 남은 조선인들의 소송을 위한 위임장과 경력서 등을 취합해 일본 정부를 상대로 배상소송을 제기, 이로써 귀환운동은 새로운 국면에 접어든다. 더불어 점차 일본 시민들의 지원도 확대되기 시작했다.

오누마 야스아키大沼保昭 교수와 다카기 켄이치高木健一 변호사, 두 사람의 노력으로 1987년에는 초당파 국회의원들이 결집해 <화태 잔류 한국·조선인 문제 의원간담회>가 만들어졌고 비로소 정치계가 움직이기 시작했다.

이듬해인 1988년 3월, 모임의 2대 회장이었던 박노학(朴魯學) 씨가 세상을 떠나자 이희팔 씨가 회장에 복귀한다. 그는 온갖 노력 끝에 서울올림픽 기간 중 한국에 있는 가족을 만나기 위해 사할린에서 일본에 와 있던 김덕순(金德順) 씨를 한국에 일시 귀국시키는 데 처음으로 성공한다. 이후부터는 사할린에서 초청된 한국·조선인과 한국에 있는 그들의 친족을 불러 도쿄에서 만나게 했던 과정이 크게 변화된다. 사할린에 있는 한국·조선인들이 일본을 경유한 한국입국이 가능하게 되었고, 머지않아 사할린과 한국 사이에 직행 항공편이 취항하기에까지 이른다.

한소 국교 수립 이전의 일이다. 국교도 맺어지지 않은 상황에서 사할린에 남아 있던 김덕순 씨를 한국에 있는 노모와 만나게 해주고 싶었던 이희팔 씨의 집념이 대국 소련을 움직이게 만들었다. 한국 정부도 못 한 일을 한 민간인이 해냈고 이후 수천, 수만 명이 뒤를 이었다. 이희팔 씨는 말 그대로 '길이 없는 곳에 길을 만든' 것이다.

1989년에는 한일 적십자사 간에 <재사할린 한국인 지원 공동사업체>가 발족한다. 그때까지 이희팔 씨가 해왔던 활동은 이 '공동사업체'에 위임되었고, 이로써 이희팔 씨와 회원들의 귀환운동은 그 역할을 마칠 수 있었다.

이 책은 다음과 같이 구성되어 있다.

졸고 <사할린 잔류 조선인의 한국 영주 귀국에 관하여>*(주2 초고는 조선문제연구회編 <해협>27호(2016.12. 사회평론사))에서는 사할린 잔류 조선인 1세의 한국 영주 귀국 운동의 역사, <공동사업체>의 활동 실적, 각국의 상황, 남은 과제 등에 관해 서술했다. 이어지는 '구술 기록'을 이해하는 데 도움이 되면 다행이다.

'구술 기록'은 다음과 같이 구성되었다.

<화태 귀환 재일한국인회>의 전신인 <화태 억류 귀환 재일한국인회>는 이희팔 씨 일행이 도쿄 아다치구足立區에 있는 귀환자 숙소에 입소한 직후인 1958년 2월에 만들어졌다. 그러나 모임이 만들어진 배경, 사할린 잔류 동포 상황, 나아가 이희팔 씨가 전쟁 전의 사할린으로 건너간 사정 등을 알기 위해서는 역시 이희팔 씨의 성장 과정부터 순서대로 들을 필요가 있었다. 따라서 다음과 같이 시기를 나누어 보았다.

1. 조선에서 : 출생부터 20세 당시 南가라후토(사할린)로 가기까지 과정.
2. 사할린에서 : 전쟁 기간 중 탄광 노동, 전후 소련의 기업에서 한 노동. 재혼후 당시 34세에 가족과 함께 교토京都 마이즈루舞鶴로 귀환선을 타고 오기까지 과정.
3. 일본에서 : 사할린에서 함께 귀환선을 타고 일본에 온 조선인 3명이 모임을 만든 이후 현재까지 이어진 활동.

## 관련 자료

이 책의 마지막 부분에 몇 가지 문서를 첨부했다. 이 또한 '구술 기록'을 이해하는 데 도움이 되길 바란다. 순서대로 설명을 달았다.

{1} 박노학 구술 <南사할린 '나이부치 탄광의 기억'>*(주3 초고는 재일조선인운동
　　사연구회編 <재일조선인사 연구>16호(1986.10)에 수록된 졸고 <전시하 남사할린의 피강제
　　연행 조선인 탄광부에 관하여>)은 박노학 회장(당시)의 구술을 기록, 정리한 것
　　이다.

{2} 화태 잔류 조선인 귀환 청구 소송(제1차 사할린 재판) 관련 문서는 재판
　　당시에 작성된 모임 회원들 15명의 '경력서' 등이다. 더불어 이희팔 씨의
　　'경력서' 등은 사정상 이 책에서는 생략했다.*(주4 이희팔 씨의 <상고서> <이용
　　당한 구 일본인> <경력서>의 내용이 이 책의 '구술 기록'과 일부 중복되기에 생략했다. 다만
　　위의 세 가지 문서는 앞서 언급한 <해협> 29호(2018.12)에 수록된 필자의 해설 「자료소개 이
　　희팔 <상고서> 외─<제1차 사할린 재판> 관련 문서」에서 소개해 두었다.)

{3} <재사할린 한국인 귀환을 위한 조사 및 구제 신청서>는 박노학 회장(당
　　시) 일행이 일본변호사연합회 인권옹호위원회 앞으로 보낸 구제 신청서
　　이다.

{4} 시 '애수의 해협'은 박노학 회장(당시)의 작품으로 망향의 노래이다.

{5} 일본 국회에서의 질문서 및 답변 부분에는 두 명의 내각총리대신 다나카
　　가쿠에이田中角榮, 나카소네 야스히로中曾根康弘의 답변서를 수록했다. 각각
　　당시 일본 정부의 사할린 잔류 조선인 문제에 대한 기본적인 인식을 보
　　여주는 것이라 할 수 있다. 나아가 다나카 가쿠에이 내각총리대신의 답변

서는 자료 {3}과 일부 중복되는 부분이 있으나 중요한 부분이기에 전문을 수록했다.

{6} 연보에서는 이희팔 씨와 모임에 관한 사항을 좌측에, 그 외의 사항을 우측에 정리했다.

{7} 지도는 이 책과 관련된 남사할린의 지도로, 일본 지배 당시와 현재 러시아 지명을 함께 넣었다. 더불어 현재 러시아연방 사할린주는 사할린섬과 쿠릴열도를 포함하는 지역이지만, 이 책에서는 일본 지배 당시의 지명인 가라후토樺太 혹은 사할린섬 남반부를 지칭한 것이 대부분이다.

이 책에서는 가능한 구술자의 증언을 존중해 문자로 기록하려 노력했다. 나라 이름 대부분은 약칭으로 구술하였기 때문에 그대로 문자화했다. 대한민국은 '한국', 조선민주주의인민공화국은 '북조선' 등이다. 일부 인명은 이니셜로 표기했다.

# 소논문 「사할린 잔류 조선인의 한국 영주 귀국에 관하여」

1945년 8월 8일, 소련의 대일 선전포고 당시 南사할린에 거주한 조선인의 수는 대략 2만 수천 명이었던 것으로 추정된다.*(주1 일반적으로 알려진 약 43,000명 이라는 숫자는 일본 패전 후 사할린 각지에 만들어진 잔류 조선인의 자치조직 '조선인거류민회'가 소련 당국의 명령으로 1946년 봄부터 가을에 걸쳐 실시한 인구조사 결과라고 한다. (일본변호사연합회 엮음 <화태 귀환 재일한국인회 주장 사건 제1차 조사보고서>(1981)). 따라서 이 숫자에는 일본이 패전한 직후부터 지속적으로 조선 북반부에서 사할린에 돈벌이를 온 많은 조선인 노동자가 포함된 것으로 짐작된다.)

이들이 한국으로 영주 귀국한 예는 극히 일부*(주2)를 제외하고 1980년대 이후이며, 그사이 많은 사람이 끝내 귀환하지 못하고 세상을 떠난 것도 사실이다.

*(주2 일본을 경유한 한국(혹은 1948년 대한민국 건국 이전의 조선 남반부)으로 귀환한 수단으로는 다음과 같은 것들이 있다.

① 소련 참전 직후, 가라후토청(樺太廳)이 주도해 1945년 8월 13일~23일까지 실시된 긴급 이동조치(87,680명으로 추정. 홋카이도 총무부의 영토 복귀 북방어업대책본부가 작성한 <화태종전사연표(樺太終戰史年表 1968.1.1)>)에 포함된 예.

② 1946년 11월 27일에 조인된 <소련 점령지구 송환에 관한 미소 잠정 협정> 및 같은 해 12월 19일 체결된 <소련 점령지구 송환에 관한 미소 협정>에 따라 1946년 12월 5일~1949년 7월 21일까지 실시된 일본인 집단송환(292,590명, 후생성 원호국 자료) 당시에 일본인으로 위장해 포함된 예.

③ 밀항 탈출에 포함된 예. 소련군의 엄중한 감시를 피해 사할린 남부 해안에서 작은 배를 이용해 일본 홋카이도로 탈출했다. 1945년 8월 25일~12월 31일까지 23,505명(탈출 도중 조난자 300명으로 추정), 1946년 1월 1일~3월 31일까지 705명(탈출 도중 조난자 100명), 1946년 4월 1일~12월 31일까지 303명(외무성 자료).

위 ①②③에 기록된 조선인의 실제 숫자는 명확하지 않다. 더욱이 1945년 8월 25일 이후로 홋카이도에서 사할린으로 역밀항 한 450명(외무성 자료) 안에는, 1944년 8월 11일 각료회의에서 결정된 <사할린 및 홋카이도 구시로(釧路)의 탄광노동자, 자재 등의 긴급 전환>에 따라 남사할린의 에스토루(우글레고르스크)지구에 있는 모든 탄광의 노동자들을 일본 내지의 여러 탄광으로 긴급 전환 배치했는데, 여기 포함된 조선인 가운데 남사할린에 남아 있던 가족과 합류하기 위해 역밀항을 한 조선인 광부가 상당수 포함된 것으로 보인다.

④ 1956년 10월 19일 조인된 <일소 공동선언>에 따라 1957년 8월 1일~1959년 9월 28일까지 실시된 집단송환에 포함된 예. 송환 대상자는 일본인이었으나 일본인 여성과 혼인 관계(내연관계 포함)에 있는 조선인과 그 가족이 일본인 여성의 동반자 신분으로 일본 상륙이 인정되었다. 일본인 여성 766명 및 그녀들의 조선인 남편과 가족 1,541명이 일본으로 귀환했다(후생성 원호국 자료).

⑤ 개별 귀환 사례. <일소 공동선언>에 따라 집단송환이 종료된 이후에 사할린에서 출발한 귀환은 모두 일반 여객선, 화물선 등을 이용한 자비 부담으로 일본에 건너간 개별 사례다. 1959년 10월~1981년에 걸친 개별 귀환 사례에서는 일본인 여성 약 150명 및 그녀들의 조선인 남편과 가족 약 300명(추정)이 일본으로 귀환했다(후생성 원호국 자료).


이 소논문에서는 태평양전쟁 전부터 南사할린에 거주했고, 1980년대 이후에 한국으로 영주 귀국했거나 혹은 현재도 귀국이 이뤄지고 있는 이른바 사할린 잔류 조선인 1세*(주3 본 논문에서는 1945년 8월 15일, 일본이 패전하기 전에 출생해 남사할린에서 살았던 조선인을 1세로 정의한다)가 한국으로 영주 귀국하기까지 경위와 현재 상황 및 여전히 남은 과제에 대해 살펴보고자 한다.

## I. 경위

### (1) <화태 억류 귀환 한국인 동맹> 결성과 그 활동

일소 공동선언 후 집단 귀환사업에 의해 일본인 아내의 동반자로서 일본으로 온 조선인*(주2의 ④참조) 가운데 일부 뜻있는 이들이 일본에 도착한 후 곧바로 <화태 억류 귀환 한국인 동맹>(대표 이희팔, 후에 <화태 귀환 재일한국인회>로 개칭. 박노학 회장)을 결성한다.

이들은 사할린에 남은 조선인들과 연락을 취하는 한편으로 그들을 한국으로 귀환시키기 위한 활동을 시작한다. 몇몇 일본인이 이들을 도와 일본 정부, 국회, 한국 정부, 민단(재일본대한민국민단), 소련 정부에 진정서와 청원서를 제출하며 협력을 요청했고, 아무런 보수도 없이 일본 언론에 끈질기게 이 문제를 알려왔다. 그러나 당시에는 소련과 한국 사이에 국교가 수립되지 않은 상황이라 이들의 활동은 어려움이 많았다.

한일 기본조약 체결을 위한 협상이 시작된 1960년대 전반, 이 모임은 사할린에 남은 조선인들의 귀환 문제를 해결하기 위해 모국인 한국 정부에 해결책을 요구했지만, 한일 간 협상이 지연된다는 이유로 협상의제로 채택되는 것조차 거부당했다고 한다.

한편 사할린에 남은 조선인들을 귀환시키기 위해 소련 정부와도 교섭을 시작했는데, 1962년에는 토마리(일본 점령시 도마리오루)에 거주하는 허조(許照) 씨를 포함한 약 10명이 현지의 소련 당국으로부터 '일본 정부가 입국을 허가하면 소련도 조선인들의 출국을 허가하겠다'라는 취지의 답변을 듣는다. 그러나 일본 정부는 '조선인은 샌프란시스코 평화조약에 의해 일본 국적을 상실했다'라는 이유로 이들의 일본 도항을 거부한다.

1965년에도 코르사코프(일본 점령시 오도마리)에 거주하는 김영배(金永培) 씨가 소련 당국으로부터 동일한 답변을 듣는다. 이 이야기가 사할린 내에 퍼지자 귀환을 희망하는 이들의 편지가 사할린에서 도쿄에 있는 동맹 앞으로 다수 도착하게 된다.

결국 모임은 1966년 6월에 일본 영주를 희망하는 조선인 334세대 1,576명과 한국 영주를 희망하는 조선인 1,410세대 5,348명의 귀환을 탄원하는 명부를 작성해 한국 정부에 전달한다.(이후 1969년에 탄원명부 사본이 한국 정부로부터 일본 정부에 전달되었고, 일본 정부는 이를 소련 정부에 전달했다.)

1966년, 한국 정부는 사할린에 남은 이들의 귀환을 서두르도록 일본 정부에 요청한다. 이에 대해 일본 정부는 '최종 거주지로서 한국을 원하는 귀환 희망자에 한하여 귀환 비용 일체를 한국 정부가 부담한다면 소련 정부와 협상할 용의가 있다'라는 취지의 지극히 불성실한 답변을 내놓는다.

일본 정부의 대처는 1975년에 다소 변화를 보였다. 귀환 신청 때 까다롭고 번거로운 각종 서류 첨부를 요구하면서도 일본입국에 필요한 '도항증명서 신청서' 2,000부를 동맹 모임에 교부한 것이다.

모임은 곧바로 사할린에 잔류한 이들과 한국에 있는 친족들에게 연락을 취했고, 1978년 3월까지 일본 영주 희망자 14세대 46명, 한국 영주 희망자 123세대 392명이 소련에 있는 일본대사관에 일본입국 허가신청서를 제출하게 된다.(이 당시도 아직 소련과 한국 사이에 국교가 수립되지 않아 한국으로 영주 귀국하더라도 일단 일본에 입국한 후 한국으로 가야 할 상황이었다.)

그러나 실제로는 극히 일부의 희망자가 일본 영주귀환이나 한국 영주 귀국을 실현했을 뿐 대부분은 소련 정부의 출국 허가가 나오지 않아 귀환하지 못했다. 그러는 사이 어처구니없는 비극이 발생한다.

1976년 6월, 4명의 사할린 잔류 조선인이 운 좋게 소련 정부의 출국 허가가 나오자 가산을 모두 처분해 연해주의 나홋카*(주4 당시 사할린에서 가장 가까운 일본 외무성 총영사관이 나홋카에 있었다. 사할린의 유즈노사할린스크(일본명 도요하라)에 일본총영사관이 생긴 것은 2000년도)로 향했고, 일본총영사관에서 일본입국을 신청했다. 외무성은 한국 정부에 이 사실을 통보했고 도쿄에 있는 모임도 이들 4명의 초청장과 신원보증서, 보증 능력 입증서류(납세서류 등) 등을 준비해 법무성에 제출하는 사이 출국기한이 종료되고 말았고, 결국 4명이 귀환하지 못한 채 사할린에 되돌아간 사건이다.

소련 정부의 대응도 1976년에 변화가 생긴다. '사할린 잔류 조선인의 귀환 문제는 소련과 일본 간에 문제가 아니라 소련과 한국 사이의 문제'라며 사할린 잔류 조선인이 일본으로 갈 수 있는 도항증명서가 있어도 소련 출국을 허가하지 않겠다고 한 것이다. 이 때문에 사할린의 조선인들은 불만이 쌓이게 되었고 소련 당국에 항의하는 이까지 나왔다. 그러자 소련 당국은 1977년과 78년에 계속해서 항의하는 이와 그 가족 모두를 북조선(조선민주주의인민공화국)으로 강제 송환했다고 한다. 이후 사할린 잔류 조선인들은 북조선으로 강제송환 될 것이 두려워 소련 당국에 해왔던 출국 요청을 피하게 되고 만

다.*(주5 사할린 잔류 조선인들 대부분은 조선 남반부가 고향인데다 일본 패전 직후에 조선의 북반부에서 사할린으로 돈벌이를 온 노동자들을 본 그들에게 북조선에 대한 인상은 그다지 좋지 않았다.)

1980년대에 들어서자 한국에 있는 가족과 일본에서 만나기 위해 일시적으로 일본을 방문하는 사할린 잔류 조선인이 차츰 늘어난다.*(주6 1981년 11월에 박형주(朴亨柱) 씨 일가가 첫 번째였고, 82년에는 1팀 1인, 83년에는 대한항공기 폭파사건의 영향으로 0명, 84년에는 3팀 4명, 85년에는 5팀 6명, 86년에는 13팀 21명, 87년에는 28팀 50명, 88년에는 53팀 134명, 89년에는 약 450명이다. 89년은 소련 본토에서 방일한 경우도 포함. (의원간담회 발행 <화태 잔류 한국·조선인 문제와 일본의 정치. 의원간담회 7년의 활동> 1994 자료))

이를 위해 동맹 모임은 희망자들을 일본으로 오게 할 초청장과 그 밖의 서류 작성(일부는 러시아어), 요코하마 항구(橫濱港)와 니가타(新潟) 공항으로 들어오는 그들을 맞이하고, 일본에 체류하는 동안 거의 무상으로 그들을 보살펴야 했기에 해를 거듭할수록 분주해졌다.


(2) 일반시민의 활동과 '국회의원 간담회' 결성

1975년 7월, 일본변호사연합회는 <화태 귀환 재일한국인회>의 요청으로 사할린 잔류 조선인의 한국귀환 문제를 인권 문제 차원에서 조사하기 시작했다. 그리고 <화태 귀환 재일한국인회>가 중심이 되어 사할린에 잔류한 이들에게 요청해 소송을 위한 위임장과 경력서 등을 받았다. 같은 해 12월에 사할린 잔류 조선인 4명이 원고가 되어 일본국을 피고로 하는 <화태 잔류 한국·조선인 귀환 청구 소송>(제1차 사할린 재판)이 도쿄 지방법원에 제소되자 귀환운동은 새로운 단계로 접어든다(이 재판은 1989년 6월 15일에 소송이 취하되어 종료되었다).

나아가 1983년에는 <아시아에 대한 전후 처리를 생각하는 모임>(대표 오누마 야스아키)이 발족한다. 이를 계기로 사할린에 잔류한 이들의 귀환 문제를 시급한 과제로 삼고 일본 사회에 폭넓게 호소, 사할린 재판도 지원했다. 차츰 지원자들이 늘어났고 재판을 방청하는 재일조선인과 일본인 등 일반시민들의 참여도 늘어났다. 또한 '잔류 한국인의 귀환 문제를 생각한다'라는 주제로 개최된 국제심포지엄에서는 각국의 국제법 연구자와 변호사들이 모여 드디어 본격적인 논의가 시작되기에 이른다.

　그러나 체제와 이해관계가 대립한 일본, 한국, 소련, 북조선 등 동아시아 4개국과 미국까지 얽혀 있는 특별한 국제문제이기에 오누마 야스아키 씨와 다카기 켄이치 변호사는 이 문제를 해결하려면 고도의 정치적 판단이 필요하다고 여겼고 일본 국회의원들을 설득하려 힘을 쏟는다. 그 결과 1987년 7월에 초당파 중의원, 참의원 170명이 결집해 <화태 잔류 한국·조선인 문제 의원간담회>(회장은 하라 분베이 자민당 참의원. 사무국장은 이가라시 코조 사회당 중의원. 다카기 켄이치 변호사는 사무국에서 활동)가 설립, 정치권도 움직이기 시작했다.*(주7 주6의 자료 참조)

　의원간담회 간부들이 일본 정부와 협의해 소련을 방문, 페레스트로이카 정책을 펼친 고르바초프 정권과 이 문제에 대해 지속적인 협상을 통해 소련적십자사와 사할린주 정부 간부와도 회담하고 협조를 요청했다. 한국의 대한적십자사와도 회담했다.

　일본 정부는 1987년도 예산안에 처음으로 사할린 잔류 조선인을 지원할 조사경비를 책정했는데, 1988년도 예산안에는 사할린 관련 예산으로 833만 엔(이 가운데 391만 엔은 가족 재회 비용)을 계상했다(이후로 현재까지 국비 지출이 이어지고 있다).

　1988년에 들어서 소련 정부의 정책변경으로 상황은 큰 진전을 보인다. 먼저 8월에 사할린에 거주하는 한원수(韓元洙) 씨가 일본을 경유, 한국으로 영주 귀국한다. 이듬해 9월에는 사할린 거주 김덕순(金德順) 씨의 일가족이 일본을 경유해서 처음으로 한국에 일시귀국 했다. 얼마 지나지 않아 일본을 방문한 사할린 잔류 조선인은 신청만 하면 한국방문도 가능했고, 일본 정부가 지원금도 지급하기 시작했기에 가족 상봉을 위해 일시 방일하는 이들이 급증했다.*(주8 이 때문에 <화태 귀환 재일한국인회>는 다카기 켄이치 변호사의 도움을 받아 도쿄에 임대아파트를 마련, 가족을 만나러 사할린과 한국에서 오는 동포들을 그곳에 머물게 하고 보살

폈다고 한다.)

　1989년에는 우선 정부예산에 <재사할린 한국인 지원 등 특별기금 갹출금> 1억 엔(사할린 관련 5,800만 엔)을 계상했고, 의원간담회 간부가 사할린에 가서 사할린주 정부 간부에게 협조를 구했다. 또 사할린섬 4곳의 시에서 잔류 조선인들과 대화하는 행사도 개최했다. 한국에 있는 <중소(中蘇) 이산가족회>의 가족들도 이 자리에 참석하기 위해 처음으로 사할린에 왔다. 한국 국회의원단도 최초로 사할린을 방문한다. 이처럼 도쿄에서의 가족 상봉, 한국으로 일시 귀국, 나아가서는 한국으로 영주 귀국하는 상황으로 진전되면서 동시에 귀국자 수도 급증했기에 <화태 귀환 재일한국인회>의 부담도 커졌다.

　이런 상황에 이르자 <화태 귀환 재일한국인회>와 <화태 잔류 한국·조선인을 지원하는 모임(대표 다카기 켄이치)>과 의원간담회는 일본 정부에 가족 상봉 지원사업 체제를 하루속히 정비하도록 요청한다. 그 결과 1989년 7월에 한일 양국의 적십자사가 <재사할린 한인 지원 공동사업체>를 발족하게 된다. 이를 계기로 그때까지 도쿄에서 가족 상봉을 지원해 왔던 <화태 귀환 재일한국인회>의 활동은 원칙적으로 모두 '공동사업체'에 위임하게 되었고, 이들과 함께했던 일반시민들의 활동도 그 역할을 다하게 된다(다만 '공동사업체'의 지원 사업이 궤도에 오를 때까지 필요한 경비를 지원받으며 활동을 이어 나갔다).

　(3) <재사할린 한인 지원 공동사업체>의 활동
　일본 정부가 자금을 갹출하고 매년 일본 정부가 제시한 지원사업계획에 따라 대한적십자사와 일본적십자사가 역할을 분담, '공동사업체'의 귀환사업이 시작된다. 즉 대한적십자사는 직접지원을 맡아 1989년 12월부터 사할린 잔류 조선인들이 집단으로 도항하는 데 필요한 지원을 시작한다.
　당초에는 일단 소련 항공기를 이용해 일본 니가타 공항에 내린 후 다시 대한항공기로 갈아타고 한국으로 일시 귀국하는 지원을 했는데, 1990년 9월에 대한민국과 소련 사이에 국교가 수립되어 유즈노사할린스크↔서울 간 전세기가 취항하자 이를 지원한다.＊(주9 1989년도~1995년도까지 대한적십자사의 지원으로 사할린에 잔류한 이들 가운데 7,528명이 한국에 일시 귀국했고, 이 가운데 199명은 한국으로 영주 귀국했다(<일본적십자사 사사> 제10권, 1999년)).

한편 일본적십자사는 이들이 일본에서 체류하는 비용과 한국에 일시 귀국하거나 영주 귀국하는데 필요한 도항비와 체류비용을 <화태 귀환 재일한국인회>와 <화태 잔류 한국·조선인을 지원하는 모임> 등을 통해 지급하는 이른바 간접지원을 맡아 1989년부터 개인 도항에 필요한 지원을 시작한다.*(주 10 1989년도~1991년도까지 일본적십자사의 지원으로 사할린 잔류 조선인 가운데 689명이 한국에 일시 귀국, 그중 44명은 한국으로 영주 귀국, 36명은 일본에 체류(주9 자료와 동일)).

당초에는 한국으로 일시 귀국하는 이에게 1인당 64,500엔을 지원했는데, 1990년 1월 이후로는 일본과 한국을 왕복하는데 필요한 경비를 고려해 149,600엔으로 증액되었다.

유즈노사할린스크↔서울을 오가는 지원사업이 순조롭게 진행된 결과 1991년 7월 이후에는 일본에서 친족과의 상봉 및 일본을 경유한 한국으로 일시귀국 혹은 영주 귀국 희망자가 없어 지원이 필요 없어졌다. 그리고 1994년도까지 사할린 잔류 조선인 1세들의 한국 일시귀국이 한 차례씩 모두 이뤄졌기 때문에 1995년 4월부터는 고령자 등을 우선으로 2회째 일시귀국 지원사업이 시작된다.

한국 정부와 대한적십자사는 1988년부터 사할린 잔류 고령자들의 한국 영주를 위한 지원을 해왔는데, 일본 정부와 일본적십자사에도 한국 영주 희망자에 관한 조사를 의뢰한다. 일본 정부와 일본적십자사는 이 의뢰를 받아들여 1992년 11월과 1994년 1월 두 차례에 걸쳐 사할린에서 조사를 실시한다. 이 조사 결과를 바탕으로 일본 정부는 한국의 인천시에 요양원 1개 동(100명 수용)과 경기도 안산시에 집합주택(500세대 수용)을 짓기로 결정한다. 이에 따라 일본 정부는 1994년도 예산에 건설비용으로 약 32억 엔을 계상했다.*(주11 한국 정부는 부지를 제공)

이후에 인천시의 요양원이 1999년 3월 <인천 사할린동포 복지회관>이라는 이름으로 개관했고, 안산시에는 2000년 2월에 고층아파트 단지 <고향

마을>이 완공됐다. 그 사이에도 사할린 잔류 조선인들의 귀국 지원사업은 계속되었다.*(주12 이 지원사업으로 1996년도~2005년도까지 사할린 잔류 조선인 중 7,138명이 한국에 일시 귀국했는데 이 중 1,454명은 영주 귀국했고, 영주 귀국자 1,849명이 사할린을 재방문하고 있다(<일본적십자사 사사> 제11권, 2011년)).

한국 영주 귀국 대상자는 1945년 8월 15일 이전에 출생해 南사할린에 거주하고 있던 조선인으로 한정되었기 때문에 이들의 영주 귀국은 러시아에 남아 있는 자녀와 손자들과 헤어져야 하는 또 다른 이산을 의미했다. 이 문제를 해결하기 위해 2001년도부터 영주 귀국자의 사할린 재방문 지원이 시작된다. 2005년도에는 안산시에 요양원이 완공되었다. 나아가 다양한 사정으로 한국에 영주 귀국하지 못하고 사할린에 남는 것을 선택한 잔류 조선인에 대한 보상으로서 일본 정부가 유즈노사할린스크시에 <사할린 한인문화센터>를 만들기로 결정, 건설비용 약 5억 엔을 갹출해 2006년에 완공되었다. 이 문화센터는 사할린에 남은 이들이 고향을 추억하고, 한국의 언어와 문화를 젊은 세대에게 전하거나 현지 주민들과 교류할 수 있는 장소를 제공하기 위한 곳이라고 한다. 2008년부터는 문화센터에서 의료상담창구 서비스도 시작되었다.*(주13 일본적십자사 발행 <적십자사의 국제 활동 2013> 2013년)

## II. 현황

(1) <재사할린 한인 지원 공동사업체>가 지원한 지원자 수의 변화
'공동사업체'가 발족한 1987년도 이후로 이 사업체가 지원한 지원자 수의 변화를 살펴보자.

표 1 <연도별 피지원자 수>는 일본적십자사가 지원한 수와 대한적십자사가 지원한 수의 합계를 나타낸다. 표에 의하면 당초 한국으로 일시귀국을 지원하는 사업이 주이고 매년 1,000명 전후로 모든 대상자가 1회씩 귀국을 마친 1994년도까지 6,300명 정도가 이 지원을 받아 한국에 일시 귀국했다.

그 후로 모든 대상자가 2회째 일시 귀국해 1998년도까지 총 1만 명이 넘는

이들이 한국을 방문하게 되는데, 2006년도 무렵부터는 차츰 정체되기 시작
해 2013년도까지 약 16,900명이 2회째 귀국을 마친다.

반면에 경기도 안산시에 <고향마을>이 완공되어 입주가 시작된 2000년도
무렵부터는 영주 귀국하는 이들이 늘어난다. 2013년도까지 약 3,620명이 한
국으로 영주 귀국했는데 2010년도 무렵부터는 일정 수준에 머물고 있다.

나아가 최근 들어 증가하고 있는 것이 이미 영주 귀국한 이들이 사할린에
남아 있는 자녀와 손자, 손녀를 만나기 위한 사할린 재방문을 지원하는 사업
인데, 2001년도부터 2013년까지 4,800명 이상 지원받았다.

표1 〈연도별 지원자 수〉(단위 : 명)

| 연도 | 일시 귀국 | 합계 A | 영주 귀국 | 합계 B | A+B | 영주 귀국자 사할린 재방문 | 합계 |
|---|---|---|---|---|---|---|---|
| 1989 | 305 | | | | | | |
| 1990 | 1,540 | | | | | | |
| 1991 | 1,263 | | | | | | |
| 1992 | 1,175 | 5,073 | | | | | |
| 1993 | 1,162 | 5,963 | | | | | |
| 1994 | 855 | | | | 6,818 | | |
| 1995 | 1,598 | | | | | | |
| 1996 | 1,293 | | 23 | | 9,812 | | |
| 1997 | 827 | | | | 10,643 | | |
| 1998 | 1,038 | 10,839 | | | | | |
| 1999 | 621 | | | | 약 12,000 | | |
| 2000 | | 11,993 | | 약 1,000 | | | |
| 2001 | | 약 14,000 | | 1,000 초과 | | | |
| 2002 | 499 | | 15 | | | 179 | |
| 2003 | 464 | | 28 | | | 109 | |
| 2004 | | 약 15,000 | | 1,100 초과 | | | |
| 2005 | | 약 15,600 | | | | | |
| 2006 | | 약 16,100 | | 1,686 | | | |
| 2007 | | 약 16,300 | | 약 2,300 | | | |
| 2008 | | 약 16,400 | | 약 2,800 | | 359 | |
| 2009 | | 약 16,500 | | 약 3,400 | | 296 | |
| 2010 | | 약 16,600 | | 약 3,480 | | 662 | 4,180 |

| 연도 | 일시 귀국 | 합계 A | 영주 귀국 | 합계 B | A+B | 영주 귀국자 사할린 재방문 | 합계 |
|---|---|---|---|---|---|---|---|
| 2011 | | 약 16,600 | | 약 3,480 | | 681 | |
| 2012 | | 약 16,900 | | 약 3,620 | | 652 | |
| 2013 | | 약 16,900 | | 약 3,620 | | 652 | |

주1: 일시 귀국에는 복수 귀국이 포함됨.

주2: 인수가 정확하지 않으나 원본 자료를 그대로 실었다.

출처: 일본적십자사 발행 <1989년도 사업 연보>~<2012년도 사업보고서 수지결산 개요>의 각 연도별 기록 등을 참조해 작성

## (2) 각국의 상황

### ① 한국

'공동사업체'의 지원사업은 일본 정부의 갹출금*(주14 <재사할린 한인 지원 공동사업체 협정서> 제3조)으로 실시하기로 했는데, 1990년도 이후 유즈노사할린스크↔서울 간 직항 전세기가 취항하면서 한국 정부도 집단 도항 지원사업 경비를 일부 부담해 왔다. 또 인천시에 있는 요양원과 경기도 안산시의 <고향마을>이 건설될 당시 한국 정부가 부지를 제공했다.

더불어 한국 정부는 사할린 동포의 국내 입국을 촉진하기 위해 관련법 정비를 추진한다. 영주 귀국자에게 임대주택을 제공, 계약체결에 필요한 평균 2,000만 원 안팎의 보증금을 지원하고 있다. 그리고 '국민 기초 생활 보장법'에 따라 최저 생계비도 지원한다. 각 지자체에서는 임대료 전액 혹은 반액 정도의 보조금도 지급하고 있다.(현재는 모든 지역의 임대료가 주거급여로 지원_역자 주) 나아가 '의료급여법'에 따른 무료 의료검진과 요양도 실시하고 있다. 사망 시에는 장례비가 지급되며 충청남도 천안시에 있는 '망향의 언덕'에 무료로 안치된다고 한다.

### ② 일본

'공동사업체'가 지원사업을 펼치는 가운데 1990년에는 사할린 잔류 한인, 한국 영주 귀국자, 한국에 있는 가족들 21명이 원고가 되어 일본국을 상대로

한 <화태 잔류 한국·조선인 보상 청구 소송>(제2차 사할린 재판)을 도쿄 지방법원에 제소해 원고 1인당 1,000만 엔의 보상금을 청구했다(이 소송은 1995년에 취하되어 종료됨).

2007년에는 <화태 귀환 재일한국인회> 회장인 이희팔 씨, 사할린 잔류 조선인, 한국 영주 귀국자 11명이 원고가 되어 일본국과 그 외 2명을 피고로 하는 <화태 잔류 한국·조선인 우편저금 등 청구 소송>(제3차 사할린 재판)을 도쿄 지방법원에 제소, 전전(戰前)과 전쟁 중에 예치한 우편저금을 당시 잔고의 2천 배로 보상해 지급하라고 청구했다(이 소송은 2014년에 취하되어 종료됨).

③ 러시아

2006년 3월, 사할린주의 주도 유즈노사할린스크시 중심부에 <사할린 한인문화센터>가 완성되어 개관했다. 사할린 잔류 조선인 1세와 2, 3세 혹은 러시아인 등 현지인들이 각종 행사를 즐기는 거점이 되었다. 또 이때까지 주 정부 청사 일부를 빌려 사용해 온 <사할린주 한인회>와 <사할린주 한인노인회>가 문화센터로 이전해 두 단체의 임대료 부담이 경감되었다.

## Ⅲ. 과제

이처럼 사할린 잔류 조선인의 한국 영주 귀국은 <화태 귀환 재일한국인회>, 시민, 의원간담회, '공동사업체' 등의 활동으로 겨우 일부분이 해결되었다 할 수 있다. 그러나 일본이 패전한 후부터 <제1차 사할린 재판> 제소까지 30년, '공동사업체' 발족까지 40여 년의 오랜 세월이 걸렸고, 아직도 일본 정부의 대응이 충분하지 못하기 때문에 여전히 남아 있는 과제가 많다.

### (1) 책임 소재를 명확히 할 것과 지속적인 사죄

일본 정부는 사할린 잔류 조선인의 제반 문제에 대해 정치적, 역사적 책임을 좀 더 명확히 인정할 것. 그리고 내각총리대신을 비롯한 정부 고관*(주15

1990년 4월 18일, 중의원 외무위원회에서 외무대신 나카야마 타로가 중의원의원 이가라시 코조(의원간담회 사무국장)의 추궁에 '정말 이분들에게는 일본으로서도 진심으로 미안한 마음을 갖고 있다'라고 답변한 것은 극히 드문 예다)이 기회가 있을 때마다 사할린 잔류 조선인 1세와 그 자손, 한국 영주 귀국자와 그 친족들에게 거듭 사죄할 것.

일본 정부는 '공동사업체'에 자금을 갹출할 뿐, 결국 지원사업은 한일 적십자사에 '모두 떠넘기기'로 일관하는 태도는 南사할린과 조선을 식민 통치한 당사국이 취할 태도가 아니다. '공동사업체'의 인도적 지원은 결코 일본 정부가 베푸는 은혜 따위가 아니라 일본 정부가 마땅히 해야 할 의무이며 사할린 잔류 한인이 당연히 받아야 할 정당한 보상이어야 한다.


(2) 지원에서 누락 된 이들의 존재

일본적십자사 홈페이지에는 '공동사업체'의 지원사업에 대해 아래와 같이 3가지 사업을 한다며 자랑스럽게 소개하고 있다.

① 한국으로 일시 귀국을 지원하는 사업

② 한국으로 영주 귀국을 지원하는 사업

③ 사할린 잔류자에 대한 지원사업


1989년 7월에서야 '공동사업체'가 발족하지만 사실 대부분의 사할린 잔류 조선인 1세가 '공동사업체'의 지원을 받기 전에 이미 사망했다.*(주16 전후 소련의 공산주의 사회에 적응하기 힘들어 장수하지 못한 이도 많았다고 본다. 또 1945년~46년에 걸쳐 전후 처음 맞는 겨울에 많은 조선인 유아들이 영양실조 등으로 사망했다(<사할린주 한인 이중 징용 광부 유가족회 회원 명부> 자료).

누구보다 우선해 지원받아 마땅한 1세 대부분이 일본 정부로부터 아무 지원도 받지 못하고 소련에서 세상을 떠나고 말았다. 이 사실은 매우 엄중하다.

또 본 논문의 *주2-④에서 언급한(<일소 공동선언>에 따라 1957.8.1~1959.9.28까지 실시된 집단송환에 포함된 예) 1957년부터 59년에 일본으로 귀환한 조선인 가운데 일본에서의 삶을 선택한 이들도 지금까지 '공동사업체'가 진행하는 지원 대상에서 제외되었다. 나아가 전후 사할린에서 조선의 북반부로 건너간 일부 조선인도 '공동사업체'의 지원 대상에는 포함되어 있지 않다.

### (3) 또 다른 이산가족

한국에 영주 귀국할 수 있는 조건이 사할린 잔류 조선인 1세 부부로 한정된 것*(주17 이 때문에 홀로 사는 남녀가 한국에 도착한 후 헤어지는 조건으로 위장결혼을 하거나 홀로된 노모를 사할린에 남겨 두고 갈 수 없어 영주 귀국을 단념하는 부부도 있었다) 때문에 조부모는 한국에서 살게 되었지만 자녀와 손자들은 러시아에 남는 새로운 이산가족이 생겨났다.

이 문제에 대해 '공동사업체'는 2001년도부터 영주 귀국자가 사할린에 갈 수 있도록 지원하고 있지만 제약도 많은 것이 사실이다.*(주18 사할린 재방문 신청자들에게는 한국↔유즈노사할린스크 왕복 항공권이 2년에 1회 정도 지원되는데 이용 시기 등에 제약이 따른다. 1회 이상 사할린 재방문은 자비 부담이다. 또 사할린에 사는 자녀와 손자가 한국의 조부모를 방문할 수 있는 지원은 없다. 만약 자녀와 손자들이 한국의 조부모를 만나기 위해 한국에 가려면 모든 비용은 자부담이며 이는 러시아에서 생활하는 이들에겐 경제적으로 큰 부담이다.)

망향의 설움을 달래기 어렵거나 혹은 높은 생활 수준을 동경해 한국으로 영주 귀국은 했지만 낯선 땅에서의 아파트 생활, 비싼 생활비, 한국 사회의 변화에 적응하지 못해 영주 귀국을 후회하는 노부부도 적지 않다고 한다. 사할린에서 오랫동안 생활하는 사이 고향의 산하도, 사람들의 마음도 많이 변하여 더 이상 '원상회복'은 바랄 수 없게 되고 말았다. 그렇다면 적어도 일본 정부는 '공동사업체'에 자금을 갹출하는 데 그치지 말고 인력을 파견해 이들 1세에게 다가가 그들의 절망감과 고독감을 조금이라도 누그러뜨릴 수 있도록 노력해야 마땅하다.

### (4) 지원 대상자의 우선순위

'공동사업체'의 지원이 사할린 한인사회의 역사적 중층성을 무시한 채 실시되었기 때문에 일부 당사자들이 이 사업을 불공평하다고 느끼게 만드는 결과가 되었다.

여기서 '공동사업체'가 실시하는 지원의 대상자인 '일본 패전 전부터 줄곧 사할린에 거주한 사람'*(주19 주9의 자료) '전후에 어쩔 수 없이 사할린에 잔류할 수밖에 없었던 한국인'*(주20 주12의 자료)을 역사적 경위에 따라 다음과 같이 분류해 보자.

① 1939년에 실시된 '노무 동원' 이전부터 사할린에 거주한 사람과 그 자녀.

② 1939년 이후에 사할린으로 갔지만 '노무 동원' '국민 총동원'과는 관계없는 사람.

③ 1939년 이후에 '노무 동원' '국민 총동원'으로 인해 사할린에 간 사람과 그 자녀.

    A. 동원된 곳이 탄광이 아니거나 탄광이더라도 1944년 가을에 일본 내지로 배치 전환(*주2—③참조)된 예에 해당하지 않는 사람과 그 가족.

    B. 동원된 곳이 탄광이며, 위의 '배치 전환'에 해당하는 사람과 그 가족.

        a. 해당자가 전후에 사할린으로 역밀항 해 가족과 합류한 이와 그 가족.

        b. 해당자가 전후에 사할린으로 돌아가지 못해 사할린에 남겨진 가족.

이 가운데 ③Ba와 ③Bb에 속하는 사람들이 2000년부터 <러시아연방 사할린주 한인 이중징용 광부 유가족회>를 결성해 활동하고 있다. 전후 '사할린 잔류 한인'들의 생활은 정도의 차이는 있으나 모두 힘든 고생의 연속이었다. 그중에서도 ③Bb에 해당하는 대부분이 일본 패전 당시에 젊은 어머니와 젖먹이(임신 중인 태아 포함)들이라 전쟁이 끝난 후엔 모자가정으로 살아갈 수밖에 없는 비참하고 빈곤한 상황에 놓인 이들이 많다.

'공동사업체'의 지원사업은 다른 이들보다 ③Bb에 속한 이들을 중심으로 먼저 이뤄지길 기대했지만 특단의 조치조차 없어 불만이 남는 결과가 되고 말았다.*(주21 이 배경에는 한일 양국 정부와 한일 적십자사의 인식 부족이 있다. 분명 의원간담회 대표가 여러 번 사할린을 방문해 '잔류 한인'과 '대화의 장'을 마련하기도 했고, 또 일본 정부도 일본적십자사와 합동으로 두 차례에 걸쳐 사할린에 조사단을 파견했다. 한국 정부도 대한적십자사를 사할린에 파견해 실태를 조사하고 있다. 그러나 이러한 '대화의 장'과 '실태조사'는 언제나 유즈노사할린스크시와 그 외 도시지역에 국한되어 ③B에 해당하는 대부분이 그 당시에도 거주하고 있던 광산지역(우글레고르스크 서해안 북부지구)까지는 찾아가 보려 하지 않았음을 지적하고 싶다.)

### (5) 지원 대상자와 지원내용 확대

현재까지 이루어진 '공동사업체'의 지원은, 1975년에 제소한 '제1차 사할린 재판' 당시 원고들이 요구한 일부분을 일본 정부가 소극적, 간접적으로 이행한 것에 지나지 않으며 여전히 충분하다 할 수 없다. 향후 다음과 같이 지원 대상자와 지원내용의 확대가 요구된다.

① 1945년 일본의 패전 당시에 南사할린에 거주하고 있던 모든 조선인*(주 22 임신 중인 태아도 포함. 당시 '사할린 배치전환' 정책으로 인해 일본 내지에서 징용된 약 3,000명의 조선인 노동자도 포함, 만약 당사자가 사망했다면 그 법정 상속인)에게 일본 정부가 1인당 1,000만 엔의 보상금을 지급할 것(보상액은 1990년에 제소한 <제2차 사할린 재판> 청구액 기준).

또 일본 정부와 우편은행 등은 당사자들 명의로 된 우편저금과 각종 채권에 대해 패전 당시의 잔액 혹은 만기 수령액의 각각 2천 배로 계산한 금액을 지급할 것(지급액 배율은 2007년에 제소된 <제3차 사할린 재판>의 청구액 기준).

② 패전 후에 태어나 사할린과 러시아대륙 그리고 구소련에서 독립한 CIS 국가에 거주하는 한인 2, 3세의 한국 일시 귀국과 영주 귀국을 일본 정부와 일본적십자사가 지원할 것. 또한 이들이 희망하면 한국에서 일시적 취업이 가능하도록 일본 정부가 한국 정부와 협의할 것.

③ <화태 귀환 재일한국인회> 등이 요청해 사할린섬이 보이는 홋카이도의 왓카나이稚內 시내 모처에 세울 예정인 '기념비'를 일본 정부가 국비로 지원할 것.

이 논문을 정리하기까지 <화태 귀환 재일한국인회>의 이희팔 회장, 다카기 켄이치 변호사, 일본적십자사로부터 많은 도움을 받았다.

# 구 술

\* 본문 각주는 이희팔 씨의 구술을 직접 정리한 필자의 주

# 1. 조선에서

## 가족

나는 아들 넷, 딸 하나인 5형제요. 제일 위가 형님이고, 두 번째가 누나, 그 다음은 연달아 아들 셋인데, 내가 제일 막내지. 철이 들었을 무렵, 누나는 벌써 시집을 가고 집에 없었어.

식구들이 제일 많을 때는 12~3명이었나. 부모님*(주1 부모님은 다툼이 잦았다고 한다), 큰형님 부부, 둘째 형님 부부, 셋째 형님 부부와 제각각 자녀들과 나까지 아무튼 식구가 많았지. 게다가 분가도 하지 않고 다 같이 살았으니까. 나중에 둘째 형네가 분가하고 이듬해에 셋째 형님네도 분가했는데 부모님이 나눠 줄 재산이 없었어.

밭은 모두 소작이었는데, 소작이라도 부치며 먹고 살라고 할 수도 있었지만 별로 좋은 땅이 아니었으니까. 가난했지만 둘째 형이 명목상 분가는 해서 가까운 곳에 작은집을 빌려 장사를 시작했지. 촌에서 하는 장사라 수입이라 해봐야 뻔했지만. 셋째 형은 여하튼 부부가 열심히 농사를 지었어. 형수님 집에서 얼마쯤 도움을 받지 않았나 싶은데, 안 그랬으면 분가를 못했으니까. 소작이긴 해도 우리 집보다는 그나마 나아 보였어.

누나는 좋은 곳에 시집갔지. 잘 사는 집으로 갔으니까. 음, 어떻게 부잣집에 시집을 갔냐 하면 우리 조상이 틀림없이 양반이라는 것과 5남매 중 아들이 넷이나 되니 사내아이를 잘 낳을 거라 해서였지. 그래서 안동에 있는 작은 시골의 심가네로 시집을 갔어요.

그 집은 커다란 기와집이라 방도 많았어. 매형은 풍채가 굉장히 사내다웠지. 키도 큰데다 체격도 좋고 아주 잘생긴 미남이었어. 한문으로 편지를 쓰기도 했고, 집에서 부리는 사람도 몇십 명은 되었지. 그런데 그 매형이 일찍 돌아가셨어. 재산을 아주 조금 물려받아서 새로 지은 집으로 분가했지만 얼마 안 되어 매형이 죽고 말았지. 자식은 둘을 두었는데 매형이 죽은 뒤로 누나가

고생을 많이 했어.

우리 집은 식구가 많아서 아주 큼지막한 무쇠솥에 절반쯤 밥을 해야 할 정도였어. 봄이 되면 아침은 그럭저럭 밥을 하는 날이 많았지. 봄에는 양식이 떨어질 때라 무엇이냐 그, 산나물을 섞기도 하고 무를 썰어 넣어 밥을 짓거나 죽을 쒀서 먹었는데 그때 나는 어렸지. 밥을 담는 놋그릇이 모자랐어. 가난했으니까 식구 수대로 그릇이 없었지. 그 무렵은 늘 어머니와 같은 그릇에 떠서 먹었어.

밥은 그래도 낫지. 죽을 쒔을 때는, 일본의 죽처럼 쌀이 많이 들어 있어서 먹기라도 편하면 그나마 나은데. 산나물을 삶아 말린 것을 물에 불려서 다시 한번 삶아 죽에 넣고 끓였으니까. 그렇게 끓인 죽을 먹을 땐 노란 콩가루를 넣으면 그나마 먹을 수는 있었지. 맛도 있고 영양가도 있고. 그렇게라도 안 하면 시커먼 죽을 입에 넣고 씹기도 힘들고, 제아무리 산나물이라도 그것만으로는 부족하니까.

그렇게 어린 나와 어머니가 함께 죽을 먹었는데 어린애가 무얼 알았겠어. 한국의 수저, 그 수저로 죽을 뜨면 쌀이면 쌀, 밤이면 밤, 보리 같은 건더기만 수저에 남아. 그렇게 떠서 내가 다 먹어버렸어. 어머니는 자식이 먹는 걸 바라보고만 있었지. 건더기가 다 없어질 때쯤이면 더 이상 먹고 싶지 않아. 산나물은 먹기 싫었거든, 어머니가 남은 산나물을 드셨어. 지금도 그때 얘기만 하면 눈물이 나와.

나중에 어머니한테 들은 이야기인데 먼 친척 중에, 당시엔 양식 걱정을 안 하는 집이었어. 그 집에서 모내기 같은 걸 할 땐 마을 사람을 일꾼으로 많이 부렸거든. 하루만, 모내기할 때만. 어머니한테 듣기로는 일하는 사람들이 먹을 밥을 밥그릇에 가득 담았고, 작은 밥상이긴 하지만 따로따로 두 명씩 먹을 수 있게 상을 차렸다고 하셨지. 그중에는 밥을 남기는 사람도 있기 마련인데 어쨌든 밥그릇이 넘치도록 담아서 내왔으니까 당연히 남는 밥이 있지.

어머니는 그 집에 갈 때 아마 아침밥도 제대로 못 먹고 갔을 거야. 거기서는 쌀밥이 나오니까 배도 고프고 더 먹고 싶었을 텐데, 그 남은 밥을 달라고 할 수가 없어서 그냥 참고 있었대. 그런데 그 집의 제일 큰 어른인 시어머니가 '이것도 소한테 줘라.' 하며 소에게 줘버렸다고. 그걸 보고 어머니가 남은 밥이 너무 먹고 싶었다고 말한 걸 들은 적이 있어. 어머니가 남은 그 밥을 먹고 싶다고 말하지 못한 서러움, 그 밥이 얼마나 먹고 싶었을까, 늘 배가 고팠으니까. 음, 그런 생활을 했지.*(주2 돼지를 키운 적도 있다. 돼지는 집에서 잡아서 먹었다고 한다. 닭을 키워 달걀을 팔거나 먹기도 했다. 달걀은 1개 5리(厘) 혹은 1전(錢)에 팔았다. 집에서는 달걀을 풀어 간장 양념을 하고 쪄서 아버지나 형님이 먹었다. 봄이 되면 식량이 떨어져 영양실조에 걸린 형님의 얼굴이 누렇게 부어올랐다.)

언젠가 어머니가 트라코마(각막염)에 걸렸지. 아마 어머니가 조카 집에 갔을 때 옮았을 거야. 우리 식구 모두한테 진염됐지. 어머니는 눈이 아파서 앞도 잘 보지 못하고 밥도 잘 먹지 못했어. 나도 옮았는데 어렸으니까 아파서 울 수밖에. 당신도 아픈데 어머니는 나를 업고 재우며 '눈이 아프다, 아파' 하셨지.

당시에 '로트 안약'이라 해서 1병에 3전이었을 거야. 고작 3전이 없어서 안약을 사서 눈에 넣을 수조차 없었으니까.*(주3 주된 현금수입은 잎담배와 양봉이었다. 또 밭에 풀을 뽑는 일은 한 끼를 포함해 1일 10전, 모내기와 논에서의 제초작업은 한 끼를 포함해 1일 50전이었다. 세뱃돈으로 3전을 받은 적이 있는데 부모님이 2전을 가져가 버린 일을 지금도 기억한다) 아이고, 그때 얼마나 아팠던지. 그러다 시간이 지나니 자연히 나았지. 눈이 먼 사람은 아무도 없어.

내가 태어난 집은 지금도 그대로 있어. 말하자면 여기에 방이 있고, 여기도 있고, 그 옆에도 하나 있어서 세 개였지. 방과 방 사이에 작은 호롱불을 놓아두는 구멍이 있었어. 호롱불을 붙이면 위에는 덮개가, 가운데에는 심지가 들어 있지. 불을 붙이면 불꽃이 대체로 요만하게 커지는데, 그 등으로 방 세 개를 밝혀야 했어. 등불에 쓰는 기름이 1리터에 9전인가 10전이었어. 가난하고 돈도 없으니 기름을 살 수 없었지.

촌에서는 일자리도 없었고. 뭐 모내기나 밭에 풀 뽑는 일이라도 해야 하루에 10전을 받는 그런 시절이었으니까. 게을러서 먹을 것이 궁한 것 아니냐 할지 모르겠지만 여하튼 날마다 일했어. 아무리 열심히 일해도 밭이 그다지 좋지 못했으니까 작물이 잘 자라질 않지. 돈이 없으니 비료도 줄 수 없고. 뭐, 그런 생활이었지요.

아버지가 농사꾼이고 장남, 차남, 삼남에 장녀까지 있으니 노동력은 많지만 일할 수 있는 밭도 없고 논도 없어서 큰형님은 어디에도 일을 못 나가고 집에만 있었지. 둘째 형은 돈벌이를 간 적도 있었어. 아버지는 자주 멀리 돌아다니셨어. 어느 마을의 누가 어느 집 누구와 약혼했다거나 그런 일들을 잘 알고 계셨지. 그리고 누가 언제 죽었는지도 잘 알았고. 그래서 누가 죽은 날엔 반드시 초상집에 가시는 거야. 돈이 있는 사람은 조의금이라도 냈겠지만 우리는 가난했으니 그런 건 못했을 거야. 그저 빈손으로 가서 장례를 치르는 곳이면 문상을 했겠지.

## 친척들

외가는 우리보다 형편이 나았어. 재를 넘어 영양(英陽)시장으로 가는 길에 외가가 있었는데 거기엔 외할머니도 계셨지. 당시 우리 집은 가난했지만 외갓집에는 외삼촌과 어머니의 조카도 있어서 나도 어머니를 따라 간 적이 있는데 그때 어머니가 한 말이 지금도 잊히지 않아. 하다못해 작은 선물이라도, 떡이든 과일이든 뭐라도 갖고 친정에 가야 하는데, 솔직히 돈이 없으니 그냥 갈 수밖에. 나이가 들면 애가 된다지. 시집간 딸이 뭔가 선물 같은 것을 갖고 오면 더 기쁘지 않겠냐고. 그 마음은 알지만 그렇게 할 수 없으니 안타깝다는 말을 어릴 때 들은 적이 있어.

어머니의 오빠, 나에겐 외삼촌이 되시는 분은 남들보다 한문을 많이 알아서 편지든 뭐든 곧잘 한문으로 쓰셨지. 음, 어머니의 친정은 어린 내가 보아도 우리 집보다는 잘 사는 것 같았어. 외할머니가 아흔셋인가 넷이었을 때인가, 큰 홍수에 집이 무너졌어, 초가집이었지만 꽤 큰 집이었지. 집에서 빠져나올 때 한밤중이었대. 나는 어릴 때라 잘 몰랐지만, 아무튼 홍수가 나서 집이 무너졌고 결국 거기에 깔려 돌아가셨다고 들었어. 외가에는 외할머니, 외삼촌 부부, 사촌 큰형님 부부와 둘째 형님까지 식구가 꽤 많았지. 사촌 형제 중에 위에 형은 만주로 갔어. 둘째 형은 나보다 열 살 정도 위였나, 아직 장가를 들진 않았었는데 나를 참 예뻐해 주었어.

음, 언젠가 내가 외가에 왔다면서 떡을 만들어 주셨어, 팥떡을. 둥글고 얇게 반죽을 빚어서 속에 앙금을 넣고 솥에 쪘지. 이때 떡을 겹쳐서 놓으면 서로 달라붙어 터지니까 어떻게 하냐면, 집 뒷산에 가서 소나무 잎을 따왔어. 소나무 잎은 대부분 두 가닥씩 붙어 있잖아. 잎 끝부분에 주머니가 있는데 그 얇은 껍질이 떡에 묻으면 고무처럼 달라붙어서 안 되거든. 잎을 딸 때 똑바로 잡아당기면 주머니가 따라 떨어지지 않고 잎만 빠지거든. 나는 몰랐지만 사촌 작은형이 그렇게 하라고 알려주었어. 그 잎을 함께 따 와서 떡이 쪄지는 걸 지켜보았지. 지금도 그 기억이 나.

떡과 떡 사이에 소나무 잎을 넣고 차곡차곡 쌓아서 찌면 서로 달라붙지도 않았고 또 솔잎 향도 나고. 솔잎을 딸 때 끝을 잡고 뽑으면 얇은 껍질이 함께 뽑혀서 그게 떡에 달라붙으니까 가지 쪽에 가까운 부분을 잡아당겨야 하는 걸 사촌 작은 형이 가르쳐 줬어. 음, 어머니랑 같이 외가에 갔었는데 아흔이 넘은 외할머니한테 드릴 선물을 아무것도 못 가져가 한스럽다고 했을 때는 어머니가 얼마나 마음이 아팠을까 생각했지.

내 아버지는 글자를 읽지 못했어. 아버지의 형님은 아흔 몇 살쯤에 돌아가셨는데, 그 큰아버지는 어떤 책이든 모르는 것이 없으셨지. 공자, 맹자 12권 같은 그런 책을 전부 읽으셨거든. 당시엔 아직도 상투를 트는 시절이었는데, 관공서에서 나온 사람이 집에 찾아와도 큰아버지한테는 상투를 자르라는 소리를 못 했다더군. 오히려 큰아버지가 너희 같은 놈들은 더 이상 찾아오지 말라고, 얼굴도 들이밀지 말라고 호통을 치셨다고 해. 그래서 처음엔 다들 그냥 돌아갔는데 그 후로도 계속 실랑이를 벌이다가 결국 법에는 이기지 못하시고…….

창씨개명 때도 우리 집은 영천(永川) 이(李)씨라 본관이 영천이라는 뜻에서 永本(나가모토)로 하라는 큰아버지 말씀에 내 성도 '나가모토'가 되었지. 큰아버지에게는 어떻게 그토록 한문을 많이 배우게 됐는지 물어보지 못했어. 내가 알고 있는 건 산꼭대기에 있는, 그야말로 촌에 사셨다는 것뿐. 물론 전기도 안 들어오고 식량을 얻을 논도 없었지. 산을 좀 내려가서 재를 넘어야만 논이 있었거든. 그런 곳에 살면서 어떻게 글을 익혔을까. 그걸 내가 아버지한테도 물어보지 못한 거야, 그래서 솔직히 큰아버지에 대해선 잘 모르겠어. 내 아버지는 글자라곤 한 자도 읽지 못하셨지.

당시 조선에서는 가장 귀한 손님이 시집간 딸의 시부모야. 그분들이 제일 큰 손님이었는데 집에 오면 당일로는 돌아가지 않고 반드시 이틀 밤 정도는 묵었다 갔어. 가난해도 하다못해 떡이라도 만들어 대접하지 않으면 큰일이지. 언젠가 누나의 시댁에서 매형과 사돈어른이 우리 집을 보러 온 적이 있었어, 말을 타고. 그 시절에 말을 타고 오는 사람을 촌에선 볼 수 없지. 안동 예안면(禮安面)에서 우리 집까지 거리가 5리는 되었는데 도중에 산길이 많으니 말을 타야 했겠지만, 그 정도로 유복하고 권세 있는 집안이었어. 그러니 우리 집에선 그야말로 개를 잡든 닭을 잡든 떡을 만들든 무리해서라도 대접해야 했지.

그 누나는 계집애와 사내아이 하나씩을 낳고 분가했는데, 시댁이 집도 크고 재산도 있었으니 따로 나가 살 만큼 재산을 받을 수 있었을 터인데, 처음엔 일부만 받아서 집을 짓다가 매형이 그만 병으로 몸져누워 죽고 말았어.

매형이 돌아가신 후에 내가 누나 집에 한 번 간 적이 있어, 혼자서. 몇 살 때쯤이었나. 멀었어, 산을 넘어서 갔으니까. 무섭기도 했지만 하루 종일 걸어서 누나 집에 갔지. 누나가 반가워했어, 동생이 왔다며 손수 닭을 잡아 삶아 주었던 기억이 나. 아직 어릴 때라 어른들한테 제대로 인사하는, 그런 예절 같은 걸 몰랐을 때지. 나중에 아버지한테 모두 배우긴 했는데 그때는 그런 인사를 못 했어. 매형의 형님도 그때 오셨지, 내가 찾아왔다며. 그분에게도 인사를 했지.

매형이 분가할 집을 짓기 시작한 후 얼마 못 가 돌아가시고 말았어. 집의 외관은 다 만들었는데 아직 울타리나 내부의 마무리를 못 해서 정리가 안 되었을 때였어. 매형이 왜 그렇게 되었냐면, 온돌방을 만들려면 구들이 말라야 하니까 젖은 흙이 마르도록 장작을 잔뜩 땠단 말이지. 그런데 구들에 생긴 틈이 있어서 거기로 연기가 새어 들어왔고 매형이 그걸 마시는 바람에 병이 났다는 이야기를 들었어. 그래서 매형은 돌아가시고 누나와 조카 둘만 남았지. 장례를 치르고 난 후 누나가 혼자 농사를 지으며 자식들을 키웠는데, 여든네 살에 돌아가셨어. 촌에서는 오래 사신 편이야.

둘째 형은 서른 즈음에 돌아가신 것 같아, 치질 때문에. 당시에도 병원은 있었어, 영양에. 병원이 있긴 해도 돈이 없으니 가지 못하지. 나무뿌리 같은 걸 약초라며 삶아 먹이기도 하고 이런저런 손을 써봤지만 결국은 아무 효과도 못 보고 죽고 말았어. 내가 고향에 있을 때만 해도 치질이란 것이 아주 고약하다고들 했어. 내가 가라후토(사할린)로 모집되어 간 후 계약기간이 채 끝나기도 전에 둘째 형이 돌아가셨어. 자식은 둘이 있었는데 사내 녀석 조카가 아직 살아 있어. 돈을 많이 벌어서 건물도 갖고 있지, 한국에.

그 조카가 무슨 장사를 했는데 어떤 계기였는지 모르겠지만 자기 땅에다 우물을 파게 됐대. 그랬더니 온천수가 쏟아져 나왔다나, 허허허. 그래서 그대로 땅을 파서 온천수를 이용해 사우나 시설을 만들었어, 포항에다. 바닷가에서 그리 멀지 않아. 목이 좋은 곳에 자리 잡았지. 그곳이 하나의 관광지가 되었어. 거기서 그럴듯하게 사업을 하고 있으니 그 조카는 이제 걱정이 없어. 그리고 지금은 조카의 아들 둘이 아비를 따라 장사하고 있는데, 그 아들들도 다들 건물 하나씩 갖고 있을 정도니까. 그 조카가 아마도 제일 출세했지. 그러니 사람의 행복과 불행은 무슨 수를 써도 막지 못한다는 속담이 있는 거야. 그 조카는 여하튼 무슨 복인지 모르지만 그렇게 잘 되었지.

또 셋째 형님은 전쟁 때 규슈九州로 징용을 갔어. 전쟁이 끝나고 징용에서 돌아와 열심히 농사를 지어 논을 샀지. 나중에 아들이 그 땅에 사과를 심었는데 벼농사를 짓는 것보다 몇 배나 수익을 냈으니까. 그 조카도 잘살긴 했는데 몸이 부실했어. 처음에는 그저 평범했는데 차츰 술을 입에 대기 시작한 거야. 그러다 계속 술만 마시게 되더니 술을 안 마시고는 몸이 버티질 못한다나. 뭐라 해야 하나, 술 없이는 못 살게 된 거지. 안 마시면 아무것도 하질 못해. 음, 그러다 너무 많이 마셔서 한쪽 눈을 실명해 수술까지 받았어.

또 형수님은 말이야, 건강한 집안에서 시집을 왔는데 시집온 후에 병을 얻었지. 몇 년이나 고생하다 결국은 일어서 걷지도 못하게 되고 말았어. 조선의 풍습이란 게 여자가 한 번 시집가면 그 집 귀신이 돼야 했으니까 그런 채로 시댁에서 지낼 수밖에. 내가 언젠가 찾아가 보니 정말 뭐라고 해야 할지, 딱해서 볼 수가 없었어. 앉은 채로 걷긴 하는데, 그 몸으로 농사일을 거든다며 잡초 뽑기든 뭐든 했으니까. 자식은 셋을 뒀는데 그 애들도 이제 다 컸지만, 부모가 고생하며 살아온 것을 몰라, 부족한 것 없이 살았으니까. 한 녀석이 차를 사서 몰고 다니다가 교통사고로 죽고 말았어. 사는 것이 조금 편해지면 이런저런 여파가 나오기 마련이야.

또 다른 딸자식은 사위가 오토바이를 사서 타고 돌아다녔대. 뭐, 먹고 사는 데 어려움도 없고 생활 수준도 조금 높아졌거든. 그리고 국력도 조금은 좋아졌으니까. 한창때라 오토바이가 갖고 싶었던 게지. 내가 그 집에 갔을 때 150cc였나, 250cc였나, 그런 오토바이였어. 그것도 굉장히 좋은 거였지. 그걸 타고 돌아다니다 사고를 일으켜서 결국 다리를 못 쓰게 돼버렸어. 한쪽 다리를 절단하고 지금은 의족을 달고 겨우겨우 차를 운전한다고 하더군. 그래도 그럭저럭 밥은 먹고 사니 뭐, 살아있는 사람은 어떻게든 살게 돼 있어.

둘째 형님의 아들은 포항에서 호화로운 생활을 하고 있지만, 셋째 형님의 자식은 나중에 상태가 나빠져 입원했다고 들었는데, 아직 전화도 못 했어. 뭐, 그런 상황이야.

## 가난한 마을

나는 12살이 될 때까지 자동차를 본 적이 없어. 그런 촌에 살았는데 3학년, 12살이 되어 학교에 다니게 되면서 마을을 살펴보니까 우리 마을이 100가구 정도였는데 자기 땅에 농사를 지어 먹고 사는 집은 절반도 안 되었을 거예요. 너무 가난한 마을이라 사람들이 참 딱했지. 그런 촌에서는 이른바 풍속이랄까, 민족의 한 가지 습관이랄까. 모두 가난한 살림이라 그런 일이 하나의 풍습이 된 것이 아닌가 싶은데. 예를 들어 봄이 되면 양식이 떨어져요. 그러면 양식이 있는 사람이 어떻게 하느냐, 간단히 말해 쌀 한 말을 빌려주는 거지, 봄에. 그리고 가을이 되어 돌려받을 때 50%를 더해서 받는 거야. 한 말을 빌리면 한 말 다섯 되, 두 말이면 세 말을 갚아야지. 이자가 엄청나게 비싸. 50%나 되니까 없는 사람은 그걸 버텨내지 못하는 거요, 정말로.

그렇게 마을 사람들이 겨우겨우 살아가는 모습을 내 눈으로 보고 자랐어요. 그리고 지금도 잊지 못하는 일이 있는데, 어머니의 조카가 우리 마을 사람에게 시집을 왔어요. 그 조카의 남편이 몹시 가난한 이였어. 그 사람이 무슨 일을 했냐 하면, 바닷가에서 소금을 사 와서 그걸 팔았지. 나는 생선을 그다지 본 적이 없지만, 소금이든 생선이든 그런 것들을 사 와서 조금씩 팔아서 먹고사는 것을 봤단 말이지. 농사지을 땅이라 해봐야 산꼭대기 비탈에 있었으니 가난한 사람들이라 비료를 제대로 주지도 못하고, 그런 곳까지 퇴비를 운반하는 것도 불가능했지. 음, 작물도 보리를 파종하면 요만한 정도밖에는 자라지 않았고, 간신히 이삭이 달려도 보리 낱알이 몇 개 여물지도 않아요. 그런 땅에다 심었으니까 늘 식량이 부족할 수밖에.

음, 나는 어려서 아무것도 몰랐는데 어머니의 조카, 내가 그 사촌 누이를 '누나'라고 부르며 잘 따랐어. 친척이라는 건 알고 있었지만 누나 집이 가난했으니까 그다지 놀러 가지는 않았어요. 집도 허름한데다 남의 집에 세를 들어 살았거든. 입구 쪽에 별도로 창을 내고 산에서 베어 온 나무로 방안에 불이 옮겨붙지 않도록 문을 만들었어. 그렇게 가난한 살림이었는데, 내가 가장 기억에 남은 일은 누나의 집에 갔더니 사촌 동생이 왔다며 식량도 없는 집에서 밤을 넣어 밥을 지어준 일이었어. 지금도 잊히지 않아. 그러니 피는 물보다 진하다고 했나, 그 말이 이런 경우에서 생겨난 것 아닌가 싶어요.

우리 집이 본가라서 음, 늘 손님들이 왔어요. 하여튼 거의 매일 같이 사람이 찾아왔으니까. 어르신들이 우리 집에 놀러 오셨지. 이런저런 옛날이야기나 개인적인 이야기도 이러쿵저러쿵 나누었고. 그러다 어느 정도 시간이 지나면 돌아갔지. 마을 앞쪽에 도로가 있는데, 도로라고 해 봐야 정말 사람 하나가 겨우 지날 정도의 길인데 해가 질 무렵이 되면 사람들이 꽤 오갔어. 당시에 남의 집에 갈 때 입는 두루마기라는 겉옷, 얇은 천인데 겨울에는 하얀 두루마기, 여름에는 마로 만들기도 했지. 그런 옷이 있어요, 위에서 아래로 길게 늘어진 옷이야. 그걸 입고 갓을 쓰지. 하인은 갓을 쓰지 못하니까, 쓰면 안 되었지. 그런 손님들이 반드시 우리 집에 들렀어. 다른 집에는 안 갔으니까. 마을 사람들이 밖에서 놀고 있다가도 누가 지나가면 아, 저이는 우리 집에 가는 사람이라 할 정도로 마을에 소문이 나 있었지. 그만큼 집에 손님이 많이 왔어.

또 오는 손님에 따라서 어느 때는 밥을 새로 지어야 할 경우도 있었어, 가난한 살림이었는데도. 그렇게 지나가다 들르는 손님이라도 소홀히 하면 안 되니 어느 정도 대접해야 하는데 무엇보다 가난했으니까. 그리고 손님이 오면 마을의 젊은 사람들이 모여서 온갖 농담들을 하기도 하고 잡담하며 노는 자리가 생겼지. 우리 집을 '매호 댁'이라고들 불렀는데 어느 집이나 그런 별칭이 있었어. 우린 매호 댁. 저 댁에 오늘도 손님이 왔나 보네, 할 정도였어요. 그 당시는 마을에서든 어디를 가든 양반, 하인 구분이 분명했으니까.

음, 하인인데도 유복한 생활을 하는 사람을 본 적이 있어. 누구냐면, 백정.*(주4 조선시대 신분제도 가운데 최하층 피차별민. 가축을 잡거나 버들가지로 옷을 보관하는 고리짝을 만드는 일을 했다) 소를 잡는 백정이야. 어찌 아느냐면 내가 그 백정의 자식과 함께 학교에 다녔거든. 그 집 아이도 이 씨였어, 본관은 달랐지만.

골짜기가 하나 있었는데 그 골짜기는 백정이 사는 곳이었지. 아주 좋은 집에 살았어. 오래전엔 그런 집의 아이들은 우리와 함께 학교에 다니지 못했어. 그런데 시대가 점점 바뀌어서 우리 때는 함께 학교에도 다닐 수 있게 된 거지. 그 집에 간 적은 없지만 그 앞을 지난 적은 몇 번 있어. 보통 촌에 있는 집들은 모두 초가집인데 그 집은 기와집이었어, 굉장했지. 음, 백정 일을 해서 돈을 많이 벌었는지 모르겠지만. 하는 일이 소를 잡는 일이라 그랬나? 보통 조선에선 나이 든 사람을 존중하는데, 만나면 반드시 인사를 하고 제대로 예의를 갖춰 대하거든. 그런데 백정에게는 우리 같은 애들도 '저것 주세요' 하지 않고 '저거 줘', '저리 가' '이리 와' 이렇게 친구들에게 하는 말투를 썼으니까. 어른인데도 존댓말을 안 했어, 백정이니까, 하인이니까. 그런 풍습이 있었어요, 조선에선. 당시는 어느 정도 사회가 개혁돼서 그런 집의 아이와도 동급생이 됐지만 괴롭히거나 그런 일은 전혀 없었지. 다른 애들처럼 친하게 지내진 않았어도 말을 주고받긴 했으니까.

조선의 흙은 황토가 많은데, 촌이라서 온통 산이었지. 평평한 땅은 흙이 두터웠지만, 산기슭이나 중턱의 경사면은 흙이 깊지 않아서 비만 오면 쓸려 내려갔어. 농사짓는 이도 그걸 잘 아니까 도랑을 만들 땐 반드시 가로로 만들지, 흙이 쓸려 내려가지 않도록. 그렇게 해도 큰 비가 쏟아지면 도랑이 넘쳐서 죄다 쓸려내려 갔지. 음, 그리고 정말로 돈이 없으니까 화학비료는 주지도 못해. 퇴비를 주는 건 생각도 못 하고, 그런 시골임에도 베어낼 만큼 풀이 자란 곳이 없어. 다들 밭으로 만들어 버렸으니까.

또 소도 키웠어. 시골에서는 대부분 한 집에 한 마리는 키웠지. 소 키우는 것도 일본과는 달라. 풀을 베어 와서 잘게 자르는 건 같은데 일본보다는 좀 더 잘게 잘랐어. 그리고 그걸 삶아. 커다란 솥에 삶는 거야. 삶아서 소한테 먹였거든. 그 여물 삶기가 보통 힘든 게 아니야. 장작도 많이 때야 하거든. 그런데 일본에 와서 보니 말이든 소든, 여물을 삶아서 준다는 얘긴 듣지도 보지도 못했어. 다들 그냥 풀을 생으로 먹이니 전혀 다르더라고.

조선에선 워낙 가난했으니까 사람들이 뭐든지 먹었어. 못 먹는 것이 없어, 밭에서 채소를 얻지 못했으니까. 흙도 영양분이 없지, 비료를 살 돈도 없고. 그러니 채소를 심어도 볼품없이 작아서 그다지 먹을 만한 부분이 없는 거야. 산나물을 조선식으로 만든 노란 콩가루에 묻혀서 먹었어. 일본은 대두를 볶아서 가루를 만들잖아요. 당시 조선에서는 콩을 볶지 않고 말린 콩을 절구에 빻아서 가루를 만들었어요. 그게 보통 힘든 일이 아니야. 그 노란 콩가루를 산나물에 버무리거나 국을 끓일 때 넣으면 맛이 좀 났어. 그렇게 해서 먹으면 피부가 부어오르지도 않았어요. 노란 콩가루를 넣지 않고 산나물만으로 국을 끓이면 영양실조에 걸려 얼굴이 누렇게 뜨고 부었지. 쑥은 어리고 연할 때 캐왔어. 원래는 쌀이나 밤, 보리 같은 것을 많이 넣어야 하는데, 당시에는 식량이 없어서 풀떡을 양식 대신으로 먹어야 했지. 쌀이나 다른 곡식을 섞어 떡을 할 수 없었으니 맛이 있을 리 없지, 솔직히 말이야. 그런데도 그 노란 콩가루를 풀떡 위에 뿌려 먹으면 어느 정도는 먹기 편해서 그나마 나았어요. 콩가루를 묻히지 않은 시커먼 떡은······.

떡 속에 밤이나 보리나 다른 뭔가가 조금 들어간 정도이고 전부 쑥이었지. 새까만 색이었어. 음, 그런 것도 먹었고 또 무엇을 먹었느냐면, 산기슭에 가면 잎이 둥글고 덩굴줄기에 파란색 꽃이 피는 칡이 있잖아요. 그 뿌리가 맛있어요. 영양가도 있었고. 그런데 그걸 캐는 일이 쉽지 않아. 뿌리가 깊어. 뿌리가 굵은 부분엔 전분이 많이 들어 있거든. 옛날에는 여러 산에서 칡을 캐고 난 구덩이에 잘못해서 사람이 빠져 죽는 일도 있었어요. 여하튼 뿌리가 깊게 뻗어 있는데 상당히 굵은 뿌리가 있던 곳에서 그런 일이 생기기도 한다고 들었지. 우리 동네는 칡이 그렇게 많은 곳이 아니어서 나는 직접 캐보진 못했지만.

또 쭉쭉 뻗은 소나무가 많이 있었는데 옹이가 긴 부분이 있어. 이 정도로 소나무를 잘라서 껍질을 벗기면 속에 속껍질이 나와요, 수분이 지나가는 곳

사이에. 그 소나무 껍질을 먹는 거야. 먹긴 하는데 먹을 수 있게 만들기까지가 보통 일이 아니야. 속껍질을 삶아도 그대로는 떫어서 먹을 수 없으니 오래 삶아서 돌 위에다 놓고 빨랫방망이로 두드려야 하지. 부드러워질 때까지 두드려서 풀떡을 만들 때처럼 곡물을 조금 섞어서 반죽을 만드는데, 먹기가 아주 고약해요. 경단처럼 만들었는데 소나무 껍질이니 거칠잖아. 그걸 먹고 나면 변이 딱딱해져서 힘을 줘도 나오질 않아. 어떤 때는 아이들이 변을 볼 때 어른이 항문에서 파내야 할 정도로 딱딱해. 그런 일도 있었지요. 그런 것들을 먹고 목숨을 부지했어.

잡곡도 여러 종류가 있는데, 밤도 단밤과 그냥 밤이 있고 색깔도 노란색, 회색, 또 연한 붉은색도 있고, 기장도, 옥수수도 그렇고. 음, 기장은 잡곡 가운데에는 그래도 좋은 편이죠. 그런 것이라도 먹을 수만 있으면 다행이지. 쑥이니 소나무 껍질이니 또 도토리까지……. 도토리 열매까지도 죄다 따서 먹었어요. 그러니 산에 가도 도토리가 남아있지 않아, 일찌감치 전부 따 버렸으니까. 그것도 어느 정도 익은 다음에 따면 좋은데 식량이 없으니까 도토리가 여물기도 전에 따버려서 금방 없어지고 말았지.

보리를 수확할 때도 낟알이 여문 다음에 베면 좋을 텐데 식량이 없으니 뭐라도 먹어야 했어. 그런 보리는 빻아도 하얀 물만 나올 뿐인데도 그냥 다 베어서……. 보리 이삭을 빻으면 하얀 물이 나와요. 그걸로 죽을 끓였어. 수확이 너무 일렀지만 그렇게라도 먹지 않으면 죽으니까. 어른들은 다들 누렇게 몸이 부었어. 영양실조로 피부가 누렇게 뜬 사람도 많았어요.

또 기장은 찰기장과 메기장이 있는데 언젠가 조선총독부에서 기장 재배를 금지한 적이 있어요. 다른 나라에서 들여온 거지. 붉은 찰기장으로 지은 밥은 맛은 있지만 소화가 잘 안돼서 먹고 나면 대부분 설사를 해. 내가 먹어보니 맛은 아주 좋았어요. 그걸 배부르게 먹고는 설사를 하기도 했지. 나는 그때 어렸는데 여하튼 살기 위해서 마을 사람들이 온갖 일들을 하는 걸 보았어요. 아버지와 형들도 곡식을 일구는 밭이 그리 좋은 땅이 아니었으니 결국 그렇게라도 먹지 않으면 목숨을 부지할 수 없었지.

그러다 학교에 들어가게 되었는데 당시엔 셔츠를 입은 적이 한 번도 없어요. 상의는 조선의 저고리야. 셔츠 같은 건 있지도 않았고 저고리 한 장이면 끝. 모두 저고리만 입혀서 애들을 키웠으니까. 그것만 입고 다녔으니 찬 바람이라도 불면 아이고, 너무 추웠어. 겨울에는 저고리 속에다 솜을 조금 넣는데 전체적으로 솜을 넣어야 따듯할 텐데 가난한 집에는 그런 솜조차도……. 일본사람들이 전부 공출로 가져가 버렸으니까. 옷감 짜는 것을 보기라도 하면 전부 낫으로 찢어버리거나 베틀을 내던져 부숴버렸어. 벌금을 물리기도 하고 두들겨 맞기도 했으니까. 그렇게 살았어. 지금 같으면 생각도 못 할 일이지. 그 당시는 그게 현실이었으니까.

## 소학교

나는 학교에 갈 수 있었지만 다른 사람들은 애들을 학교에 보낸다는 생각을 전혀 못 했지. 마을 사람 중에 그나마 밥이라도 먹고 사는 집 애들은 학교에서 돌아올 때 빈 도시락통을 딸그랑거리며 다 같이 웃으며 돌아왔어. 그걸 보니 나도 학교에 가고 싶어졌단 말이지. 그래서 이듬해 12살이 되었을 때 처음으로 사립학교 들어갔어. 감천(甘川)사립학교. 일본에서 사립학교라 하면 부자들이나 갈 수 있지만 내가 자라던 무렵에는 그런 곳이 아니었지.

그 학교는 우리 마을에 있는 게 아니라 재를 넘어서 가야 했어. 학교 건물은 그 동네 유식자의 집*(주5 오씨 일가에서 관리, 운영한 서당)이었는데, 사람들이 모여 회의 같은 걸 하기도 했어. 거기에 판자로 만든 볼품없는 책상이 있었지. 학생들은 인근 마을에서 모여든 아이들로 많을 때는 100명 이상 되었어. 우리 마을 아이들이 가장 많았어. 자식이 있는 사람도 같이 학교에 다녔으니까. 의무교육이 아니니 가고 싶은 사람은 그냥 갔어. 또 가고 싶어도 못 가는 사람도 있었으니까. 이름만 학교였지 이른바 서당이지요.

나는 부모님과 형들에게 아무 말도 하지 않고 혼자서 4월 1일에 그 학교로 가서 입학을 신청했어. 집에 돌아와서는 '오늘 학교에 가서 입학 신청을 했다'라고 말했더니 식구들이 아무 말도 안 해. 잘했다고도 잘못했다고도 한마디도 안 해. 그래서 그길로 학교에 다니게 된 거야. 형들은 그때 모두 20세가 넘었을 때였는데, 아무도 학교에 가지 못했어.

거기서 2학년까지 다녔어요. 아버지가 발이 넓은 양반이라 어디든 당신 발로 걸어서 잘 다니셨거든. 영양군뿐만이 아니었어요. 여기저기, 심지어는 함경북도의 어느 양반댁에 잔치가 있다고 하면 반드시 찾아갔으니까. 아버지는 글자를 읽고 쓰지 못했지만 날짜만큼은 절대 잊지 않으셨지. 그래서 어느 집에 누구 제삿날이 며칠인지 전부 기억했어.

내가 그 학교 2학년 때 마을에서 2리*(주6 8km)나 떨어진 곳에 공립보통학교가 생겼어요. 사립학교보다 공립학교가 낫지요. 아버지가 사립학교는 나와도 소용없다며 새로 생긴 공립학교에 가라고 보내 주었어. 그 공립학교 교장선생이 우연히 우리와 같은 이 씨였거든. 친척이니까 무언가 혜택이 있다고 생각했는지, 음, 거길 다니라고 하셨지. 그런데 나는 아직 어렸을 때라 별로 은혜를 입었다는 생각은 안 들었어, 허허허.

그 당시 교장선생이라 하면 마을 사람들이 모두 떠받들었으니까. 그렇게 정족(正足)공립보통학교 4년제를 졸업했어. 졸업은 했어도 4년제라 쓸모가 없는 것 아닌가, 적어도 6년제 정도는 나와야 하지 않을까 생각했지. 공립학교는 4년제밖에 없었으니까. 만약 6년제였다면 그대로 6학년까지 다녔을 거야. 그런데 같은 영양군 내 일월면(日月面)에 6년제 공립학교가 있었어. 도계일월심상소학교(道溪日月尋常小學校).*(주7 수업료는 월 50전. 그 외 도화지, 습자용 종잇값 등으로 월 5전씩 내야 했다) 그전까지는 보통학교였는데, 내가 다니기 시작하면서부터 심상소학교가 되었지. 일본의 학교와 똑같아진 셈이야.

당시의 보통학교는 큰 곳은 6년제였지만 작은 곳은 대체로 4년제까지만 있었거든. 그런데 내가 4년제 사립학교를 졸업하고 어떻게 다시 6년제 학교에 갈 수 있었냐 하면, 마침 고모 댁이 학교 가까이에 있었거든. 또 내가 집에서 다니기엔 학교가 너무 멀었어. 고모 댁으로 가서 2년 동안 밥도 얻어먹고, 고모네 사촌들과 한 이불 속에서 자며 같은 반 5학년생으로 들어가 2년간 공부했지. 고모의 자식들이니 사촌 형들이지. 그렇게 생활하면서 6학년을 마쳤어. 그래도 참, 그 후에도 고생을 많이 했지요. 좋은 일은 없었어.

졸업한 후에도 그 사촌 형들이 우리를 여러 차례 도와줬어, 그다지 여윳돈이 있는 것도 아닌데 밭을 사주기도 했고, 멀리 떨어져 있긴 했지만 논을 사주기도 해서 그나마 생활이 좀 나아졌어. 고모 집은 우리보다는 살림이 나아서 1년에 5엔 이상의 토지세를 내는 유권자였지. 선거권이 있었으니까. 보통 사람들은 세금으로 5엔을 낼 수 없으니 유권자가 될 수 없었지. 그러니 우리야 뭐, 솔직 말해서 선거권이 뭔지, 전혀 몰랐어. 이제야 겨우 알게 됐지만. 당시에는 선거권? 뭐, 그런 게 있다고 별로 다를 것도 없었지. 그저 자기 맘에 드는 사람의 이름을 써서 투표하면 되는 것 아니냐며, 우리랑 상관없는 일이라 생각했지. 그러니 유권자라는 게 자기 땅이 있어서 양식을 얻을 수 있는 인간은 유권자, 그렇지 못하면 한 마디로 유권자가 될 수 없었어. 그게 이른바 유권자의 권한이랄까, 자랑이랄까…….

도계일월심상소학교에는 일본인 선생이 두 명 있었어. 오야마大山 선생과 N 교장선생인데, N 선생은 5학년과 6학년 때 담임이었지. 학교를 만들 때 교장선생의 집은 별도로 그럴싸하게 지었는데, 학교에 자전거를 타고 오기도 했지. 그 자전거를 한 번 타 보고 싶었어. 내 자전거가 없었거든, 타 보고는 싶은데 어렸으니까 그걸 몰래……. 선생님에게 들키지 않게 타기도 했지. 넘어진 적도 있고, 그렇게 자전거 타는 걸 배웠어.

내가 학교에 다니던 당시에는 조선인이면서도 조선말을 쓸 수가 없었지. 일본어만 쓰라고 했으니까. 학교에는 들어왔지만 '아이우에오(あいうえお)' 글자도 몰랐고, 숫자 1조차 모르는데 갑자기 일본말로 말하라 한들 그게 될 리가 없지. 그런데 3학년 이상은 어떤 식으로 했냐면 5~60cm 정도의 둥근 링이 있었어. 그 링에는 빨강, 하얀 줄이 감겨 있어서 눈에 잘 띄었지. 교내에

서 조선말을 쓴 사람은 그걸 목에 걸게 하는 거야. 링을 걸고 있으면 저 사람은 조선말을 썼다는 걸 금방 알았지. 아무리 어린 애들이라도 그걸 걸고 있으면 창피하다고 생각하지. 그 링을 걸고 있다가 누군가 조선말을 쓰는 사람을 발견하면 링을 빼서 그 사람에게 걸게 해. 말하자면 일본어를 강요한 것인데, 그렇게까지 하니 단어 몇 개쯤은 알게 되지만 일본사람처럼 일본말을 능숙하게 할 수는 없지. 그런 식으로 교육했어.*(주8 도회지 학교와는 달리 시골인 심상소학교에서는 5, 6학년에게 조선인 오(吳)선생이 조선말로 이퇴계, 이율곡 등의 시를 가르치거나 도덕을 가르치는 수업이 있었다고 한다.)

시골에선 돈이 없으니까 연필 한 자루로, 이렇게 짧은, 2cm 정도 될 때까지 썼어. 어떻게 2cm가 될 때까지 쓸 수 있냐, 보통은 그렇게 짧아지면 못 쓰지. 그걸 깎고 깎아서, 옛날에 그 담배 이름이 뭐였더라, 10개비 중 1개비는 대나무 파이프가 끼워져 있는 담배였어. 돈이 있는 사람은 소위 궐련을 피웠거든. 담배를 다 피우고 나면 파이프가 필요 없으니 버렸지. 그 파이프를 주워서 짧아진 연필을 끼운 다음 실로 감아 움직이지 않도록 고정해서 썼어. 그래서 나는 소학교를 3곳이나 다니게 된 거지. 제일 처음엔 사립학교, 그리고 공립보통학교에 2년간 다니고 4학년에 졸업했어. 그런데 4학년 졸업은 소용없으니 6학년까지는 나와야 한다며 그때 아버지가 어떻게든 아들을 6학년까지 다니게 해주려고 애를 쓰셨지.

## 농업실습학교

그렇게 소학교를 졸업하고 실습학교라는 곳에 들어갔어. 그곳은 실제 농업을 실습하는 곳인데 명목상으로는 청경우독(晴耕雨讀). 교과서 제목에 정말 그렇게 쓰여 있어요. 맑은 날은 농사를 짓고 비가 오는 날은 책을 읽는다는 의미로 쓴 것인데, 전혀 다르게 농업만 전문으로 했지. 음, 6학년을 졸업하고 뭐라도 하려 해도 별로 배경도 없었고, 농사를 지으려 했지만 내가 없어도 우리 집 농사일은 충분히 가능한 가족구성이었기 때문에, 그래서 실습학교라도 나오면 농업지도원이라도 될 수 있지 않겠냐 해서 거기 가게 된 거야. 같은 마을에 실습학교를 나와 농업지도원을 하는 사람이 있었으니까.

어쨌든 돈이 없으니까 학교까지 가는 일이 고생스러웠어. 버스가 학교 앞을 지나기는 했는데 차비가 1엔 60전이었나, 그 정도였을 거야. 그 돈이 없어서 걸어서 갔으니까. 실습학교는 영덕(盈德)이라는 곳에 있었어요. 집에서 걸어가면 빨리 걸어도 꼬박 하루, 14리라고 했으니 멀지요. 영덕은 그 인근에서는 큰 마을이었어. 몇백 가구는 되었으니 내가 사는 마을에 비하면 도시 같은 곳이었고 바다와도 가까웠지.*(주9 실습학교에서 항구마을인 포항까지는 4리 정도 되었다) 입학하고 보니 학생들은 전부 자취생활을 한다고 했어. 방 하나를 학생 5명씩 썼는데 모두 스물 몇 개는 되었으니 재학생이 125명 정도 있었지. 거기가 먹고 자는 숙소야. 기숙사에는 일본인 교장선생이 있고, 히라야마라는 일본인 평교사가 하나 있고, 또 김 선생이라는 조선인이 한 명 있었어. 또 보통학교처럼 학교 급사도 있었고.

실습학교의 농지도 굉장히 척박한 땅이었어. 논에 작물을 심어도 자라질 않았지. 모내기할 때가 여간 고생스러운 게 아니었는데, 왜냐면 그 땅은 빗물을 모아두었다가 모내기하는 논인데다 그마저도 죄다 모래뿐이라. 써레로 땅을 고르면 흙이 이내 가라앉아 버려서 모를 심을 수가 없어. 모래흙을 파내고 심지 않으면 모내기를 할 수 없는 농지였으니까. 강물을 끌어와서 농사를 짓는 논이 아니야. 빗물을 받아서 작물을 키워야 하는 그런 논이지, 허허허. 그러니 비가 오는 날, 그런 날만 모내기를 해야 해. 게다가 모내기할 때 손이 얼마나 아픈지 아주 힘들었지. 모래가 딱딱하게 굳어 있어서 도무지 손가락이 들어가지 않았으니까. 보통은 써레질을 하면 윗부분의 흙이 부드러워지는데, 이 논은 모래투성이라 써레질하자마자 그대로 푹 꺼져버렸어. 그렇게 애써 흙을 파내 모를 심어도 대부분 모가 자라지 않아. 비가 적당히 내려주면 좋겠지만 비가 와야 말이지. 모래땅에 논을 만들어 모를 심었으니 다 말라버려 못 쓰지.

그러다 어느 때는 정말 심한 가뭄이 들어서, 7년이나 가뭄이 계속됐어요. 당시에는 내가 아직 그 학교에 다니진 않고 집에 있을 때였지만. 모내기는 끝났는데 물이 없어서 심어 놓은 모가 다 말라버리고 말았지. 다시 또 못자리를 만들어서 다시 모를 심었는데 그것도 소용없어. 그 이상은 시기가 늦어져서 더는 모내기를 못 하지. 그래서 그 논에 무엇을 심었느냐면 밤이야. 그런데 밤도 땅에 수분이 없어서 싹이 잘 나지 않았어. 그때는 물이 없어서 참 고생스러웠어요. 결국 마지막에 심은 것이 메밀.

메밀은 말이야, 햇빛을 많이 받지 않아도 어느 정도는 수확을 할 수 있는 작물이에요. 오늘날 일본인들이 메밀(소바)을 정말 자주 먹는데 메밀은 영양가가 없어요. 정말 그건 영양가가 없어서 메밀밥을 많이 먹으면 뱃가죽이 얇아져요. 나도 경험했으니까. 영양가는 전혀 없어요. 그리고 먹어도 금방 배가 고파졌지.

음, 수확이 가능한 좋은 땅도 조금은 있었지만, 모래뿐인 농지가 대부분이었어. 그래도 뭐 농업학교였으니까 다양한 벼 품종을 시험적으로 조금씩 심어서 농사를 지었지. 곡식 벼 몇 호, 몇 호 같은 품종명이 있었는데 하나 같이 성적이 좋지 않아. 가장 성적이 좋았던 것은 채소였어. 여러 가지 채소를 심었는데 우엉, 배추, 무, 토마토, 파, 양파. 뭐, 대체로 그런 것들이었지. 그런 채소들은 꽤 잘 자랐어요. 다 자라면 그걸 학생들이 모두 마을로 들고 나가서 팔았지. 돈이 없었으니까 그렇게라도 생활해야 했어요.

또 학생들이 먹는 밥은 모두 직접 했는데, 당번을 정해서 교대로 밥을 지었어. 그 당시 쌀밥은 없고 100% 보리밥이야. 그때 보리쌀이 1인당 몇 홉이었던가, 당시엔 비상시기라 그다지 양이 넉넉하지는 않았지. 뭐, 어쨌든 보리밥을 지어서 밥그릇에 한 번 담으면 그걸로 끝, 추가는 없어. 100인분 정도의 보리밥을 커다란 무쇠솥에 한꺼번에 짓는 게 처음부터 잘 될 리가 없지요. 그때는 처음으로 그렇게 많은 밥을 한 번에 했으니까 타기도 하고 마음먹은 대로 되지 않았어. 밥 짓는 법도 몰랐으니까 그냥 익숙해져야 할 수밖에.

누룽지가 생기면 그걸 다 같이 나눠 먹어야 했는데 안 그러면 배불리 먹을 수가 없으니 밥이 타버리면 더더욱 많이 먹지 못하지. 애초에 추가 밥은 없으니까 배가 고프다고 해서 더 달라고 할 수도 없었지. 그리고 무엇보다 학교에서 배급하는 식량이 정해져 있었으니까. 밥이 타든 어쨌든 학교에는 책임이 없는 거야. 밥을 하는 당번 잘못이지. 아니, 당번 책임도 아니지…… 허허허. 음, 참 기가 막힌 시절이었어, 정말로.

학생들이 사는 기숙사 지붕은 짚으로 만들었는데 교사나 창고, 선생들이 사는 건물은 일본에 있는 짚 있잖아, 그걸로 두텁게 쌓아 올린 지붕이지. 한번 올리면 두툼해서 10년도 20년도 괜찮은 그런 지붕이야. 조선의 지푸라기는 이렇게 얇지. 그러니 매년 지붕을 올려야 했어, 삭아서 비가 샜으니까. 그래서 학생들이 있는 기숙사는 매년 지붕을 새로 올렸어. 또 밥을 먹을 때는 전원이 집합해서 먹으니까 거기에 선생이 하나, 당직 선생이랄까, 세 명 중에 한 사람이 교대로 반드시 함께 먹었지. 뭐, 먹는 시늉만 하고 선생은 보리밥을 먹진 않아. 부인도 있고 사택도 있으니까 선생은 사택에서 먹지.

보리밥을 지을 때, 당시 보리쌀 몇 되였던가, 하루에 세 번 밥을 지었는데 두 명이 한 조가 되어 교대로 당번이 됐어. 그러니 처음엔 고생을 좀 했지, 밥을 잘 짓기가 어려웠거든. 당시엔 100% 보리쌀, 콩으로 된장을 만들기도 했어. 된장이 떨어져서 마을에 된장을 얻으러 돌아다니기도 했어. 왜냐하면 우리가 만든 된장에는 구더기가 잘 생겼거든. 구더기가 들끓는 게 너무 싫어서 떠서 버렸으니까 된장이 줄어들 수밖에. 그래서 된장을 구하러 돌아다닌 적도 있었지. 장 뚜껑을 덮어 놓아도 파리가 어떻게 들어가는지. 음, 된장 맛은 역시 우리가 담근 게 맛은 있었지만, 무엇보다 구더기가 생겼으니 버리는 수밖에 없었지.

그 학교에 들어온 사람 중에는 부잣집 학생도 있었는데 그렇지 않은 사람이 대부분이었어.*(주10 사람들이 '거지 학교'라 불렀다고 한다) 그러니 다들 맨발이었지. 게다가 당시엔 물가가 통제되어 있어서 돈이 있어도 물건을 사지 못해,

신발 같은 걸 살 수 없었으니까. 그러니 학생들 대부분이 맨발이야. 맨발로 다니니 여름에 더울 때는 모래땅이 뜨거워서 이만저만 힘든 게 아니었어, 뜨거운데다 발바닥도 아팠으니까.

땔감 조달이라 해서 산으로 땔감을 주우러 갈 때도 맨발로 갔어요. 음, 정말 그런 훈련 같은 건 그 후에도 아마 없었을 거야. 땔감으로 쓸 소나무 가지를 꺾어서 다발을 지어 그곳에 쌓아 두었지. 상당히 멀리까지 갔어. 걸어서 2시간 정도 걸렸으니까 8km쯤. 편도 8km까지는 안 되려나? 어쨌든 재를 넘어가야 했으니. 땔감을 하러 갈 때는 교장선생이 총을 들고 따라갔어. 멧돼지가 출몰하기도 했으니까, 허허허. 멧돼지를 한 마리 잡은 적도 있었지. 그걸 메고 와서 가죽을 벗기고 구워 먹은 적도 있었거든. 맛이 좋아. 지금 여기에 있는 돼지고기보다 훨씬 맛나지. 기름기도 없고, 산에서 자랐으니까. 산에 쌓아 둔 땔감을 옮길 때는 밤에 갔단 말이지, 달이 뜬 밤에.

1943년에 지원병으로 군대에 가는 사람이 있었어. 조선인이야. 그 사람을 배웅하는 행사가 성대하게 열렸어. 학교와 가까운 곳에 사는 사람이 군에 간다고 해서 우리 학교 학생 전원이 배웅을 나갔지. '기원紀元은 2600년'이라는 노래를 부르면서 말이야. 그렇게 배웅을 했던 적도 있어요.

학교생활은, 아침에 일어나서 아침밥을 먹기 전에 잠깐 일을 했지. 채소밭에 풀을 뽑기도 하고, 논에 풀을 뽑기도 한 다음 식사 시간이 되면 학교로 돌아와서 아침밥을 먹어.

아침에는 조례가 있어. 학교에 감실이 있는데 조그만 신사도 있었지. 학생들이 교대로 축문을 올렸어. 선생이 그렇게 하라고 했으니까 어쩔 수 없이 따라 할 수밖에. '가케마쿠모 카시코키 아마데라스 오오미카미노 온마에 온타테마츠리…' '팔굉일우八紘一宇의 정신' 같은 축문을 교장선생이 글로 안 써주고 말로 가르쳐 줬거든. 교대로 해야 하니 어쩔 수 없이 축문을 외울 수밖에. 별로 하고 싶지 않아서 결국엔 외우는 시늉만 했는데 여하튼 뭐든지 교대로 시켰으니까.

그게 끝나면 아침밥을 먹고 낮일을 하러 가지. 일하다가 다시 점심에 돌아와서 밥을 먹고 잠시 쉬는 시간이 있어. 조금 쉬었다가 또 일하러 나가지. 저녁이 되면 저녁밥을 먹고, 자기 전에 천황폐하의 무운장구武運長久를 비는 기도를 해. 방에 있는 5명의 식구*(주11 각 방에 방장이 있고, 방마다 감실이 설치되어 있었다)들이 감실을 향해 기도를 올리는 거야. 그리고 잠을 자는 그런 생활의 반복이었지.

그 학교 교장선생이 키가 작았는데 일본인이야. 당시 '흥아興亞'라는 담배가 있었거든. '비전(vision)'이 제일 비싸고 향도 좋았어. 교장선생은 값싼 '흥아'를 피웠는데, 당시 한 갑에 20전이었나, 30전이었나. 한 갑에 20개비가 들어있는데 그걸 하루에 7갑이나 피웠어. 줄곧 입에 담배를 물고 있었지. 담뱃불이 꺼지면 다시 붙였으니 입에 계속 담배를 물고 있는 상태야. 7갑이니까 140개비.*(주12 하루에 5갑까지는 지급되었고 그 이상은 자기 부담이었다고 한다) 매일 그렇게 피우는 사람이었어.

## 결혼

그러다가 김도홍(金桃紅)이라는 여성과 결혼했지. 내가 가라후토(사할린)로 가기 1년 전쯤이야. 그 여성과 나 사이엔 자식이 생기지 않았어.

## 돈벌이 타향살이

결혼하고 얼마 되지 않아서 강원도로 돈을 벌려고 갔거든. 1942년 봄에 가서 집에 돌아온 때가 아마도 11월쯤……. 서리가 내렸을 때니까. 음, 그때까지 객지에 나가본 적이 없어서 집이 그리워서 돌아왔어. 강원도 삼척이라는 곳이야. 묵호항이 가까웠지. 삼척으로 가기 직전에 묵호에 들린 적이 있어. 거기서 멸치를 사서 멸치육수를 만드는 일을 했는데 육수가 아주 맛있어요.

그다음엔 바닷가에서 한참 들어간 곳에 있는 탄광으로 갔어. 탄광에서는 기계부에 들어갔는데 하루 일당 90전에 밥값이 65전이나 되었지. 그럼 25전이 남나? 당시는 일요일엔 쉬었으니까 한 달에 26일이나 27일을 꽉 채워 일해도 남는 돈이 얼마 안 되었어. 2개월간 거기 있었을까. 하루에 25전밖에 안 남으니 안 되겠다 싶었어. 거기서 함께 일한 사람 중 하나가 이곳저곳 돌아다니며 돈벌이를 찾는 전문가 같은 인간이 있었는데, 그 사람이 상마읍(上麻邑)이라는 곳에 곧 새 탄광이 생긴다며 거기로 가자고 했어. 거긴 석탄광이 아니라 알루미늄 광석이 나오는 곳이니 그쪽이 나을 거라며 가자고 했지.

나는 뭐가 뭔지 잘 몰랐으니까 그 사람을 따라가기로 했지. 또 그 사람의 부인이 중병에 걸렸는데 탄광에서 일해 봤자 돈이 안 되니 병원에도 마음껏 갈 수 없었지. 음, 지금 생각해 보면 위독한 부인을 데리고 타지로 가야 하는데 혼자는 불안하니 친구가 필요했던 게 아니었을까? 그 사람과 같이 상마읍으로 가서 나는 함바飯場에 들어갔고 그 사람은 부인이 있으니 사택으로 들어갔지. 삼화광산이라는 곳인데 새로 개발한 광산의 갱구를 만드는 중이었어.

광산의 사택이 강가에 있었는데 바로 옆으로 강물이 흘렀어. 이렇게 강이 가까워서야 조금만 비가 내려도 이내 강물이 집에 들어오는 것 아니냐고 내가 말했는데 아니나 다를까 비가 내리자 강물이 넘쳐 집안까지 들어오기도 했어. 그 때문에 그 사람 부인의 병도 차도가 없었지. 음, 그 남자도 참 얌전한 사람이었는데, 내외가 모두 쉰 살이 넘었거든.

그 광산에 누구 하나라도 내가 아는 사람, 연고가 있었다면 힘든 일이 아닌 사무를 보는 쪽으로 들어갈 수도 있었을 텐데. 아무도 없었으니 그저 함바에서 지내며 일하다가 얼마 후 함바의 서기가 되었지. 이름을 쓰고 누가 출근하고 누가 출근을 안 했는지 그런 걸 장부에 기록하는 일을 맡게 돼서 하루에 10전씩 받았을 거야.

공사 현장에 가보니 일본인이 두 사람이 있었는데, 그 당시 일본인이 그런 곳에 와서 막노동 같은 일을 하는 인간은 멀쩡한 인간이 아니야. 어딘가 모자라는, 칠푼이 아니면 팔푼이, 뭐 그런 녀석들이라 제대로 된 놈이 없었지. 그 중에 한 사람, 눈을 희번덕거리는 사람이었어.*(주13 매독에 걸린 사람이었는지도 모른다) 쿠도工藤라는 사람이었는데 내가 일본말을 할 수 있으니 그와 한 조가 되어 일하라고 했지. 광산이 막 개발된 때라 갱구를 만드는 곳으로 가서 삼태기에 흙을 담아 나르는 일이었어.

가마니를 풀어 헤쳐 만든 삼태기에 긴 줄을 앞뒤로 매달아 양쪽에서 들고 옮기는 거지. 그 삼태기를 쿠도가 앞에서 들면 내가 뒤에 서고, 내가 앞에서 들면 쿠도가 뒤에서 들었어. 두 명이 동시에 양쪽을 들어야 하니 그런 식으로 일했는데, 저녁이 되어 전표를 받으러 갔지. 전표 카드야. 명함보다 조금 클까. 거기에 조그맣게 1, 2, 3, 4… 이렇게 1개월분 하루 일당을 적는 카드야. 저녁에 내가 '카드를 가지러 간다'라고 말하니 "어이, 내 것도 좀 갖다줘." 하기에 "알았어요." 하고 쿠도와 내 이름을 말하고 카드를 받았지. 그리고 내 카드를 확인해 보니 1엔 40전이라 쓰여 있는데, 쿠도란 놈은 얼마 적혀 있냐면 완전히 금액이 다른 거야. 2엔 정도면 그나마 낫지. 4엔 50전이더라고. 똑같이 삼태기를 짊어지고 날랐잖아. 그걸 혼자서는 할 수 없지. 둘이서 동시에 짊어져야 하니 앞과 뒤에 서는 차이밖에 없어. 그때 내가 이런 생각이 들었어. 일본인이 조선에 와서 일하니 더 좋은 생활을 하는 거라고. 이런 식으로는 조선인이 아무리 열심히 일한들 형편이 나아질 리가 없다고.

그렇게 며칠쯤 함께 일하다 일주일 후에는 다른 일본인의 밑*(주14 조수)으로 가라는 말을 들었지. 결국 나 말고는 일본말을 할 수 있는 조선인이 없었던 거야. 내가 젊기도 했고 말이 통했으니까.


'고소(高所) 작업자를 따라다니며 도와줘라.'라고 했지. 갱구 공사 현장엔 고소작업을 하는 사람도 있었거든. 광산이니 발파*(주15 다이너마이트)를 위한 설치작업 같은 걸 하는 작업자였지. 그 사람은 할 일이 매일 있는 것은 아니었지만 어쨌든 그의 조수로 간 거야. 말이 통했으니까 나를 여기저기 써먹기 좋았던 거지. 그래서 같이 며칠인가 일하는데 무슨 창고 같은 것을 만들게 되어서 내가 그 일을 도왔어. 그러다 저녁때가 되어 "카드를 가지러 가겠습니다." 하니까 "아, 내 것도 갖다주게." 하기에 "예, 알겠습니다." 하고는 가지러 갔지. 그리고 그 사람의 카드를 보고는 이건 뭔가 잘못된 것이 아닌가 하는 생각이 들었어. 아무리 봐도 잘못 적은 것은 아니었지. 눈을 씻고 다시 보아도 18엔이야.

그때 나는 그래도 이전에 있던 탄광보다는 50전이나 많이 받으니 거기서 일한 거였거든. 고소작업자의 보조였지만 그날은 그 작업자의 업무가 없었어. 음, 고소작업자가 높은 곳에서 걸어 다닌다거나 뭔가 힘든 일을 한다면 할 말이 없지만 그다지 어려운 일이 아닌데 18엔이나 받았으니 내 일당의 10배 이상이었지. 11배인가, 12배 정도.

내가 고향에 있을 때 아버지가 친구들과 이야기하면서 '착취'라는 말을 자주 썼어. 솔직히 나는 그 말의 의미를 잘 몰랐어. 하지만 그 순간 착취라는 단어가 머리에 떠올랐지, 일본인이 이런 식으로 조선인을 착취하는 것이라고. 그때 그 자리에서 바로 말했어요. 조선인이 아무리 열심히 일해도 형편이 좋아질 리 없다고. 내가 그곳에 가서야 처음으로 착취라는 말의 의미를 깨닫게 된 거야. 착취라는 말이 그곳에서 머릿속에 강하게 주입됐어. 이대로는 조선인의 처지가 좋아질 거라는 생각을 안 하는 게 낫다고, 그때 깨달았어.

그렇게 가을이 되었지……. 강원도라 가을에 접어들자 찬 바람이 불기 시작했어. 어느새 10월이었으니까, 이러다가 눈이라도 내리면 큰일이겠다 싶었고 집도 그리워서 그길로 돌아왔을 거야.

그렇게 집에 돌아왔지만 7개월 동안 객지에 나가 번 돈이 26엔이나 27엔쯤 되었을까. 당시에 아내가 있긴 했지만, 그 돈은 전부 아버지에게 드렸어. 한 푼도 허튼 곳에 쓰지 않았지. 7개월을 일해 번 돈이 그것밖에는 안 되었어.

강원도에서 조금이라도 아는 사람이 있었다면 고된 일은 안 하고 감독하는 일 같은 걸 충분히 할 수 있었을 거야. 아무도 아는 사람이 없었으니까 하는 수 없이 그런 일을 했지. 아아…….

## 농업지도원

객지로 돈벌이를 나갔다 돌아오긴 했는데 그 후로도 할 일이 전혀 없었어. 그러다 아버지가 면사무소에 가서 아무 일이나 시켜 줄 수 없냐고 뭔가 부탁하신 게 아닌가 싶어. 어쨌든 그렇게 면사무소의 농업지도원이 됐는데 1개월이 지나자 바로 면직되었어. 임시 채용이라는 이유였지. 한 달 일했는데 급료도 받지 못한 채 가라후토(사할린)로 모집되어 간 거야.

## 가라후토(사할린)에 가다

모집되었을 당시에 면사무소 면장이 어느 정도 나를 인정해 주었어.*(주16 심상소학교 6년제를 졸업했고 일본어를 할 수 있다는 점을 인정받았다. 모집에 응한 조선인 대부분이 일본어를 못했다고 한다) 사실은 대장을 시킬 생각이었는데 이미 모집이 진행되고 있어서 어려울 것 같다고 하더군. 어느새 사람들도 모여 있었고 대장도 정해졌지만 나한테 뭐라도 역할을 줘야겠다며 기수-깃발을 들었다-라는 명목으로 가게 됐어.

그렇게 출발하려는데 막내아들이 먼 곳으로 간다며 어머니가 2리나 떨어진 군청까지 재를 넘어 나를 보러 오신 거야. 이미 그때는 준비가 모두 끝나서 트럭도 와 있었고 모인 사람들이 트럭에 올라타려 했을 때야.

50명이 2대의 트럭에 25명씩 나눠 타고 출발하려던 참이었는데, 이렇게 보니까 어머니가 와 있어서 잠깐 이야기를 나눴지. 어머니는 "아이고, 굳이 거기까지 안 가도 되지 않느냐."는 말도 하시고 이런저런 말씀을 하셨어. 2년만 지나면 마침 어머니가 환갑이 되는 해였거든. 그래서 어머니에게 말했지. "2년만 지나면 반드시 돌아올 테니까 2년만 참고 기다려 주세요." 그랬더니 어머니가 말이야, 내 이름을 부르면서 "네가 그렇게 먼 곳으로 간다니, 언제쯤이나 돌아올지…" 하시며 신세타령하셨지.

음, 먹고사는 일이 녹록하지 않았으니까 조선의 여인네들은 그럴 때 신세타령이 나오는 게 아주 자연스러웠어. 그리고 어머니가 눈물을 흘리면서 조 그만 보따리*(주17 작은 천 조각에 싸서 묶은 뭉치)를 주셨어.*(주18 이것이 어머니와는 마지막 이별이 되었다. 그 후 어머니는 눈을 감기 직전에 "희팔이는 아직 안 왔냐. 아직도 안 왔어!" 하고 외 치셨다고 큰고모를 통해 전해 들었다.)

시골인데다 가난했으니까 챙겨 보낼 식량이 아무것도 없었지. 어머니와 헤 어진 후 나중에 보따리를 풀어보니 노란 가루였어. 콩가루를 조금 싸서 주셨 던 거야, 가는 도중에 먹으라고. 얼마나 가난했는지 그것만 봐도 충분히 알만 하지 않을까.

그 당시에 면장이 나한테 와서 말했지. 왜 그렇게 그 면장이, 면장이면 면 사무소에서 젤 높은 사람이잖아. 그 사람이 어째서 나한테 모집에 대해 자세 히 얘기해주었냐면 내가 마침 그때 농업지도원을 하고 있었거든. 단기간이지 만 4월 한 달을 일하고 다시 5월에도 계속해서 내게 농업지도원을 시킬 생각 이었으니까.

면장이 내게 와서 "자넨 아직 젊으니까 2년 계약으로 다녀와도 여전히 젊지 않나. 끝나고 돌아오면 반드시 좋은 자리에서 일할 수 있게 도와줄 테니 걱정 하지 말고 갔다 오게."라고 했어. 그리고는 "이번 모집에 가지 않으면 너흰 형 제가 많아서 무조건 징용에 걸려. 징용보다는 일하러 가는 편이 훨씬 낫지 않 나." 했지. 그때 떠나지 않으면 곧바로 징용된다는 것을 면장의 말을 듣고 처 음 알게 된 거야. 그랬으니까 모집에 지원했지. 내가 가라후토(사할린)로 떠난 지 얼마 안 되어서 셋째 형이 규슈에 있는 탄광으로 징용을 가고 말았지.

그렇게 출발해서 안동까지 흔들리는 트럭을 타고 갔어. 도중에 산마루 같 은 곳이 있었는데, 그 고개를 넘어갈 때는 솔직히 서글픈 생각이 들었지. 내 가 지금 이 고개를 넘어가면 언제 다시 돌아올 수 있을까? 음, 2년이라는 기 간이 정해져 있지만 무사히 2년을 보내고 이 고개를 다시 넘어 돌아올 수 있 을까, 그런 걱정이 솔직히 있었어요. 하지만 이미 트럭에 타고 말았으니까.

안동에 도착해 다시 기차로 갈아타고 부산에 도착했어. 거기 있던 일본인이 이것저것 조사했는데, 공손한 말 같은 건 일절 안 써. "너, 아버지 있냐." "이름이 뭐냐." "몇 살이냐." 이런 식으로 여하튼 사람을 아주 바보처럼 대하더라고.

음, 그리고는 배에 탔어. 그 배는 관부연락선인데 가장 아래에 있는 어두컴컴한 곳으로 들어갔지. 작은 전구밖에 없어서 정말 어두웠는데 거기엔 다른 곳에서 온 사람들도 있더라고. 그 배로 시모노세키下關에 도착해서 상륙한 다음 어딘가의 여관으로 잠시 쉬러 들어갔었어. 그 여관의 변소가 어찌나 더러운지, 소변용 하얀 변기에 누렇게 찌들어 있던 때가 지금도 눈에 선해. 그게 계속 생각나서 머릿속에서 잊히지를 않았지.

여관에서 잠시 쉰 다음 다시 기차*(주19 단체 전용의 유개화차로 일반승객은 없었다. 몇 량짜리였는지는 정확하지 않으나 기차에 탄 전원이 가라후토(사할린)로 가는 이들이었다. 화차였기 때문에 의자가 없어서 바닥에 앉았다. 이희팔 씨를 비롯한 50명은 1칸에 모두 태워졌다고 한다)를 타고 갔는데, 교토京都 근처에서 한 사람이 도망을 쳤어. 그러자 경비가 삼엄해졌지. 산마루를 넘어갈 때 기차가 힘겹게 올라가야 하는 곳이 있었거든. 그다지 속도를 내지 못했으니까 도망치려고만 하면 얼마든지 뛰어내릴 수 있었지.

경비가 삼엄해지자 기차 난간에까지 서서 지키는 사람이 있었어. 나는 그때 이미 멀미가 심해져서, 촌놈이라 기차도 배도 타 본 적이 없었으니까. 구토는 안 했는데 여하튼 아무것도 먹질 못했지. 점심밥도 나오고 뭔가 여러 가지가 나왔는데 전혀 먹을 수가 없었어.

그러다 기차가 평야를 달려가는데, 우리가 국방색 옷을 입고 있었거든. 그리고 전투모 같은 것을 쓰고 있었으니까 군인들이 전쟁터에 나가는 줄 알았는지, 그때 모내기를 하는 사람들이었던가, 일하던 사람들이 허리를 펴고 일어나서 손을 흔들어 주었어. 그래서 우리도 팔을 흔들어 주었지.

음, 군인들이 전쟁터에 가는 것이라고 여긴 게 아닐까. 무엇보다 우리가 입은 옷이*(주20 출발지인 영양군청에서 복장을 준비했다. 이희팔 씨는 이 옷이 도주 방지 목적이

었다고 한다) 국방색인데다 목에 깃이 없는 옷이라 군인들이 입는 군복과 거의
비슷했으니까. 그 옷은 군복 옷감이 아니야. '스후'(스테이플 섬유)라는 직물인
데 옷감에 힘이 없거든. 세탁하기도 쉽지 않다고 하더라고, 그 옷은, 허허허.
가라후토(사할린)까지 가는 동안 그 옷 한 벌뿐이었으니 도착했을 땐 이미 여
기저기 터지고 찢겨서 다들 그냥 버렸을 정도로 형편없었지.

   그렇게 기차를 타고 가다 우에노上野 역에서 잠깐 내린 다음에 다시 출발해
아오모리青森 역에 도착한 후에야 여관에 들어갔는데 거기서 아마 하룻밤 묵
었을 거야. 아오모리에서 먹은 사과*(주21 사과는 여관에서 먹었다. 여관에서 나온 밥은
보리가 섞여 있었는데 쌀이 더 많았다고 한다)가 요만한 크기였을까. 요즘 나오는 사과
보다 훨씬 작았지. 진한 빨간색인데 맛있었어. 그 사과 맛은 정말 좋았어. 품
종이 국광이라 했지. 반짝반짝 빛이 났는데 여하튼 맛도 있고 달았어. 그런
사과를 먹어본 적이 없었거든. 사과를 먹은 후 여관에서 밥이 나왔을 때 어떻
게 먹었냐면, 노란 가루야. 어머니한테 받은 노란 콩가루, 그걸 뿌려서 먹으
면 목구멍으로 밥을 넘길 수 있을 것 같아서 밥 위에 뿌려서 먹었더니 넘어가
더라고.
   그렇게 밥도 맛있게 먹고, 사과도 먹고 나니 간신히 살아나는 것 같았지.
볶은 콩을 빻은 가루라 고소했어. 내가 어릴 때 자주 밥에 섞어서 먹었거든.
그걸로 주먹밥을 만들기도 했고. 콩가루라 밥에 뿌려서 뭉쳐도 손에 달라붙
지 않으니 그런 식으로 자주 만들어 먹었어. 노란 콩가루를 뿌려서 먹으니 밥
맛이 나더라고. 그렇게 배가 부르게 먹고 나니 그제야 다시 살아난 거지. 그
전까지 반은 죽어 있었거든.
   그다음 날, 아오모리에서 배를 타고 홋카이도 하코다테函館로 갔어. 거기서
다시 왓카나이稚內 항구로 간 다음 가라후토의 오도마리(코르사코프)로 갔지.
그렇게 가라후토로 건너간 거야. 고향을 떠나 가라후토 땅 나이부치(브이코프)
까지 가는 데 일주일이 걸렸어. 나이부치에 도착하자마자 날짜를 확인해 보
니 정확히 일주일이 지났더군.

## 2. 사할린에서

### 광산 도착, 훈련

그 당시 나이부치內淵 탄광에서 채굴한 석탄을 반출시키는 선로가 있었어요. 기차가 그 선로로 갱구 부근까지 들어갔거든. 그곳에 도착해 기차에서 내렸는데 아마 나이부치 역이 아니었나 싶어요. 어쨌든 갱구까지 걸어가 보니 이미 절차가 다 준비되었는지 광부들을 갱구로 이동시키는 차가 기다리고 있더라고.

광차였는데 그걸 타고 5분인가 10분 정도 갱내로 들어갔지. 광차에 타는 그 순간 아아, 여긴 탄광이라는 걸 깨닫고 이러다 살아서 집에 돌아가기 어려운 것 아닐까 생각했어요. 그런 광차를 타고 갱내로 들어가 본 적이 없었으니까. 입구에 탄광이라고 쓰여 있었는데 그것도 몰랐었지. 광차를 타고 가다 내리라고 해서 도중에 내렸어. 내린 곳 옆쪽으로 또 다른 갱도가 있었는데 사람이 걸어 들어갈 수 있을 만한 곳이었어. 그 오르막길 갱도는 200m나 300m 정도 될 거야. 여하튼 그 길을 따라 올라가니 하늘이 보였고 갱 밖으로 나오더라고. 일단 안심은 했지.

나는 그렇게 갱내에 갇히는 것 아닌가 싶었어. 그렇게 갇혀서 일하다 죽으면 어딘가에서 처분당하는 것 아닐까. 그래서 갱 밖으로 나오자마자 가슴을 쓸어내렸지……. 누구한테 말도 못 하고 혼자서 그렇게 깨달은 거예요.

이건 나이부치 탄광에 도착한 첫날 이야기인데, 1943년 6월 6일 무렵일 거야.

경상북도 영양군에서 출발해 밤낮으로 달려 1주일 이상 걸렸으니까. 西나이부치 방면으로 가보니 바로 앞에는 강이 흘렀는데 물도 상당히 많았어. 집을 떠날 때 아버지가 일본에선 그다지 물 걱정을 안 해도 된다고 한 말이 떠올랐지. 역시 아버지는 연륜이 있어서 친구들한테 얘기를 듣고 마실 물이나 수자원에 대해 알고 계셨던 것 아닐까.

거기서 좀 더 높은 곳으로 가서 이렇게 둘러보니 강에는 맑은 물이 흐르고 있었지. 지류 부근에는 아직 얼음이 남아 있었어, 얼음이 보이더라고. 아아, 여긴 추운 곳이구나 싶었어요. 그곳에서 합숙소까지 걸어서 갔는데 4료(寮)라고 부른 곳이야. 1, 2, 3료가 있고 맞은편에도 합숙소가 있는데 거긴 만든 지 얼마 안 된 곳이었어. 그곳만 완전히 새것인데다 가라후토(사할린) 식으로 통나무를 엮어 지어서 튼튼해 보였지.

내가 있던 4료는 1, 2, 3료에서 2km쯤 떨어진 곳에 있었어. 그리고 중간에 지성至誠 료에서는 젊은 일본인들이 지냈고, 계절 료도 있었지. 계절 료는 아키타秋田 현에서 온 사람들이 농번기에는 집에 돌아가 농사를 짓다가 농사일이 어느 정도 마무리되면 2월경에 거기 와서 탄광 노동을 해. 그렇게 돈을 모아서 봄이 되면 다시 농사를 지으러 가는데 그 사람들이 지내는 숙소지.

자세히 살펴보니까 내가 들어간 4료가 제일 안 좋은 곳이었어. 방이 이렇게 나란히 있는데 2층은 사람이 서 있지를 못해, 낮아서. 지붕이 이렇게 기울어져 있거든. 방이 넓기는 한데 천정이 낮아서 서 있지 못하지. 1층은 그나마 제대로 되어 있는데 2층은 전부 그런 구조였어. 나한테는 2층에서 지내라고 했어요.

그 후 훈련기간이 있었는데 음, 한동안 훈련을 받기도 했지. 훈련받을 땐 2km쯤 떨어져 있는 운동장까지 걸어가야 했는데 가 보니 넓은 운동장이 있더군. 높은 곳에다 그렇게 넓은 운동장을 만드느라 꽤 많은 이들이 고생했을 거야. 굉장히 넓었거든.

그 운동장에서 훈련을 받았는데 나는 그곳에 가기 전에 여기저기서 훈련을 받아 봤거든. 소학교 때부터 분열행진도 해봤고. 학교를 졸업하고 간 개척민 훈련소도 단기 훈련소라서 3개월에서 6개월 정도 훈련받은 적이 있는 데다 농업실습학교에서는 1년간 가장 강도 높은 훈련도 받았으니 훈련이라면 여러 번 받아봤지. 그런데 그곳은 어떤 상황이었냐 하면 대부분 농촌에서 농사를 짓다 온 농부들이란 말이야. 그러다 갑자기 그곳에 와서 집단행동을 해야 하는데, 일본어를 알아들을 리가 없지. 한두 마디 정도는 일본말을 하는 사람도 있었지만 그런 사람은 드물어서 거의 다 일본어를 못해. 말을 못 하니까 당연히 일본 글자도 못 쓰지.

음, 그런 사람들을 거기로 데려가서 훈련을 시켰던 거야. 어떤 훈련이냐면 비상시였으니까 물론 교련이지, 군사교련 말이에요. 분열행진까지 가르쳤는데 그걸 알아들을 리가 있나. 도저히 따라 하지 못해 따귀를 맞는 사람도 있었어. 음, 훈련기간은 3개월 정도 되었는데, 나는 다행히 일본어도 조금 할 줄 알았고 학교 다닐 때 어느 정도는 체조 시간에 훈련도 받아봤으니까.

그 당시 체조 시간엔 평범한 체조는 별로 없고 오로지 그런 훈련만 받았거든. 교련 훈련 같은 것이지. 목검을 들고 하는 목검 체조도 했는데 완전히 군사훈련이야. 그것도 해 본 경험이 있으니까 그다지 힘들다고는 생각하지 않았지만 그런 걸 본 적도 없는 사람들이 그 상황에 닥쳤으니 굉장히 고됐을 거야. 그냥 우물쭈물하고 있다가 말 그대로 따귀를 얻어맞는 거야. 그런 상황이 벌어질 수밖에.

## 탄광 노동(갱내)

그렇게 현지에 도착해서 3개월간 훈련받고 현장으로 나가 작업을 하게 되었는데, 그곳에 가기 전엔 인조석유주식회사*(주1 가라후토 인조석유주식회사)라고 했으니까 말하자면 사람이 석유를 제조하는 회사라고 생각한 거야. 그런데 가서 보니 전혀 달랐어. 탄광이야. 그러니 일당이란 게 있었지. 하루 일해서 얼마 받는.

우리가 처음에 조선에서 광고를, 전단을 봤을 때 갱외는 4엔 50전, 갱내는 6엔 50전이라 했어. 그 광고를 보고 이상하다고 생각했어. 인조석유주식회사 인데 어째서 갱외는 얼마, 갱내는 얼마라고 할까? 이건 어쩌면 땅속에 들어가 뭔가를 해야 하는 일이 아닌가 생각했어. 그렇게 현지에 가서 보니 탄광이란 말이지. 그러니 갱외, 갱내로 구분했던 거야.

그리고 탄광에는 석탄을 캐는 사람, 재료를 운반하는 사람 등 여러 작업장이 있어. 나는 광무(鑛務) 기계부에 들어갔는데 처음이라 뭐가 뭔지 몰랐지. 탄광에서 사용하는 기계들이 있잖아요, 여러 가지 기계들. 컨베이어벨트도 있고, 착암기도 있고. 굴을 파서 진입하려면 단단한 돌에 구멍을 뚫어 다이너마이트를 설치해야 하니까 그런 착암기를 썼어요.

나는 거기서 철관을 나르고 공기파이프를 옮겨 연결하기도 했거든. 컴프레서로 공기를 압축해서 압축된 공기를 철관을 통해 보내는 거야. 그러니 드릴이나 해머 같은 걸 써야 했지. 해머도 45, 39 등 종류가 다양해요. 내가 취급했던 것 중에 45해머가 가장 큰 것이었어. 음, 그렇게 큰 해머는 그냥 짊어지는 게 너무 힘들어서 바닥에 스탠드를 세우고 밀어서 옮겨야 하는 곳도 있었는데, 대체로 그 탄광에서 그렇게 큰 해머는 굴진 작업을 하는 곳에서만 썼어. 본 갱을 팔 때만 큰 해머를 쓰고 석탄을 캐는 곳은 콜픽(coal pick)을 쓰거나 아니면 드릴로 구멍을 뚫었지. 그렇게 이틀 정도 뚫으면 막장이 조금씩 앞으로 뚫리니까 그다음엔 철관을 해체한 후 다시 철관을 들고 막장 가까이 옮기는 그런 작업을 했어. 음, 맨 처음 옮겼던 6인치짜리 철관에는 정말 두 손 들고 말았지. 너무 무거워서 도저히 들 수가 없었거든. 철관 직경이 1인치, 2인치, 3인치, 4인치, 5인치, 6인치까지 있어요. 두께가 5mm 정도이고 길이가 5.5m는 되었어. 6인치면 15cm야. 그게 제일 컸으니까. 그걸 두 명이 짊어졌는데 난 도저히 들지 못하겠더라고.

갱내에는 선풍기라고 해야 하나, 천으로 만들었는데 직경이 50cm 정도 될 거야. 그걸 위잉— 돌려서 갱내 공기를 바깥으로 내보내는 배기야. 그렇게 해서 공기를 순환시켜 가스가 차오르지 않도록 하는 거지. 그런 작업도 다들 전문, 전문이야. 철관을 연결하는 사람은 철관 연결 전문, 공기파이프를 연결하는 사람은 공기파이프 전문. 제각각 전문가가 있어서 그런 식으로 탄광 작업을 했지.

석탄을 캐는 것도 일단 본 갱을 파야 하잖아? 처음엔 갱구를 뚫은 후 파면서 앞으로 나가지. 물론 그것도 전문가가 작업을 하지만 거기 있는 석탄층을 따라서 가지처럼 갱도를 연결해 나갔어. 제일 밑바닥 갱도가 이렇게 나가고 거기에서 1m 정도 높은 곳에 석탄이 나오는 층이 또 있거든. 석탄층이 1m쯤 되는 곳도 있고, 2m 정도 되는 곳도 있고 모두 달라. 석탄층이 이렇게 비스듬하게 기울어져 있어. 30 몇도 되는 기울기라고 하더라고. 꽤 가파르지, 음. 일어서서 걸으려면 기둥을 붙잡아야 할 정도의 경사야. 석탄이 그런 식으로 층으로 되어 있어서 그 층을 파내야 했으니까. 석탄층이 어떤 곳은 1m보다 더 좁은 곳도 있고 몇 미터나 되는 곳도 있고. 그런 곳은 갱내 채굴이 아니라 노천 채굴을 해야 하는 곳도 있었으니까.

나는 막장에서 채탄은 안 했어, 다만 그 근처까지 철관을 연결했지. 철관이 모자라면 몇 개 더 가져와서 다시 연결하는 거야. 6인치 철관은 그렇게 깊은 안쪽까지는 들고 갈 수 없어요. 컴프레서가 있는 곳은 두꺼운 철관으로 연결하고 거기서부터 차츰 갱 안쪽으로 6인치 철관을 연결한 다음 갱내로 들어가서는 여기저기로 갈라지는 거지. 1호, 2호, 3호, 1중층, 2중층, 3중층까지 있었으니까. 3중이란 건 석탄층이 1층 더 있다거나 5m나 6m 정도 간격을 두고 다시 석탄층이 있다는 얘기야. 그런 식으로 1중, 2중, 3중이라 했어. 그런 형태로 석탄층이 있었거든.

음, 그렇게 탄광의 석탄을 캐내며 점점 앞으로 나아가지. 도중에 어디쯤에서 갈라지는지 전부 계산해서 작업해. 갱도를 나누는 작업을 할 때는 치스*(주2 철관 연결 부품)라는 이음매를 써야 해요. 치스는 각도가 90도짜리도 있는데 용도에 따라 주문했어. 그렇게 치스로 연결하고 연결된 부분은 공기파이프 두 개로 감싸지. 그렇게 해서 어느 정도 앞으로 나가면 그다음엔 가는 철관으로 연결해야 해.

6인치짜리 철관에 곧바로 얇은 두께의 철관을 연결하는 때도 있고 서서히 두께가 얇은 것으로 연결하기도 하는데 음, 그 작업은 장소에 따라 거기 맞는 방법을 썼어요. 채탄 현장에서 쓰는 철관은 가늘어요. 음, 2인치짜리니까 굉장히 가는 철관이지. 그 2인치짜리 철관에 몇 군데 구멍을 뚫고 거기에 니플*(주3 철관 연결부품)을 끼워 호스를 연결할 수 있게 해서 계속 이어가는 거지. 공기가 그 호스를 통해 나오거든, 그렇게 해서 석탄을 캐내요. 하루 종일 석탄을 캐면 대략 2m 정도 앞으로 나갔으니까.

## 탄광 노동(갱외)

처음에 나는 탄광 안에서 일했는데 기계를 청소하고 수리한다든가 대여, 접수 업무는 일본인이 했어요. 그 일본인이 군대에 가게 됐거든. 그러자 결국 내가 말도 통하고 글자도 쓸 수 있으니 마침 잘 됐다며 나를 그 자리로 보냈지. 그래서 그때부터 난 항상 사무소에 있었어. 사무원 모두가 갱내 시찰을 나갔을 때는 전화를 받기도 했지.

음, 그곳엔 광무소가 줄지어 있는데 조례 때는 갱내 광부들이 들러서 그날 할 일에 대해 듣기도 하고 체조도 하고 그런 곳이야. 거기에 순서대로 와서 카드를 받고 목욕탕 탈의실에서 입고 온 옷을 벗어서 갠 다음 바구니에 넣어서 맡기지. 그리고 작업복을 받아서 갈아입고 안전등을 나눠주는 곳으로 가서 안전등을 받아. 그때마다 일일이 카드를 내야 하지.

또 내가 있는 기계부 쪽으로 와서 어떤 기계 몇 호, 어느 현장 등 해당 작업장 사무원이 작성한 증명이라 하는데 사인도 되어 있지. 거기에 이런저런 기계를 받아 오라고 적혀 있어, 드릴이면 드릴, 해머면 해머, 강철 끌이면 몇 호 끌, 그런 걸 빌려서 작업장으로 가는 거야. 우리는 기계를 내주고 표를 받으면 되었지.

또 저녁이 되면 빌려 간 도구를 다시 반납하는 사람도 있지만 어딘가에 감춰 놓고 다음 날에야 가져오는 사람도 있지. 그게 참, 너무 무거우니까 들고 오는 게 힘들잖아요? 원래는 그러면 안 되지만 어느 정도는 눈 감아 주느라 알았다고 할 때도 있어요. 왜냐면 산이 무너져서*(주4 낙반 사고) 도구들이 묻혀 버리기도 했으니까. 분실하면 내가 혼이 난단 말이야. 작업이 끝나고 돌아갈 때는 반대로 도구를 반납하고 작업복은 벗어서 맡기고 목욕탕으로 가서 평상복으로 갈아입고 숙소로 돌아가지.

기계부 앞쪽에는 전화 교환대가 있었어. 전화기가 그리 많지는 않았는데 교환수가 2명 있었어, 여자아이들. 하나는 사토라는 이름이고 또 하나는 더 어리고 귀여웠지. 이름이 뭐였더라. 나는 사무소에 있었으니까 자주 장난삼아 전화했지. 심심하니까 노래라도 들려달라고. 그러면 그쪽도 심심한지 노래를 불러주기도 했어. 음, 그런 일도 있었어, 허허허.

옆에 있는 안전등 대여소에서 일하는 사람도 모두 어린 여자들이었어. 다들 아키타秋田에서 왔는데 예쁜 애들이 많았지, 허허허. 그래서 내가 유행가를 대부분 거기서 배웠어요. 그녀들은 어디서 그걸 배웠는지 모르지만 나는 시골에서 살다 와서 줄곧 탄광 숙소에서 지냈으니까 그전까진 유행가 같은 걸 배울 기회가 없었지.

음, 탄광에 와서 초기에 철관을 나를 때는 몇 달 고생을 했지, 힘이 없어서 잘 들지 못하니까 가는 철관을 다루는 쪽으로 옮기기도 했지. 그러다 거기도 그만두고 도구들을 대여하는 곳으로 가서 거기서 오래 있었어. 그곳에서 다양한 사람들을 알게 됐고 전화 교환수들과도 조금은 가까워졌지. 전화를 걸어서 노래를 불러달라고도 하고 쓸데없는 농담도 하고.

그렇게 일해서 나오는 돈을 본인들한테 전달했냐면 그렇지 않아요. 그 당시는 보국저금이란 것이 있어서 무조건 거기 맡겨야 해. 내가 맨 처음에 정산표를 받았을 때 금액이 약 30엔 정도였는데, 거기서 숙소 사용료를 제외하고 한 달 용돈으로 3, 4엔을 받았지, 처음에는 말이야. 그러다 조금 지나서는 5, 6엔 정도까지 받았지. 그 정도만 본인에게 주었고 나머지는 저금해야 해. 강제 저금이야. 돈을 고향에 보내고 싶어도 송금하는 것도 쉽지 않았으니까.

그러던 중 내가 이상하다고 여긴 것이 1943년 6월에 그곳에 갔는데 7월, 8월이 되어 나보다 늦게 들어온 사람들 임금이 점점 더 많아지는 거야. 내가 거기 가기 전에 들은 건 갱외 노동이 4엔 50전이라고 했는데, 현지에 가서 보니 2엔 50전밖에 안 주었어. 반장이 되면 10전을 더 얹어서 2엔 60전. 그런데 나보다 한 달 후에 들어 온 사람이 30전 정도를 더 받더니 그보다 나중에 들어오는 사람은 30전인가 40전쯤 더 많이 받더라고. 그런데도 우리는 한 마디도 불평을 안 했어. 말을 해봤자 들어주지도 않았을 테고. 그게 회사의 방침이었으니까. 밑에 있는 사람이 무슨 말을 해도 들어주지 않아.

나는 일도 착실히 했고 숙소에서도 얌전히 지냈으니까 책임자나 그 누구에게도 미움을 사지 않았지. 음, 신용은 얻고 있었어. 그래서 내가 책임자한테 우리 집이 농사를 지어 먹고 사는 가난한 집이라 약간의 돈이라도 보내고 싶다고 했어. 그곳에 간 지 석 달쯤 되었을 때나, 아마 35엔 정도였을 거야. 그리고 두 달쯤 더 지나서 예전에 신세를 졌던 사촌 형님*(주5 큰아버지의 아들)에게도 30엔을 보냈어. 우리 집에는 아버지 앞으로 35엔을 보냈고…….

그 사촌 형님 집에서 내가 5, 6학년까지 다니며 신세를 졌거든. 밥도 얻어 먹고 거기서 잠도 자고, 그렇게 학교에 다닐 수 있었으니까. 음, 그 당시 30엔이면 시골에서는 농업지도원의 한 달 월급 정도야. 그 돈을 보냈는데 도무지 잘 받았다는 답장이 없는 거야. 나중에 사촌 형님한테서 집안일은 아무 걱정하지 말고 몸 성히 있다 오라는 답장이 딱 한 번 왔을 뿐이야.

음, 편지를 보낼 때는 '돈을 얼마쯤 보냈다' 하고 적어 보내는 게 당연하잖아. 그런데 숙소 사무소에서 편지를 열어보고 쓸데없는 내용을 적었다며 전부 까맣게 지워서 읽을 수 없게 해서 보냈어. 조선에서 오는 편지도 마찬가지였어. 돈을 잘 받는지, 받지 못했는지 아무런 답변도 적혀 있지 않았지. 그러니 내가 보낸 돈이 한 번도 제대로 가지 않은 게 틀림없어. 그걸 알게 된 건 전쟁이 끝나고 내가 가라후토(사할린)에서 일본에 온 다음에 16년 만에 한국에 가서 형님에게 물어보니까 돈이 온 적이 없다고 하더군. 사촌 형님이 거짓말을 할 사람도 아니었지.

내가 2년간 밥을 얻어먹었던 사촌 형님 집은 유권자라서 1년에 5엔씩 세금을 냈어. 그런 집에 폐를 끼쳤으니 고맙다는 편지도 쓰고 돈도 보낸 것인데, 16년 후에 찾아가 물어보니 못 받았다고 하더라고. 우리 집에는 두 번 정도 보냈을 거야, 30엔씩. 그런데 돈이 도착하지 않았대. 양쪽 다 받지 못한 거야. 편지의 중요한 내용은 전부 까맣게 칠해져서 보내는 때였으니 알 수도 없지. 전쟁이 끝나고 가서 물어보고 그제야 알게 됐어.

내가 직접 우체국에 가서 송금한 것도 아니었으니까. 통장은 한 번도 받아 본 적이 없어. 전부 다 책임자가 계속 맡아 두었지. 송금 같은 일들은 모두 책임자에게 일임하게 했고, 돈을 보내는 일 등은 책임자가 대장들에게 시켰거든. 그러니 어쩌면 대장들이 그 돈을 빼돌린 게 아닌가 싶어. 분명 돈을 보내지도 않았을 거야. 보냈다면 도착했겠지. 아예 처음부터 안 보낸 거야. 우체국에서 주는 환전표라던가 영수증도 받은 적이 없거든. 환전하고 송금하면 반드시 영수증을 주는데 그런 걸 해본 적이 없으니 알 수가 있나. 우리를 가라후토(사할린)로 데리고 간 대장들이 그 돈을 빼돌린 게 아닌가 싶어.

조선인 대장이 조선인 광부의 돈을 빼돌리냐고? 그렇다니까. 다들 돈이 필요했으니까. 조선인이라도 나쁜 맘이 없는 인간이라면 모르겠지만 그런 인간은 거의 없어. 어떻게 해서든 남을 짓밟고서라도 자기가 위로 올라가려고 한 시절이었으니까.

내 생각에 그 당시 대장 중에는 제대로 된 놈이 없었어.*(주6 나이부치 탄광에서 고약하기로 소문난 하나오카(花岡)라는 대장을 찾아가 너무 까다롭게 굴지 말라고 한 적도 있다고 한다) 당시 숙소에서는 책임자가*(주7 일본인) 제일 높았고, 그 밑에 대장*(주8 조선인. 대장 밑에 반장도 있었다)이 4명 있었어. 대장 1명이 사무소에서 사무를 보고, 나머지 3명은 숙소 내에서 사무를 보았거든. 그 3명 중 누군가가 돈을 빼돌린 거야. 나중엔 어렴풋이 알게 됐지만 그렇다고 어찌해 볼 도리도 없었어. 그놈들은 권력이 있었고 우리는 따라야 하는 쪽이었으니까. 그리고 그때는 비상시여서 뭔가 수상한 물건은 조선으로 보낼 수도 없었고, 예컨대 돈을 얼마 보낸다고 편지에 쓰기라도 하면 까맣게 칠을 해서 보내거나 답장에도 까맣게 칠이 되어 있었지. 게다가 검열했다는 딱지가 어김없이 붙어 있었거든. 음, 어디에서 검열하는지, 우체국에서 한 것인지는 모르지만 검열했다는 딱지를 붙였어요, 그 당시엔.

가사이쓰井라는 책임자가 있었는데 설마 그가 돈을 빼돌리지는 않았을 것 같았지. 야마다山田라는 칠곡부대 대장이 있었어. 가라후토(사할린)에서 일본인 여자와 결혼해 함께 일본으로 돌아왔지. 그놈이 무슨 짓을 했는지는 모르겠지만, 일본에 오자마자 곧바로 부인과 헤어지고 북조선으로 가버렸단 말이야. 여기*(주9 일본)에 남아있다가는 아마도 몰매를 맞았을 거야. 다들 그놈이 돈을 빼돌린 것이라고 확신했으니까.

왜관부대 대장은 좀 허약해서 그나마 얌전했어요. 영양부대와 칠곡부대 대장이 나쁜 놈들이야. 대하는 태도도 고약했고 우리를 완전히 깔봤으니까. 또 대구부대 대장도 있어. 그 4명은 어슬렁거리며 일도 안 하고 돈을 받았으니까. 결국 그놈들이 우편물을 보내고 받아 오기도 하면서 용돈벌이를 한 거야. 그 외에는 할 사람이 없거든. 그 후 1990년에 내가 사할린에 다시 갔을 때인데 또 다른 대장*(주10 영양부대의 히라야마(平山) 대장)을 만난 적이 있어. 아무리 캐물어도 '내가 했다'라고는 안 하더라고. "너, 어떻게 이런 사람이 됐어? 네가 아무리 대단한 사람이 됐어도 너는 너고, 나는 나야. 상관없잖아." 이렇게 말하더라고, 그때도 아주 거만했지. 그 사람은 거기서 신사양복점을 차려서 그 일로 먹고산다더군. 그때도 나를 깔봤으니까. 히라야마라는 놈이야. 음, 그 외에 대장들은 다 죽고 없을 거야.

전황이 점점 심각해지면서 초반에는 그래도 식당에서 나오는 밥이 어느 정도 양이 되었어. 추가 밥은 없었어도 밥그릇에 수북이 담은 정도였으니까. 그것이 날짜가 지나면서 점점 줄어들었지. 그러니 고향에 있을 때는 그나마 죽이든 보리밥이든 배불리 먹었던 사람들은 배급이 줄어드니까 허기가 질 수밖에.

그러자 온갖 일들이 벌어졌어. 밥이 적다느니, 반찬이 형편없다며 불평이 나오기 시작했어. 어느 날은 밥이 적다며 여기저기서 소란이 일어났어. 하루 식량이 6홉(1홉은 약 180ml)씩 배급될 때인데, 뭐 6홉이면 그리 적지는 않아요. 그날은 6홉보다는 약간 적었을 거야. 오후에도 밥의 양이 줄었다는 불만이 나오더니 결국은 무게를 달아보라며 소란이 벌어진 숙소의 광부가 지켜보는 가운데 밥을 지어서 그릇에 담아 무게를 쟀는데 별 차이가 없었던 적도 있었어.

또 가라후토(사할린)에는 봄부터 시작해서 가을까지 머위가 무진장 나왔어. 어디를 가도 머위가 자라 있었지. 봄에는 청어를 사 와서 머위를 같이 넣고 조리면 맛있었어. 후쿠진즈케(제철 채소를 소금에 절여 발효과정 없이 담은 장아찌. 잘게 잘라 간장 양념 등에 무쳐 반찬으로 대신한다_역자 주)는 빠지지 않고 반찬으로 나왔어.

청어 철이 되면 청어가 잔뜩 잡혔어요. 그런데 그토록 청어가 많이 잡혀도 우리는 사지도 못했어. 표가 없으니까. 비상시라서 상품들은 모두 유통이 통제되었거든. 물건을 살 수 있는 표는 모두 책임자가 맡아 두고 있었지. 음, 한 달에 용돈으로 얼마 정도 받긴 했는데, 그 표가 없으면 물건을 전혀 살 수 없었으니까. 숙소에서 나오는 밥이 얼마 안 되는데도 숙소 사람들한테는 청어를 팔지 않아. 그런데 사택에 있는 사람들이 청어를 사서 몸통만 먹고 머리는 잘라서 버렸거든. 버려진 청어 머리를 주워 왔는데 솥이나 냄비가 있을 리가 없잖아. 통조림 깡통 같은 걸 주워 와서 거기다 조리는 거야. 청어 머리만 넣고 난롯불에 조려서 먹었는데 기름기 때문에 배탈이 나서 설사를 하게 되지. 그 때문에 일을 못 나가기도 했는데 꾀병이라며 두들겨 맞기도 했고.

그러다 1945년 무렵이 되자 작업장, 일하는 현장에서 점심시간에 도시락을 먹는 게 아니라 아침에 현장에 나가기 전에 아침밥과 함께 다 먹어버리는 사람들도 있었어. 그러니 그 사람들이 점심시간에 어떻게 버텼을까 생각하면……. 이미 다 먹어버렸으니 빈 도시락통만 들고 현장으로 갈 수밖에. 도시락을 안 들고 가면 혼이 났으니까 들고 가긴 했지만 속은 비어 있지. 그런 일들도 있었다고 해요. 아침밥과 점심 도시락을 한꺼번에 먹어버렸으니 저녁이 되면 얼마나 허기를 참기 힘들었을까.*(주11 어떤 이들은 산에다 밭을 일궈 감자를 심기도 했다.)

나는 원래 많이 먹는 편이 아니어서 그다지 양이 적다는 생각은 안 했지만,

그런 사람들은 조선에 있을 때 밤밥이라도 배불리 먹지 않았을까. 다들 배가 고파서 이래저래 불만이 많았는데, 나는 조선에 있을 때 훨씬 더 배를 곯았으니까. 고향 집에 있을 때도 형편없는 음식들뿐이어서 사할린에 있을 때보다 더 고생스러웠거든. 그래서 밥이 그렇게 적다는 생각은 정말 들지 않았어. 다른 사람들이 모두 불평했으니 보조를 맞춘 것뿐이었고, 솔직히 나는 전혀 부족하지 않았지. 조선에 있을 때가 더 배를 곯았으니까.

또 나와 같은 영양부대 사람으로 제일 친했던 사람이 있었는데*(주12 영양군 수비면 출신의 차 씨. 조선에서는 형제가 많아 가난한 생활을 했다고 한다) 탄광에서 일하다 다리를 다쳤지. 상처가 덧나 고름이 나는데도 일하러 갔어. 그 때문에 탄광에서 채탄 표창장까지 받은 사람이었으니까. 상당히 상태가 안 좋은데도 쉬지 않고 일을 나갔거든. 열의가 있다고 했던가, 아무튼 탄광에서 표창장을 받았지. 나랑 같은 영양부대에 소속되어 함께 간 이들 중에서 상을 받은 사람은 그 사람 하나뿐이야.

전쟁이 끝난 후 내가 살았던 오도마리(코르사코프)에서 나이부치(브이코프)에 갈 때면 항상 그 사람 집에서 묵고 볼일을 보고 돌아왔어. 오도마리에서 그 사람 집까지 가려면 버스를 타야 하는데, 미호(美保, 브이코프)라는 곳에서 꺾어져 3리쯤 된다고 했어.

나이부치 탄광에는 이른바 '타코 베야'('문어 방'이라는 뜻으로, 죽음의 수용소라 불렸던 감옥과 다름없는 막사였다. 하청받은 청부업자(組)들이 주로 쓴 노무관리 방식, 인부들은 감금당한 상태에서 강제 노동에 시달렸다_역자 주)가 있었어. 사사키佐々木 구미(組), 또 하나는 시라이白井 구미(組)라 했지, 아마…… 그런 곳이 있다는 건 알고 있었지만, 그쪽과는 상관이 없었으니 그다지 신경을 쓰지는 않았어.

갱 밖에서 석탄을 캘 때 쓰는 도구를 내어주는 담당을 할 때였어. 갱 안에도 도구들을 내주는 장소가 있는데 어쩌다 담당자가 쉬게 돼서 그날은 내가 대신 그 일을 하러 갔지.*(주13 갱 안에도 도구들을 내주는 장소가 있었다. 이날은 이희팔 씨가 쉬는 사람을 대신해 연이어서 갱 안에 일하러 들어갔다) 증명서에 적힌 대로 도구를 내

67

주었는데 거기에 '타코 베야'의 우두머리가 작업을 지시하는 감독과 함께 와 있었지. 돌에 구멍을 뚫는 해머 있잖아요, 그게 45kg이나 돼. '타코 베야'에 갇혀 있던 어떤 사람이 그 해머를 받아 들었는데 너무 몸이 약해 휘청거리며 간신히 해머를 짊어졌어. 그런데 갑자기 "이 새끼야!" 하며 목검을 치켜들고 그 사람을 패는 놈이 있더라고.

그놈은 '타코 베야'에서 사람들을 감시하는 놈이었어. 그래서 내가 말했지. "당신, 어째서 몸이 약한 사람을 때리는 건가? 해머가 무거워서 짊어지는 게 쉽지 않아." 그랬더니 "이 새끼가, 뭐가 어째?" 하더니 내게 달려들었어. 겁이 나서 곧바로 다른 곳에 전화를 걸어 "미안하지만 지금 여기가 이런 상황인데……."라고 했더니 그걸 보고 그놈이 그냥 가버리더라고. 그런 일도 있었어.

음, 도구를 빌릴 때 쓰는 차용증에는 소속이 안 적혀 있어서 그놈이 어디 소속인지는 알 수 없었지. 다만 '타코 베야'를 관리하는 놈이라는 건 알았어. 아마도 나이부치 탄광의 하청을 받은 곳에서 온 놈일 거야. '타코 베야' 막사는 나이부치 탄광 숙소에서 떨어져 다른 곳에 있었을 거예요.

나이부치 탄광은 석탄 양도 많은데다 질도 좋다고 해서 북쪽에 있는 사쿠탄<sup>柵丹</sup> 탄광같이 작은 탄광은 폐광시키고 큰 곳으로 통합되었지. 광부들도 통합된 탄광으로 옮겨 갔어.*(주14 탄광 정리를 말함. 생산량 조정이나 노동력 재배치를 목적으로 1943년 10월에 제1차 탄광 정리, 1944년 8월에 제2차 탄광 정리가 이뤄지며 서해안 북부지구에 있는 10곳의 탄광이 사실상 폐광되었다) 그런 일도 있었지.

당시 제일 큰 탄광은 내가 있던 나이부치 탄광과 가와카미<sup>川上</sup> 탄광이야. 음, 가와카미 탄광은 유명한 곳이지. 제일 오래된 탄광이라더군. 거긴 숙소 한곳에 200명 정도가 생활했으니 그 중엔 여러 종류의 인간들이 있었어. 학교라도 조금 다녔던 사람, 또 도시에서 살다 와서 다양한 사회 경험을 한 사람은 역시나 못 견디고 도망쳤어. 그곳에서 나와 다른 곳으로 도망을 치는 거야. 다른 곳에 가면 확실히 임금을 더 받은 것 같았어. 좋은 자리에 취직되면 급료도 물론 더 받는 데다 식사도 배부르게 할 수 있다는 얘기를 간혹 듣기도 했거든.*(주15 다른 곳은 임금도 좋았고 자유도 있었지만 붙잡히면 곤욕을 치를 것 같아 숙소에서 도망칠 용기가 없었다고 한다.)

그런데 내가 있던 곳은 도망치지 못하도록 철저히 감시했거든. 붙잡히면 끔찍하지. 반은 죽을 정도로 당했으니까. 숙소로 붙잡혀 오면 대장들이 번갈아 팼으니 그야말로 반죽음이야. 나는 2층에서 지냈는데 비명을 지르는 소리가 들렸어요. 그러니 일본말을 어느 정도 알아듣거나 도회지를 조금이라도 돌아다녀 본 인간은 잡히지 않고 도망친 사람도 몇 명쯤 있었어요. 그러려면 일단 말이 통해야 해.

아마 전쟁이 끝나기 직전 무렵일 거예요. 아무래도 혼자 지내면 여자들과 놀고 싶기도 하잖아요. 나이부치(브이코프)에 있는 술집에 기생, 조선인 여자랑 일본인 여자도 있다는 이야기를 들은 적이 있어. 나는 별로 간 적이 없지만 한번 가보자고 해서 박노학 씨*(주16 화태 귀환 재일한국인회 전 회장)와 함께 가봤지.

나이부치까지는 갔는데 어쩐지 그 술집이 있는 동네로는 도무지 발길이 떨어지지 않는 거야. 그래서 오치아이(돌린스크)까지 갔어. 그곳에도 여자가 있는 술집이 있긴 했는데, 일단은 그런 곳에 가본 적이 없으니 어떤 곳인지도 알 수 없는 데다 무서운 이야기도 들었거든.*(주17 조선에 있을 당시 매독에 걸리면 절대 안 된다는 얘기를 자주 들었다.)

결국은 내가 안 들어가겠다고 해서 박노학 씨와 그대로 되돌아온 적이 있어. 그땐 책임자에게도 미리 얘기하고 갔거든. 숙소 책임자한테 용돈도 조금 받았지. 결국 그 작부 집에는 한 번도 안 갔지만 말이야.

음, 나는 도망치려고 했으면 얼마든지 도망칠 수 있었어. 숙소 책임자가 오치아이(돌린스크)까지 다녀와도 좋다며 용돈까지 줄 정도였으니까. 또 나는 말썽을 일으키지도 않았고 일도 착실히 나갔으니 책임자든 누구든 나를 신용하지 않는 사람이 없었겠지? 그러니 오치아이까지는 다녀와도 좋고, 갔다

오고 싶으면 그래도 된다고 했지만 결국 마지막엔 발길이 떨어지지 않아서 그대로 돌아온 적은 있었지.

오치아이(돌린스크)에는 오우지 회사*(주18 王子製紙(株), 오우지제지 오치아이 공장)가 있었는데 그 지역의 주력산업이었어. 오치아이 외에는 가본 곳이 없어요. 도요하라(유즈노사할린스크)는 가끔 지나가기도 했고, 숙소로 돌아오는 길도 같았어. 도요하라는 지나치기만 했고 놀러 간 적은 한 번도 없어. 가와가미(시네고르스크)에도 간 적이 없어. 온천도 있고 큰 탄광이 있다는 얘기는 들었는데 가 본 적은 없어요. 나이부치(브이코프)에서 기껏해야 가본 곳이 오치아이까지. 딱 거기까지야. 거긴 기차로 갔지. 바다까지 가려면 다시 차를 갈아타고 조금 더 가야 하거든. 다만 오치아이에 있는 작부 집 입구까지 가서 슬쩍 보고 박노학 씨와 둘이서 '저 집이구나' 했는데, 내가 싫으니 그냥 가자고 해서 그대로 와버린 거지.

물론 박노학 씨는 돌아오는 길에 나이부치에 있는 작부 집에 가긴 했지만 말이야. 나보다 그런 쪽은 잘 알았으니까, 음, 그 사람은 몇 번은 갔을걸. 사내라면 그런 곳에 가보고 싶은 게 당연하다고 생각해.

## 해방 직후의 사할린 사회

일본이 패전한 후엔 온갖 분쟁들이 일어났지. 조선인 때문에 전쟁에서 졌다는 얘기인데, 뭐, 유언비어지. 일본군 척후병이 착각한 거야. 소련군이 대포를 쏘며 들어오기 시작했는데, 말하자면 몽골인이나 타타르인들이 피부색이나 키가 전부 조선인이랑 똑같았거든. 지금도 몽골 사람이나 타타르 사람을 보아도 조선인이랑 구분이 안 돼요. 그러니 조선인이 공격해 온다는 그런 소문이 돌아서 조선인을 모두 죽이려 한 것이야. 조선인 때문에 전쟁에 졌다면서.

그렇게 정말 조선인을 죽일 준비를 하는 걸 내가 봤어요. 일본인들이 줄칼로 창을 만들기도 하고 칼을 만들기도……. 그 일 때문에 숙소 책임자가 가와카미 탄광에 가기도 하고 가와카미 탄광의 책임자가 우리 쪽으로 오기도 했어.

소문을 들으니 조선인을 어떤 식으로 죽이냐면, 음, 조선인들이 멀리까지 와서 일본을 위해 오랜 시간 열심히 일했다며 설탕을 특별배급한다며*(주19 전쟁 중 설탕 배급은 극히 적은 양이었다. 특히 조선인의 경우는 숙소 책임자가 배급표를 모두 갖고 있었기 때문에 아무것도 살 수 없었다고 한다) 탄광에 있는 집회소에 모두 모이게 한 후 미리 설치해 둔 화약을 터트려 죽인다고 했어.

집회소*(주20 西나이부치와 나이부치에도 탄광회사의 큰 집회소가 있었다. 이곳에서는 각종 행사 외에 때때로 영화 상영도 했다)을 폭파해도 한 번에 다 죽지 않고 그중에 운 좋게 살아 도망치는 자도 있을 테니까 일본인이 그 주변에서 지키고 있다가 창 같은 걸로 다시 죽인다고, 그런 이야기였어요. 거기 있는 조선인이 그렇게 말하더라고. 다들 아무렇지도 않게 그런 말을 하니까 어디 나갈 생각은 못 하고 작업장에 일만 하러 갔었지. 그러다 일이 터지기 직전에 가라후토청 장관인 오츠 토시오大津敏男가 금지명령을 내렸어요. 그래서 실행되지 않았다고 해. 얼마쯤 지나자 그런 이야기가 사라졌지.

옥음 방송(천황의 항복선언)은 직접 들었어요, 라디오로. 8월 15일 낮에.

그날, 점심시간에 긴급 국영방송이 있으니 들으러 가자고 해서 나도 가겠다며 따라갔지. 그 감독의 집이야.*(주22 갱내에 컨베이어벨트를 설치할 당시 설계자인 사쿠마佐久間 씨의 집) 현장에는 라디오가 없으니까 그 사람 집에서 방송을 들으려고 각 부문 담당자들과 함께 갔죠. 그땐 라디오를 가진 사람이 몇 안 되었어요. 그래서 다 같이 모여서 들은 거야. 조선인은 나 혼자뿐이었어. 무조건 항복이라고 하더군. 일본인 중에는 '빌어먹을, 두고 봐라!', '10년 후에는 반드시 일본이 되살아날 것이다' 같은 말을 하는 사람도 있는가 하면 분하다며 눈물을 흘리는 사람도 있었어. 나는 속으로 이제 조선으로 돌아갈 수 있겠구나 했지. 그런데 전혀……. 그때는 징용이었지만 해제가 된 것도 아니야. 그냥 그걸로 끝. 서류상 징용이 해제되었다거나 그런 게 전혀 없어. 그런 얘기도 전혀 없었고.

그렇게 항복선언 방송을 들은 다음 날이었지. 당시 나는 숙소 2층에서 지냈는데 아래층에 칠곡부대가 들어와 있었어. 그 칠곡부대 사람이 '타코 베야'에 갇혀 있다 3개월 만에 돌아왔던가. 그곳에 들어간 지 2개월인가 3개월 만에 전쟁이 끝났거든.

그다음 날 나이부치 탄광의 '타코 베야'에서 간신히 살아 돌아온 인간이 다시 나이부치까지 가서 곡괭이 자루로 우두머리를 두들겨 패서 죽인 거야. 음, 나는 처음엔 몰랐는데 일이 벌어진 후에 그 얘길 들었지. 그리고 창고 있잖아요? 이런저런 물건들을 넣어 두는 창고 말이야. 그 당시엔 담배도 없고 쌀도 귀한 시절인데, 거기 있는 창고를 열었더니 설탕도 있었고, 쌀도 있고, 무슨 침낭 같은 것도 있고, 술도 있고. 그것들을 '타코 베야'에 갇혀 있던 사람들에게 "당신들, 여기 있는 것 모두 가져갈 수 있을 만큼 갖고 가!"라며 창고를 모두 개방한 거야. 그런데 사람들이 겁을 먹은 것인지, 무슨 영문인지 몰라서였는지 휘청거리고만 있었대, 기력이 없었으니까. 술을 마실 줄 아는 사람은 얼마든지 마시라고도 했대. 하지만 그것들을 들고 '타코 베야'에서 도망치는 사람이 한 사람도 없었어. 패전 다음 날에 그런 일이 있었다는 걸 나는 나중에 다른 친구한테서 들었어요.

나는 탄광에 있을 때 쉬지 않고 일했어요. 패전 후 3개월간 쉬지 않고 일한 사람에게는 광무소에서 무슨 상품을 준다는 얘기가 있었는데, 그때 받은 상품이 메리야스였지. 지금 같은 메리야스가 아니라 옛날에는 손으로 짠 것이었어. 그걸 위아래 한 벌 받은 적이 있어. 전쟁이 끝났지만 우린 그대로 탄광에서 일했어. 우리를 고향으로 데려갈 때까지 기다리자는 생각이었거든. 그때 도망을 친들 어디로 가야 할지도 몰랐고. 여하튼 아무것도 알 수가 없었지.

먹을 것은 그때는 말이야, 숙소에 있을 때는 늘 평소와 똑같았어. 패전 후엔 조선인도 관리자가 될 수 있어서 글자도 쓰고 일본어도 하는 사람은 어딘가의 관리자가 되기도 했어. 그래서 나도 기계부에 있었으니까 기계부 관리자가 된 거야.*(주23 갱내 관리자로 일하던 중 탄가루 덩어리 때문에 컨베이어벨트가 꼬이지 않도록 피켈로 두드려 떼어 내다 벨트에 피켈이 걸리는 바람에 넘어져서 돌에 심하게 부딪혔다. 위험한 벨트 바퀴에 빨려 들어갈 뻔했다고 한다.)

음, 관리자가 되고 얼마 안 되어서 그만두고 말았지. 내가 그만두고 나올 때는 숙소 책임자에게조차도 아무 얘기 없이 그냥 나왔어. 러시아인들도 들어와서 함께 일했는데 그 사람들한테도 아무 말 안 했어.

그렇게 패전 후 4, 5일 정도 지났을까, 저금통장을 받았지. 도장과 함께 받았어, 처음으로. 통장 잔고? 그러니까 그때 2,260엔이었나, 2,300엔 가까이 되었을 거야. 당시에 2,300엔이면 엄청난 돈이야. 만약 조선에 갖고 갔다면 집도 사고 논도 사고, 그야말로 새로 집안 살림을 꾸린다 해도 충분한 금액이었으니까. 그런데 저금통장을 받았을 땐 이미 우체국이 문을 닫아버려서, 업무를 하는 곳이 어디에도 없었어. 방송국과 동시에 폐쇄됐으니까. 그러니 우체국 저금은 그걸로 끝이야. 회사에도 저금을 얼마쯤은 했었거든. 채권을 사면 증서를 받았으니까.

항복선언 방송을 들은 후 3일째 되던 날에 저금통장을 받았던가? 도요하라(유즈노사할린스크) 폭격, 역에 폭격이 있은 것이 이십 며칠이었나? 음, 그런 일은 전혀 신경 쓰지도 않았지. 항복선언이 나오자마자 우체국은 이미 폐쇄됐어. 문을 닫고 셔터도 내렸고. 그땐 그렇게 일찍 문을 닫을 거라고 생각을 못했지. 대체 상황이 어떻게 돌아가는 건지, 그것도 알 수 없었으니까. 정말 솔직히 말하면 아무것도 의심하지 않았어.

그렇게 패전 후 3, 4주 정도 지난 후 소련군이 나이부치(브이코프)까지, 西나이부치까지 들어온 적이 있어요. 그들이 와서 제일 먼저 무엇을 요구했냐면, 만년필이야. 만년필이나 시계 같은 건 그냥 빼앗기도 한다는 얘긴 들었지. 난 그때 숙소에 있었어. 거기에도 소련군이 들어왔는데 아무것도 가져갈 것이 없는걸. 여자를 강간한다거나, 어느 나라 군대든 강간은 늘 있는 일이지만 사내들뿐인 곳에 들어와 무얼 하겠어.

그들은 총을 갖고 있었어. 70연발이라 했나, 그런 말도 들었지. 사내들만 있는 곳이라 결국 아무 짓도 안 하고 그대로 자기들 부대로 돌아갔고, 우리도 평소처럼 그냥 숙소에 있었고, 그렇게 지냈지.

전쟁이 끝나자 다들 일을 안 하고 여기저기 다니며 암거래 시장에서 장사 같은 걸 하기도 했지. 그리고 미호(美保, 브이코프)라는 농촌이 있었는데 일본 인이 말을 키우기도 하고 농사도 지으며 살던 곳이야. 전쟁이 끝난 후 거기 있던 말을 잡아서 먹기도 하고 고기를 내다 팔기도 했는데, 숙소에서도 그곳 에 가서 말고기를 사 왔지. 조금 싸게 나눠 받았을 거야.

탄광 숙소로 가져온 말고기를, 숙소에 있는 난로야 늘 화력이 좋았으니까 거기다 구워서 먹는 거야. 맛있는 냄새가 났지만 그땐 나 혼자만 말고기를 먹 지 않았어. 그 방에 5명이 함께 있었는데 내가 방장이었지.

당시 나는 나가모토永本라는 이름을 썼어, 창씨개명을 한 이름이야. "나가모 토 씨, 조금만 먹어봐요." 하고 권하더라고. 맛난 냄새가 나기도 했고, 음, 그 래서 맛을 보니까 어쩐지 맛있는 거야. 그래서 한 번 맛보고 두 번 맛보는 사 이에 고기를 먹을 수 있게 됐어요. 말고기가 구우면 참 맛나더라고. 소고기보 다 훨씬 맛있는 것 같아.

그때는 배가 고파서였는지도 모르겠지만, 정말 맛있었어. 양념은 소금으로 하지. 음, 그렇게 고기 먹는 법을 배우게 됐어요. 어릴 때는 고기를 먹지 못했 어. 징용으로 모집이 되어 가라후토(사할린)에 간 다음에도 먹지 못했거든. 고 기는 그때 그렇게 해서 먹을 수 있게 됐어요.

## 오도마리(코르사코프)에서 공동생활

메리야스를 선물로 받은 지 얼마 지나지 않은 1946년 5월 무렵에 오도마 리(코르사코프)로 옮겼어요. 그때는 탄광을 그만둘 때도 그저 내가 나가겠다고 하면 그만이었으니까.

당시 박노학 씨가 나보다 1개월 먼저 西나이부치에 가 있었어요. 음, 거기 가면 밀항하는 배를 찾아서 어떻게든 일본까지만 건너가면 고향에도 갈 수 있을 거라고, 그런 희망을 품고 간 거야, 오도마리까지.

그 전부터 나한테도 그쪽으로 나오라는 말이 건너 건너서 들려왔지. 거기 전화도 아무것도 없지만 그런 소문은 빨리 전달되거든. 나도 언제까지 그 탄광에 있을 수는 없었으니까. 차라리 누구라도 나를 이렇게 불러주는 이가 있을 때 나가야겠다 싶어서 간 거예요. 그런데 가서 보니까 집이 있는 것도 아니야.

어업 콤비나트*(주24 국영 어업회사. 어선, 수산물 가공 공장, 트럭 등을 소유하고 어획, 운반, 가공 등을 일괄적으로 운영했다. 소련 각지에 분포. 리버 콤비나트)의 창고, 물고기를 잡는 도구를 보관하는 창고가 있었는데, 우리가 낡은 문짝이나 판자를 주워와서 못을 박아 이어 붙이거나 종이를 덧바른 후 거기 들어가 살았지. 음, 추울 때는 정말 견디기 힘들었어, 그저 벽에다 종이 한 장 바른 상태였으니까. 그런 데서 살기도 했는데 그것도 몇 달 지내고 있자니 어업 콤비나트의 책임자가 와서는 "본국에서 사람들이 들어오니 나가시오. 당신들 모두 여기서 나가!" 하니 안 나갈 수도 없는 노릇이라 쫓겨나왔지. 그런 일을 두 번 정도 겪었어요.

간신히 숙소를 만들고 들어가 밥을 해 먹으며 몇 개월 지내고 있으면 "당신들, 여기서 나가주시오."라는 소릴 들었지. 그래서 결국 할 수 없이 후나미초船見町라는 곳에, 그곳에 조선인이 많이 모여 산다고 했어. 거기 사는 이가 "그렇게 갈 곳이 없으면 우리 집 방 하나를 한 사람이 쓰고 있으니 거기서 함께 지내게." 하더군. 그래서 방을 빌렸어요. 빌리긴 했어도 방세를 내는 것도 아니고 뭐, 그냥 살게 해준 거지.

그 집 주인이 사람은 참 좋은데 부인한테 너무 못되게 굴었어. 부인이 좀 딱하다고 생각했지. 여하튼 거기서 지내도 좋다고 한 주인은 키도 크고 체격도 좋았는데 일은 별로 안 하더라고. 음, 그의 부인이 뭘 했냐면 막걸리를 만들어 팔아서 그걸로 생활했어요. 아이가 하나 있었지. 또 이웃에 조선인이 많았고 러시아인도 많았어요. 러시아인이 막걸리를 사러 오기도 했으니까.

우리는 여기저기 다니면서 일당을 받는 일을 하기도 하고 여러 가지 일들을 했어요. 나중에 박노학 씨는 화재가 발생하는지 살피는 망루, 오도마리 해안에 몇 군데 있었는데 거기 경비원 일을 몇 달간 했어요. 나는 그런 일은 못할 것 같아서 어업 콤비나트를 찾아갔어. 그곳에는 자동차가 많이 있었는데 거기 가서 사정하니까 음, 일해도 좋다고 해서 거기서 일하게 됐어요.

그땐 말이 통한 건 아니었고 말하자면 나를 좀 써달라는 얘기를 손짓 발짓으로 설명한 건데 상대도 알아들었는지 OK를 해주었어. 지금 생각해도 신기하다랄까, 거기 사는 소련 사람들이 더 인간적이었다 할까…… 뭐랄까, 사람을 대할 때 통이 크다는 생각이 들었어요. 정확하게 말이 통한 것도 아닌데다 겪어본 적도 없는 곳에 처음 찾아가서 그렇게 손짓 발짓으로 부탁했는데도 OK를 해주었으니까. 그러니 자세한 것은 아무것도 묻지 못했고 나에 대해 잘 설명할 수도 없었어. 그쪽에서 나를 딱하게 생각했는지 어쨌는지 모르겠지만 한 인간으로서 대해준 것 아니었나 싶어요. 음, 그래서 인간사회라는 게 동서양을 막론하고 어디나 똑같다 생각했지. 결국 난 어업 콤비나트의 자동차 부문에 들어갔어요.


그 당시는 계속해서 소련 사람들이 그 지역에 새로 들어오는 시기였거든. 그 사람들이 와서 살 집이 없다며 내가 지내던 곳에 어업 책임자가 찾아와 두 번씩이나 쫓겨났지. 그때마다 다른 곳으로 옮기느라…… 음, 혼자 몸이니 어디든 들어갈 수 있었지만 그래도 그때는 정말……. 그런 사람들이 많았으니까. 그냥 들어와 지내라고 하는 곳도 있었지만, 그리 쉽게 들어가 살 곳이 없었어. 조금이라도 말이 통하는 사람을 찾아가 사정해보고 "뭐, 그러지요. 우리 집의 어디 구석이라도 괜찮다면." 이렇게 말해주면 또 거기서 똑같은 생활을 하는 거지. 그런 생활을 몇 년을 했는지 몰라.

그러다 결국 셋이서 함께 지내자고 한 거지. 박노학 씨랑 이문택 씨랑 나. 그렇게 혼자 몸인 세 명이 공동생활을 시작했는데 언제 고향에 돌아갈지 알 수도 없었으니까. 음, 공동생활은 공산주의로 하자고 해서 누가 얼마를 벌어오든 전부 합쳐서 옷을 살 때도 순서대로 한 사람당 한 벌씩 사기로 하는 등 그렇게 정하고 살았어요.*(주25 점포에 진열된 물품의 70%는 중국산이었는데 일본으로 들어오기 직전까지 그런 상황이 계속되었다고 한다.)

여하튼 나는 어업 콤비나트에서 하는 일이 그리 나쁘지 않았어요. 내가 언제나 두 사람보다 배 이상으로 돈을 벌어왔는데, 돈은 전부 모아서 공산주의 방식으로 생활했어요. 그래서 음, 내가 조금은 꾀가 났다고 할까, 내가 제일 돈을 많이 낸다는 생각이, 나도 사람이니까 어쩌면 들었는지도 몰라요.

아침에 일어나면 밥도 교대로 짓기로 했는데 그게 점점 내가 밥을 안 하게 됐어. 박노학 씨는 나보다 열 살이나 많고, 호시야마犀山 씨는*(주26 이문택 씨의 일본식 이름. 당시에 철도로 운반되어온 석탄을 화차에서 내리는 일을 했는데 집으로 석탄을 갖고 오기도 했다. 호시야마 씨가 셋 중 회계 역할을 맡았다. 그는 막걸리도 만들었다. 막걸리 제조는 처음엔 불법이 아니었는데 나중엔 규제했다고 한다) 나보다 다섯 살 위, 내가 제일 나이가 어렸거든. 그러니 응석을 부렸을 거야. 음, 밥도 교대로 하기로 했는데 내가 게으름 피울 때가 많아졌어요. 허허허.

게으름을 피웠다기보다 내가 자는 동안에 호시야마 씨가 먼저 일어나서 밥도 다 지어놓고 빨래도 다 개어두곤 했어. 결국 그 사람은 글을 못 배웠어요. 박노학 씨와 나는 글을 조금은 읽을 수 있었지. 그 사람은 글은 전혀 몰랐어도 여하튼 성실한 사람이었어, 그렇게 참 내게 잘해 주었지.

그 후에 박노학 씨가 친구의 소개로 부인을 얻게 됐잖아요? 부인도 있는데 살림을 차려서 나갈 수가 있어야지. 그래서 방 하나를 또 만들었어. 방이라고는 하지만 얇은 합판을 주워 와서 현관 입구에다 칸막이를 치고 그렇게 생활했어요. 또 박노학 씨가 이발을 잘했거든. 그 사람이 항상 내 머리를 깎아주었는데 돈은 안 받았어요. 공짜야.

셋이서 공동생활을 할 당시(왼쪽부터 이문택(30세), 박노학(34세), 이희팔(25세). 1947년 1월 21일, 오도마리 시에서.

난 어업 콤비나트에서 자동차에 페인트로 번호를 쓰는 일을 했어.*(주27 트럭 차체의 전후좌우에 가로 30cm, 세로 8cm 크기의 플레이트에 차 번호를 썼다. 이희팔 씨가 만든 번호판을 보고 그 후에 오도마리(코르사코프)에서 운행하는 자동차들이 모두 따라 하게 되었다고 한다) 그 페인트로 얇은 합판에 장식용 글자를 써서 박노학 씨에게 선물을 했단 말이지. 러시아 글자로는 파리크마헤르스카야*(주28 парикмахерская 이발소) 이렇게 써요.

내가 어디선가 그런 장식용 글자를 좀 본 적이 있었거든. 그 생각이 나서 글자에 모양을 내서 이발소 간판을 쓴 거야. 말이 간판이지, 회사에 있던 베니어 판을 그저 잘라 와서 틀 같은 것도 없이 페인트로 그냥 글자만 쓴 것뿐이야. 그런 글자를 어디서 보았는지 몰라도 문득 기억이 나는 거야. 이렇게 쓰면 되지 않겠나 싶었지.

그때 나도 아예 그 길로 나갔으면 좋았을지도 몰라. 다른 여러 회사를 가봐도 글자들은 다 썼으니까. 또 소련에서는 페르바마이(Первома́й)라고 하는데, 5월 메이데이 있잖아요? 그런 날에는 왠지 그런 장식용 글자를 썼어. 러시아어로 평화를 '미르'라고 하는데, 가라후토(사할린)에 있을 때 집사람이 그걸 자수로 만들기도 했지. 그런 장사를 했으면 좋았을지도 모르지.


탄광에 있을 때 나랑 같은 기계부에 있던 사람이 있는데*(주29 도(都) 씨. 기독교인이었는데 좋은 성품이었다고 한다) 패전 후에는 오도마리에 와서 살았거든. 그 사람은 사진 장사를 했어. 사진을 찍어주는 일이었어요. 음, 탄광에 있을 때도 함께 지냈어, 같은 작업장에 있었으니까. 그 사람을 찾아가 함께 놀거나 식사를 대접받기도 했었지.

심계섭 씨는*(주30 일본식 이름은 타니우치(谷內)) 오도마리에서 알게 됐어. 그 사람은 손목시계, 시계를 수리하는 일을 했어요. 그 사람이 난케이초南溪町에 살았는데 우리 집까지 오려면 버스를 타고 와서 한참 걸어야 하거든, 20분은 더 걸리지.

오도마리에 온 후로 양식은 우리가 알아서 구해야 했어. 상점에 가서 조금씩 사기도 했지만, 암시장에 나오는 것도 있었지. 조라든가 쌀도 있었어. 군인들이 그것들을 창고에서 훔쳐내 팔았어요. 그런 암시장 물건들이 있었어. 그래서 군부대 사람과 친한 인간들은 아주 운이 좋게 돈도 많이 벌었지. 하지만 아무리 돈을 많이 번다 해도 한국에 보낼 수도 없었고 솔직히 돈이 많아도 쓸 방법도 몰랐어. 먹는 데 쓰는 것 말고는 없었으니까.

공산주의 국가에는 '디노미'라는 것이 있어요, 디노미네이션(denomination). 100루블이 하루아침에 1루블이 되기도 했지. 대략 100분의 1 정도로 폭락해요. 내가 거기 있을 때 '디노미'가 세 번 있었어. 나는 그래도 아무 걱정 없었어. 한 달 월급이면 배불리 먹고도 돈이 남을 정도는 되었으니까. 돈은 있었는데 어쩌다 극장에서 영화가 상영되어도 말을 알아들을 수 없으니 가봐야 재미없어서 별로 가지도 않았어. 그런데 <타잔>이란 영화를 상영하더라고. 그건 나중에 들어보니까 일본에서도 상영했다더군.
<타잔>은 미국영화인데 소련에서도 상영했어요. 오도마리에서도 했는데 재미있었어, 그때는 대부분 그 영화를 보지 않았을까.*(주31 영화 <자전거 도둑>도 보았다고 한다) 그러니 일만 꾸준히 하면 디노미네이션이 되어도 아무 걱정할 일이 없었지. 하지만 오락거리가 없었어요. 난 술도 안 마시는 데다 달리 할 것도 없어서 뭔가 놀거리를 만들어야겠다 싶어서 사진을 배우려고 했어. 배우고는 싶은데 러시아 글자를 읽을 줄 모르는 데다 러시아말도 잘 몰랐거든. 아무것도 모르면서 무조건 카메라를 샀으니까.*(주32 조선에 있을 때 두 집 건너에 있는 이웃이 유복한 집이라 축음기, 카메라, 자전거, 정미기까지 있어 부러워했다. 그 집의 6형제 가운데 하나는 도쿄의 대학에 갔다고 한다. 또 이희팔 씨보다 한 살 많은 아이가 있었는데, 그 아이는 이 씨의 집에 놀러 오면 마루가 더럽다며 앉지 않았다고 한다. 당시는 온돌바닥 위에 가마니를 잘라서 펼쳐놓은 바닥이었다고 한다.)
사진을 배우는 것도 내 나름대로는 정말 고생했지. 촌에서 카메라 같은 걸 만져 본 적도 없었고. 내가 산 건 키후*(주33 동독 아니면 체코에서 만든 카메라로 바자르(노천시장)에서 팔았다. 당시 이희팔 씨의 월급은 한 달 수령액이 1,200루블이었는데, 카메라는

약 2,000루블이었다고 한다)라는 카메라였는데 일본에 올 때도 갖고 왔어요. 어느 사진관에 들고 가서 보여줬는데 셔터를 이렇게 눌러 보고는 일본에서는 이런 카메라를 만들 수 없다고 하더군.

물론 렌즈는 0.2였지만 렌즈의 질이 다르다고 했어. 찰칵하는 셔터 소리가 일본의 카메라와는 다르다고 하더라고. 기술이 부족해서가 아니라 아예 렌즈의 품질 자체가 달라서 그런 사진기는 일본에서는 만들 수가 없다고. 음, 그런 얘길 들었어요.

사진을 배우려면 암실을 만들어야 하는데 만들 재료가 있어야지. 담요를 두 장 겹쳐서 사방을 두르고 위쪽은 덮어씌워 암실을 만들었어요. 그런 다음 부품을 하나씩 마련해 갔지. 상점에 가니까 현상에 필요한 다양한 부품이 있더라고. 현상액, 정착액, 인화지도 모두 있었어. 그게 또 가격이 싸요, 허허허. 상점에 이런 것들이 다 있구나, 이런 약품도 있구나, 그럼 사진을 만들 수 있지 않을까 싶어서 전부 사들였지.

또 필름을 갈아 끼워야 하는데, 지금의 일본처럼 필름을 사서 바로 끼워 쓸 수 있는 게 아니야. 그땐 필름도 팔지 않았거든. 팔지도 않는데 어디서 사느냐 하면, 암시장에서*(주34 암시장에 흘러나온 필름) 군부 병사들한테서 샀어요. 군부에 커다란 사진기가 있잖아요? 거기서 쓰는 필름을 일정한 길이로 잘라서 팔았거든, 32~3장 나오게 잘라서 말이야. 그걸 전부 직접 말아서 넣어야 했으니까 익숙해질 때까지는 애를 좀 먹었지. 그걸로 사진을 찍고 현상을 해봤더니 새하얗더라고. 아무것도 없어……. 그래도 딱 한 장은 찍혀 있었지.

그 사진은 엄마가 아이에게 입을 맞추는 장면인데, 아이가 아직 한 살이 채 안 됐을 거야. 둘째 아이였어. 엄마가 자기 아이에게 입을 맞추는 사진이 딱 찍혔더라고. 그래서 그걸 인화했어. 인화할 때는 처음엔 희미해도 좀 기다리면 점점 화상이 보이기 시작하거든. 조명은 빨간 알전구를 썼는데 약간 어두워도 돼, 빨간 전구만 켜 놓으면 되니까 전구에도 페인트를 칠했지, 빨간색으로. 그런 전구를 그곳에선 안 팔았거든. 허허허.

여하튼 고생하긴 했지. 그 뒤로도 좀처럼 사진이 잘 찍히지는 않았어. 그러다 어느 날 목욕탕에 사진기를 들고 갔어요. 목욕을 끝내고, 그날 어쩌다 비가 내린 후였는데, 거긴 도로가 엉망이라 아스팔트 포장이 된 곳이 하나도 없어요. 자동차 바퀴 때문에 약간 팬 곳은 차가 지나갈 때마다 점점 물웅덩이가 넓어지지. 그런데 그 웅덩이에 어쩌다 술에 취한 사람이 빠져서 진흙투성이가 된 거야.

아하, 이거 재밌는 장면이다. 찍힐지 어떨지 잘 모르지만 일단 찍어보자 싶어서 셔터를 눌렀어. 그런데 목욕탕에 와 있던 어느 러시아 남자가, 체격도 좋은 놈이었는데 "어이, 잠깐 이리 와 봐." 하더라고. "당신, 지금 사진 찍었지?" "네, 찍었어요." "당신, 그걸 누구에게 갖다주려고 찍은 거야?"라고 묻는 거야. "아니, 누굴 주다니, 그런 건 아닙니다. 난 사진가가 아니에요, 지금 찍은 것도 정말 찍혔는지, 안 찍혔는지도 몰라요."라고 솔직히 말했어.

"이 사진기도 얼마 전에 산 겁니다."라고 했더니 "그 사진기는 내가 가져간다." 하는 거야. 그리고 어디 어디로 언제 사진기를 찾으러 오라며 "어디서 일하고 있나?" 하고 묻기에 내가 일하는 곳도 사실대로 말했어. 그 후 회사에 나갔더니 사장이 이미 알고 있더라고. 그 사람이 회사로 연락해서 이런 인간이 있느냐고 알아본 거지. 그래서 내가 사장에게 말했거든. "실은 이런 이유로 사진을 찍었는데, 진짜로 찍혔는지 어떤지는 모른다." 그런데 그 사내가 "너, 누구한테 넘겨주려고 사진을 찍은 거야?"라며 사진기를 빼앗아 갔다고 했어. 그리고 "오늘 사진기를 찾으러 오라고 해서 다녀올 생각입니다."라고 했더니 "음, 그래. 가서 그 사진기 찾아와." 했어요. 그래서 갔더니 사진기는 돌려주었는데 필름을 넣는 곳의 커버가 없는 거야. 동으로 만든 커버인데 그건 돌려주지 않았어.

내가 "사진에 뭐가 찍혔던가요?" 하고 물었는데 상대는 아무 말도 하지 않았어. "그런 걸 너한테 보고할 필요는 없어." 하더군. 그래서 그냥 돌아왔는데 사장이 나에게 이렇게 말해요. "걱정하지 말게. 자네가 여기서 일하는 한, 내가 감옥에 가더라도 자네를 감옥에 보내지는 않을 테니 걱정하지 마." 그렇게 말해줬어요.

어쨌든 그곳에서는 사장에게 그런 권한이 있었지, 거긴 국영기업이니까. 그 사람의 명령은 뭐, 스탈린의 명령과 같은 거예요. 물론 공산당원이야. 공산당원이 아니면 사장이 되지도 못해. 커버는 며칠인가 후에 다시 가서 받아왔을 거야. 공산주의 사회였으니, 공산주의 국가는 이렇다는 걸 내가 누군가에게 알리려 찍은 거라고, 나를 스파이로 생각한 것이지. 그래서 그 회사 사장이 난 그런 사람이 아니라고 말해준 것이야. 음, 그런 스파이 노릇은 난 절대 못 해요.

우리 회사 맞은편, 도로 건너편이 경찰서였어. 거기 내가 왜 갔었더라……. 회사 창고 담당자가 창고 안에 있던 보리를 누군가에게 조금 빼돌렸던가, 그걸 내 차에 실어서 말이야.*(주35 이희팔 씨는 맥주 제조용 보리를 운반하는 일이 많았다고 한다) 나도 공범이 아니냐는 이유로 그 경찰서에 한 번 간 적이 있어요. 그런데 그때도 사장이 "괜찮아, 걱정 안 해도 돼, 자넨 가서 하고 싶은 말 다 해." 이렇게 말하더라고. 허허허.

음, 여하튼 절대로 내 손가락 하나 못 건드리게 한다고 했어. 그 사장은 '레온 페토로비치 나긴스키'라는 사람이야. 그 사람 이름도 똑똑히 기억해. 그만큼 나를 아껴주었거든요.


그렇게 패전이 된 후 러시아 사람들이 들어오고 몇 년이나 지났을까. 아마 2년쯤 지났을 때 거류민단이라는 것이 생겼어요. 그래서 그때 박노학 씨가 오도마리(코르사코프)에서 거류민단의 사무원을 했거든. 난 어업 콤비나트에서 일할 때였고.

그 거류민단이라는 곳을 만든다며 반년 정도였나, 1년쯤 전부터였던가, 준비하느니 어쩌느니 하더니, 아마 2년 정도 했는지도 모르겠어. 그러다 나중에 박노학 씨가 거기 사무원으로 들어갔을 때 가라후토(사할린) 전역에 조선인이 얼마나 있는지 알아본다며 중앙인 도요하라(유즈노사할린스크) 쪽에서 조사하기로 했어요. 각 지방에 있는 조선인을, 오도마리면 오도마리 관할지역에 조선인이 몇 명 있는지 조사했지요. 부락별로 조사한 것을 중앙에서 모아서 합산했지. 모든 인원수를 더하니까 43,000명이었어요. 그것 때문에 43,000명이라는 숫자를 우리가 계속 말했던 거야. 그러니까 그 숫자의 근거는 거기에서 나온 거예요.

러시아인이 들어오고 2년인가 3년 사이에 거류민단이라는 것이 생겼거든. 그게 얼마 안 지나서 없어지긴 했지만. 중앙은 도요하라(유즈노사할린스크)에 있었는데 거기서 조사하라고 했어. 조사한 내용을 그때 43,000명이라는 숫자로 발표한 거야.

당시의 서류가 남아있는지는 확실하지 않아요. 거류민단의 사무원도 음, 대부분 죽었을 거야. 아마, 이젠 거의 다 죽어서 없어요. 그 조사 결과를 어떤 식으로 정리했는지 나도 알 수가 없어.

## 어업 콤비나트

오도마리(코르사코프) 해변 쪽은 대부분 어업 콤비나트였어. 콤비나트에서는 생선 통조림도 만들고 물고기도 잡았지. 잡은 물고기를 여기저기로 운반해. 당연히 어선도 보유하고 있고 정치망도 있었고.

정치망 어업을 했는데 어느 때부터인가 청어가 잡히질 않았어. 음, 생선 같은 건 그곳 회사에서 송어 한 마리쯤 없어져도 대수롭지 않았거든. 예를 들어 송어 같은 건 우리 집 앞을 지날 때 한 마리 정도 그냥 내려놓아도 문제없었지. 그런데 청어는 머리를 떼고 살만 발라내서 말리는데 집에서는 그렇게 안 했어. 언제든 살아 있는 청어가 있는 걸, 싱싱한 놈을 먹으면 됐으니까. 여하튼 청어는 1947년 무렵부터 나오지 않았어. 지금까지도 계속 잡히지 않아요. 이상한 일이야, 그 많은 청어가 어디로 가버렸는지……

사할린에서는 시기에 따라 장소에 따라서 다양한 생선들이 잡혔어요. 아키아지*(주36 연어)라든가, 송어라든가, 그런 생선은 오도마리에서는 안 잡혔어요. 그것들은 서해안에서 잡히는 생선들이라 거기서 오도마리까지 운반해 왔지.*(주37 나무통에 넣어 차에 실었는데 상당히 험하게 다루었다. 가령 100톤을 실었다 해도 통을 내려놓다 파손되거나 창고에 보관 중 상해서 폐기하기도 해 실제 재고는 80톤 정도밖에 안 되었다고 한다) 그러다 어찌 된 일인지 청어도 잡히지 않게 되었어. 오도마리에서 잡히는 것은 상어 그리고 게가 조금 잡혔어. 또 청어보다 작은, 거기서는 꼬르쉬카*(주38 корюшка 바다빙어)라고 하는데, 그거랑 빨간 대구가 조금 잡혔지.

러시아 사람은 생선을 전부 절여요. 절이면 맛있거든. 그 사람들은 전문적으로 하니까 정말 맛나요. 양념도 여러 가지를 넣어. 검은 후추랑 붉은 후추는 반드시 쓰지. 굉장히 많이 넣어. 기름도 넣고 또 식초도 넣어요. 그래서 고기보다 비싸.*(주39 하루 일당으로도 절인 청어 1kg을 사지 못했다. 절인 청어를 검은 빵과 같이 먹으면 정말 맛있다고 한다) 본국*(주40 소련 대륙)에서 가져오는 양고기는 1kg에 7루블인데, 청어 절임은 1kg에 30루블 정도였거든. 몇 배는 비싸. 게다가 절인 청어가 훨씬 맛있거든. 처음에 난 거들떠보지도 않았는데 나중에 먹어 보니까 맛이 기가 막혀. 왜 고기보다 비싼지 알았지. 굽거나 하지 않고 한 마리를 통째로, 머리와 꼬리를 잡고 먹으면 뼈만 그대로 남아요. 펄펄 뛰는 생선을 절이거든. 절임 솜씨가 정말 기가 막히지. 기술자들이 만들었으니까. 그 사람들은 아무것도 안 해요. 그저 이것은 몇 퍼센트, 저건 몇 퍼센트 하며 조미료 넣는 양을 지시할 뿐이야. 청어를 본국으로 보내기 위해 절여서 나무통에 보관했을 거예요.

송어가 가장 먼저 잡혀요. 그다음에 바다빙어가 잡히거든. 그걸 소금에 절여서 본국으로 가져가지. 이끄라*(주41 икрá 생선알. 여기서는 연어알)도 그 사람들은 능숙하게 다뤄요. 그야말로 전문적인 학교에서 배워 와서 만들었으니까. 알을 채취하는 것도 한 알 한 알 서로 달라붙지 않게 또 깨지지 않게 분리해 내요. 역시 그 사람들은 솜씨가 뛰어났어, 기가 막혔지. 이끄라는 소금에 절이지 않고 양념해서 절이는데, 그 기술자들이 만든 것은 정말 맛이 뛰어나요. 그런데 다시마는 채취를 안 하더라고, 일본인들이 와서 따갔으니까.

내가 그 회사에서 일할 때 사장이 나를 참 아껴주었어. 그 사장은 여하튼 뭐든 내 마음대로 하게 해주었지. 실은 그 사람이 우크라이나 출신인데 가라 후토(사할린)에서 우크라이나까지 가려면 편도 1주일은 걸린다고 했거든. 그렇게 먼 곳에서 나를 먹이겠다며 둥근 수박을 여섯 개나 들고 왔어. 그런 사람은 세상에 그리 많지 않을 거야. 그 정도로 나를 아꼈어요. 그분에겐 여러 가지로 신세를 많이 졌어. 정말 내 은인이라 해도 과언이 아니야, 그분은.

내 말이면 뭐든 다 들어주었어요. 월급도 두 배로 주었지.*(주42 당시 이희팔 씨의 급여는 600루블이었는데, 그 돈으로는 생활이 힘들겠다며 2,000루블을 주었다. 그 때문에 다른 운전수와 러시아인들이 질투했다고 한다. 게다가 회사 급여 시스템은 처음엔 급여가 적지만 반년마다 급여의 50%가 보너스로 지급되기 때문에 1년 일하면 2배, 2년이면 4배가 된다. 그러한 법이 적용되었다고 한다. 사장은 이 시스템을 이용해 이희팔 씨의 급여를 챙겨 주었다.)

자동차도 3대 있었는데 항상 새 차는 내가 탔으니까. 그러니 말하자면 내가 그 회사에서 제일 잘나가는 사람인 거야. 뭐든지 내 맘대로 할 수 있었으니까. 회사에는 여러 업무가 있잖아요, 근무시간 외에 잡무 같은 일 말이에요.*(주43 노르마(норма 할당량)를 초과한 업무) 사장은 그런 일들을 내가 한 것처럼 기록했어. 그러니 나는 언제나 다른 사람보다 돈을 두 배는 더 받았어. 근무도 그리 힘들지 않았어. 무슨 일을 하든 돈을 받았지. 그런데 차츰 세월이 흘러 소련 사회도 정비되어 가자 이번엔 좋은 곳과 안 좋은 곳을 구분해 정리하게 되었지. 그렇게 되면 아마도 나 때문에 법을 위반하며 운영했으니까 결국은 사장한테 피해가 갈 것 같아서, 그 회사에 8년 있었나. 8년인가 10년인가, 그 정도 있다가 거길 그만뒀어요.

내가 그만두겠다고 하니까 사장은 아무 말도 하지 않고 재직증명서를 써 주더라고. 음, 내가 계속 있으면 분명 안 좋은 상황이 생길 것 같아서 회사를 그만둔 것이지.

소련에서는 회사를 옮길 때마다 여기저기 회사에서 재직증명서를 받아야 하거든. 말도 안 되는 곳까지 가서 증명서를 받아 오기도 했으니까. 조금만 관계가 있으면 어떤 회사, 어느 부서에 있다면서 뭔가 그쪽 회사의 물건을 빌리거나 무슨 안 좋은 일을 한 것 아닌지 나중에 조사해 보려고 그런 것 아닌가 싶은데.

음, 못된 짓을 했다거나 좀 이상한 점이 있으면 그 증명서에 모두 기록하거든. 그런 걸 다 적는다는 것 같아. 그런데 나는 그런 일은 아무것도 없었으니 그저 서명만 받았지.

내가 직장을 여러 번 옮겼는데*(주44 사회주의 국가 소련에서는 직장을 옮기는 일이 상당히 까다로웠다고 한다) 그 사장 덕분에 매번 생각지도 못한 곳에서 증명서 사인을 받았어. 그러니 제일 한스러운 것이 일본으로 돌아와서 그 사장에게 편지 한 통도 못 보낸 일이야. 편지를 쓰려해도 내가 러시아어를 알지도 못했고 조선말로 쓰면 그 사장이 읽지 못할 거라고 짧게 생각한 거야. 내가 조선말로 써도 그 사람은 반드시 누구든 조선말을 아는 사람한테 편지를 갖고 가서 해석해 달라고 했을 게 분명한데. 내가 거기까지는 생각을 못 했어요. 편지를 써도 내용을 모를 거라고, 그렇게만 생각하고……. 내가 일본말로 쓰든 조선말로 쓰든 그곳에도 조선 사람은 있었으니까. 아주 많았으니 그런 사람한테 갖고 가서 편지를 읽어달라고 하면 안 읽어줄 사람은 없거든.

1990년에*(주45 고르바초프가 등장하고 자유여행이 가능해진 1990년에 이희팔 씨가 소련에 갔다. 페레스트로이카 2년째였다) 사할린에 갔을 때 그 사장을 찾으려고 당시 회사와 관련이 있었던 회사를 돌아다니며 물어봤지만 모두 모르겠다고 해서 더 이상 찾을 수가 없었어요. 그래서 내가 소련대사관에도 부탁했어. 이런 사람을 찾고 있는데, 그 사람에게 연락할 수 있는지 물어보니 그런 일은 하지 않는다고, 안 된다는 말을 들어서……. 더 이상 내가 할 수 있는 방법이 없었으니까 그것으로 끝이야. 그래서 그저 원통하고 억울하고 그분께 송구스러운 생각밖에 없어요. 많은 신세를 지고 은혜를 입었는데, 그 은혜를 잊었으니 말이야. 잊었다기보다 음, 내가 편지 한 통조차 못 보낸 것이 아직도 가슴에 남아있어. 이미 돌아가셨는지 살아 계신지, 그 후로는 아무 소식도 알지 못해. 음, 자식이 있었는데 어릴 때 사할린을 떠났거든. 다만 내가 일본으로 떠나올 때 사장의 식구들이 우리 집에 왔기에 내가 쓰던 커다란 거울과 비단으로 만든 여성용 가운을 부인께 드렸어요.

그곳에 있을 때 내가 한 일은, 처음에는 자동차 번호판을 쓰는 일을 했어요.*(주46 자동차 차체에 페인트로 차 번호를 고쳐 썼다. 가로 30cm, 세로 7cm 정도의 크기) 번호를 새로 쓸 때 1㎝당 얼마로 값이 정해 있어요. 내가 차 번호를 새로 쓰면 거기 있는 담당자가 내 급료에 반영되도록 기록하거든. 몇㎝를 썼는지 제대로 적어서 월급에 반영되도록 했어. 전부 그런 식으로, 몇 개를 썼으니 얼마라고 정해져 있어.

그 후로 내 나름대로 생각해서 여러 방법으로 번호를 쓰는 시도를 해봤지. 그랬더니 자동차 수리하는 사람도, 일본점령 시절의 자동차 학교 선생도, 내가 했던 방법이 밀착인쇄라 해서 전쟁 전에도 똑같은 방식으로 했다고 하더라고.

어떤 방식으로 했냐면 작업대 양쪽에 쇠기둥을 세우는 거야. 그리고 철봉을 가로지르고 양쪽 끝을 산소용접으로 잘라내서 피스톤 구멍에 집어넣어. 그리고 이걸로 피스톤을 누르고 튜브를 줄칼로 갈아서 여기에 넣지.

그다음 피스톤을 위에 올려놓고 이 부분을 밑에서 돌리면 잭(jack)으로 들어 올릴 수 있어. 튜브가 들어 있는 피스톤 앞부분을 누르고 피스톤 안에다 석유를 적신 천을 태우는 거야. 그러면 달궈진 피스톤 때문에 번호가 새겨지게 되거든. 너무 뜨거우면 구멍이 뚫려서 못 쓰게 되니까 음, 그땐 옆에서 지켜보고 조절하지.

그런 식으로 하라고 누가 말한 것이 아니라 내가 발명한 거야, 거기서. 그렇게 그곳에서 계속 그 일을 했었지. 선생님들도 보고는 "자네, 아주 솜씨가 제법인걸!" 하더라고. 그러다 차츰 그 사람들도 일본으로 떠날 시기가 되었지. 패전 후에 귀환사업이 시작되고 2년 정도 지났던가, 무슨 영문인지 갑자기 귀환사업이 중단됐어. 그러니 자동차 운전수들이나 수리공들은 그대로 남게 되었지. 그 뒤로도 5, 6년 정도 더 있지 않았을까.

나중에 그 사람들도 드디어 귀환선을 탄다는 이야기가 들려왔어. 그 사람들이 내게 말하기를, 자기들은 1년쯤 후 언제 귀환선을 타니까 그동안에 내가 혼자서도 할 수 있도록 기술을 전부 배워두라고. 자신들은 귀환선을 타고 일본으로 가야니까 나에게 전면적으로 가르쳐준 거야, 전부 다. 아예 자동차를 통째로 분해해서 수리하는 법, 금속부품을 교체하는 법, 베어링 교체하는 방법까지 여하튼 수리에 필요한 모든 것을 전부 가르쳐주었어. 나 밖에는 없었으니까 전부 다 배웠지.

6기통은 자동차 엔진이 발화할 때 피스톤이 올라갔다 내려갔다 하는 순서가 1, 5, 2, 3, 6, 4야. 4기통은 2, 3, 1, 4였나, 음, 여하튼 서로 교차해 움직이지. 피스톤은 한 곳만 구부러져 있지 않고 여기저기가 굽어 있잖아? 거기에 맞춰서 끼우면 피스톤이 발화하면서 엔진을 돌게 하지.

음, 어쨌든 자동차에 관해서는 모든 것을 가르쳐 주었어. 그리고 그 사람들은 떠나버렸지. 그 후엔 나 혼자서 전부 분해하고 조립한 후 시동을 걸면 차가 달리기 시작했거든. 혼자서 엔진을 모두 분해해서 그걸 다시 완전히 조립하지. 바퀴 한 개, 톱니 하나만 잘못 끼워도 발화하지 않거든. 허허허.

톱니바퀴가 정확히 맞물려야 해. 톱니바퀴가 수도 없이 많아요. 그걸 전부 잘 맞춰서 조립하지 않으면 소용없어. 엔진을 분해하는 게 쉽지 않거든. 초보자는 알 수가 없지. 처음으로 그걸 해보고 시동이 걸렸을 때는 너무 기뻤어. 응, 정말로 기분이 좋았지.

그 사람들은 떠나버리고 없는 데다 나 혼자서 그걸 조립해서 완성했으니까. 당시, 혼자서 엔진을 작동시켰으니 시동이 걸렸을 땐 말할 수 없이 기뻤어. 아아, 내가 정말로 기술자가 되었구나 하고. 수리공이 되어 제일 감동했던 순간이 그때야. 음, 이 기술로 밥은 먹고 살겠다 생각했지.

그런데 말이야, 내가 어렸을 때, 아홉 살이었나, 아직 학교도 가기 전에 자동차가 달리는 것을 본 적이 있거든. 자동차는 여러 개의 기어가 맞물려서 달리는 거잖아. 뭐랄까 이런 방법으로 장난감을 만들 수 있지 않을까 생각했지…….

그때 내가 살던 시골엔 나무라곤 소나무 밖에는 없었어. 도토리나무는 단단하긴 하지만 그렇게 크진 않았지. 그런 톱니바퀴를 만들고 싶어서 어떻게 하면 될까 궁리했는데 도구라고는 톱도 없고 낫밖에는 없었거든. 낫으로 만들어 보려 했는데 도저히 안 되더라고. 그래서 결국 못 만들고 만 적이 있었어요, 어렸을 때. 장난감을 만들어 보려 했는데 일단 소나무를 자를 수가 없었지. 반듯하게 잘라낼 수가 없는걸. 여하튼 도구가 있어야만……

그러다 내가 거기서 수리공이 되었고, 창고에는 타지 못하는 낡은 자동차가 많았거든. 그래서 점심시간이 되면 밥을 먹고 쉬는 시간에 창고에 가서 기어를 장착하는 연습을 했어. 기어는 장착할 수 있었는데 자동차를, 움직이는 차를 타본 적이 없었지.

내가 자동차 수리를 배울 때 면허를 어떻게 땄냐면, 그때 일본의 면허증을 가짜로 만들어 파는 사람이 있었지. 그 면허증을 산 거야. 그곳에 남은 조선인이 소련에서 운전을 할 수 있게 된 건 대부분이 그렇게 만든 면허증 덕분이 아니었을까.

나는 자동차를 고치다가 운전을 배우게 됐는데, 달리는 차는 타본 적이 없었거든. 근데 내 친구 중에 먼저 운전면허를 취득해 운전하던 이가 있었어. 그 친구한테 부탁해서 아무도 없는 곳에 가서 핸들을 조금 잡아 봤는데 생각대로 안 되더라고. 차가 똑바로 나가지 않아. 핸들을 잡고 있으면 어쩐지 한쪽으로만 가는 것 같고, 핸들을 반대쪽으로 돌리면 또 너무 많이 돌아가는 거야. 저쪽으로도 못 가고, 이쪽으로도 못 가고, 도무지 똑바로 앞으로 가지 않았지.

처음에는 2~30m 가다가 멈췄어.*(주47 이 당시 친구는 이희팔 씨 곁에서 조마조마하며 앉아 있다가 차가 엉뚱한 방향으로 가면 핸들을 붙잡아 똑바로 가게 해주었다고 한다. 도로에서 연습했다) 그렇게 3일 정도 친구가 달라붙어서 가르쳐 주었는데 3일째는 그래도 조금 똑바로 갈 수 있게 된 것 같았어. 그러다 5일 정도 지나니까 드디어 똑바로 갈 수 있게 돼서 약간 달려 보기도 했지. 솔직히 말해서 면허증은 있어도 운전은 못 했던 거지. 친구가 가르쳐줘서 그나마 운전을 배울 수 있었어.

회사 차고가 있는 곳에 도로가 있는데, 그곳을 빙글빙글 돌며 연습하기도 했고. 음, 그런 식으로 운전을 배웠어. 또 그곳에는 펌프가 없었거든. 타이어에 공기를 넣으려면 손으로 직접 펌프질을 해서 넣어야 했어. 그게 정말 말도 못 하게 힘들지. 커다란 자동차 타이어에다 공기주입기로 공기를 넣어야 했으니까. 최소한 400번 이상, 450번 정도 넣지 않으면 차가 달릴 정도로 타이어가 부풀지 않아. 아이고, 쉬었다 넣고 또 쉬었다 넣고. 그 일이 제일 힘들었어. 음, 그것만 되면 나머지는 그리 힘든 건 없었어. 무거운 물건을 드는 것도 아니었고.

그렇게 운전을 시작했는데 그곳에선 운전수는 자동차를 정차시키기만 하고 짐을 부리는 사람은 따로 있거든. 그런 일을 도맡아 하는 사람이 있어서 나는 그저 짐을 싣고 또 내려놓아야 될 곳에 가기만 하면 되었어. 운전수는 짐에다 전혀 손을 대지 않아. 일본은 운전수가 직접 짐도 싣고 내리기도 하잖우? 그게 고되지. 거기서는 절대로 짐에는 손을 대지 않아. 그 사람들이 짐을 부리는 걸 그저 지켜보기만 할 뿐이야.

생선을 운반하기도 하고 다른 화물을 실을 때도 있고, 다양했지. 석유를 운반하기도 했고. 일본도 그렇지만 석유 운반은 특별한 면허가 필요하거든. 난 전문 면허도 없었는데 석유도 운반했어요.*(주48 급유소에 들어가도 문제가 없었다고 한다.)

솔직히 말하면 탱크로리도 일본처럼 제대로 안 되어 있어요. 일반 철판을 용접해서 그저 큼지막하게 만든 거야. 러시아의 연장들을 보면 일본 것과 전혀 비교가 안 돼. 예를 들어 스패너 같은 것, 러시아의 스패너는 쓸 수가 없어. 단단한 것을 조이면 스패너가 늘어나고 말았거든. 그걸 다시 해머로 두드려서 원래대로 되돌려 놓잖아? 조금 쓰면 다시 늘어나서 쓸 수가 없어. 쇠의 질이 안 좋아서 그래요.

그곳에 있던 4톤 트럭의 차축이 이 정도쯤 되거든. 타이어를 떠받치는 자동차 축 말이야. 그게 자주 휜다니까. 휜 것을 수리한 적이 여러 번 있었지.*(주49 차축이 휘게 되면 다른 차에서 축을 빼내 와서 바꿔 끼우는 수밖에 없었다) 음, 여하튼 쇠의 질이 좋지 않아. 그런데 미국의 연장들은 좋았지. 그건 구하기가 어려웠어.

새 차*(주50 전쟁 중 미국이 소련에 원조한 미국제 트럭. 1대 분량의 부품이 나무상자에 포장되어 오면 소련 국내에서 완성차로 조립되었다)가 들어올 때는 전부 1세트로 되어 있어. 세트로 되어 있는데 그걸 다들 훔쳐 가서 없는 거야. 부품이라든가, 뒤에 붙이는 번호판용 작은 전구 같은 건 얼마든지 있잖아, 싸기도 하고. 거기엔 그게 없어요. 그러니까 훔쳐 가는 거지. 그런데 대체로 없어진 부품들이 군부에서 나오거든. 그런 부품을 파는 곳이 없었으니까. 뭐, 지금이야 물론 있겠지만 내가 있을 때는 없었어요.

또 미국의 스패너, 16mm 스패너 같은 경우 양쪽에 mm와 inch가 표시되어 있는데, 대체로 inch였을 거야. 몇 분의 1, 이런 식으로 스패너에 다 새겨있어. 그 숫자만 제대로 맞춰서 쓰면 크기도 딱 맞거든. 절대로 늘어나거나 하는 일이 없어요. 정말로 열쇠나 스패너 같은 건 좋았지. 그 연장을 일단 써보면 러시아 연장 같은 건 다신 못 써요. 품질 차이가 크다는 얘기야.

또 미국의 신차를 조립했을 때 그 성능이란! 하지만 도로가 좋지 않으니까 자동차가 금방 망가져요. 무턱대고 액셀을 밟아 대거든. 도로가 엉망이라 차가 빠지면 꿈쩍도 안 하는데 다른 차를 몰고 가서 끌어내지 않으면 절대 빠져나오지 못하는 곳이 얼마든지 있었어요. 그렇게 도로가 엉망인데도 바퀴가 조금만 나오면 어떻게든 빠져나오겠지 하고는 무조건 액셀을 밟아대니, 그렇게 밟아댄다고 차가 빠져나오는 것도 아닌데 말이야. 그런데도 마구 액셀을 밟으니 차가 금방 망가지지.

차 수리도 마찬가지인데, 금속부품을 처음 교환한 것과 두 번째로 교환한 차를 보면 반드시 번호가 있거든. 번호대로 부품을 교환하면 그다지 어렵지 않게 수리가 끝나요, 오일(oil)이 좋지 않아서 빨리 망가지는 것인지도 모르겠지만.

크랭크샤프트, 그 쇠는 보통 쇠가 아니라 단단한 쇠일 텐데, 금속 안에 들어가 있는 크랭크샤프트 자체가 점점 닳았거든. 또 얼마 지나지 않아 소련제 트럭이 들어왔는데, 차체가 철판으로 된 차가 별로 없어. 다들, 나무야. 나무도 단단한 것도 아냐. 음, 질이 완전히 떨어지는 것이었어.

거기는 도로가 정말 안 좋았어.*(주51 나무상자 같은 것을 태운 후 못이나 쇠붙이 등이 섞인 재를 그대로 도로에 버리기 때문에 타이어 펑크가 빈번했다) 내가 30년 만인 1990년에 사할린에 갔었는데 마을의 광경을 살펴보니까 사람이 사는 집만 바뀌었고 도로는 그대로야, 산도 그대로, 아무것도 바뀐 게 없어. 예전에도 도로가 울퉁불퉁하고 물웅덩이가 있었는데 30년이 지나서 가봤더니 그 웅덩이가 그대로야. 러시아는 이렇게 개발이 늦구나, 역시 후진국이라는 생각이 들었지.

그렇게 난 그 당시 콤비나트 회사에 들어가서 자동차 수리공장에서 일했어. 상자에 담겨 미국에서 들어오는 조립하기 전 새 차, 그것도 빠진 것 없이 고스란히 온 것들을 조립도 했단 말이지. 엔진은 엔진, 차체는 차체, 각 부품은 부품별로 그대로 나무상자에 담겨있는데, 미국에서 가져온 것들이었어.*(주52 전쟁 중 미국에서 소련의 대륙으로 들어온 것이 전후에 사할린으로 옮겨진 것으로 추정된다) 역시 외제라서 좋더군.

트럭은 4톤짜리인데 여러 종류가 있어요. 포드도 있고, 쉐보레도 있고, 닷지(dodge)도 있고. 닷지 트럭은 군부에서 쓰는 차야. 미국에서는 지프라고 하지. 그걸 가라후토(사할린)에서는 닷지라고 불렀어. 닷지는 군에서 쓰기 때문에 지붕이 없어. 오픈되어 있지. 위가 뚫려있으니 비가 오면 그냥 비를 맞는 거야. 또 가라후토(사할린)에는 승용차가 없으니까 닷지 트럭을 승용차로 쓰기 위해 기둥을 붙여 세우고 그 위에다 비가 들이치지 않도록 지붕을 만들어서 소련의 높은 양반들이 그 차를 탔지. 그게 말하자면 군부의 승용차야.

닷지는 군에서 쓰는 차니까 보통 차보다 튼튼하게 만들었지. 게다가 배터리가 전혀 달라. 차에 있는 배터리를 분리해 전쟁터에서 쓸 수 있게 되어 있어. 전선을 끼워 넣을 수 있게 되어 있어서⋯⋯. 그런 차를 굉장히 많이 조립했어요. 포드도 했고, 스토데베켈*(주53 20명 이상 탈 수 있는 4톤 군용 트럭)이라 하는 군에서 쓰는 트럭인데 앞바퀴도 구동되는 차야. 앞, 뒤로 구동되니까 아무리 험한 길도 트랙터처럼 쉽게 달렸지. 뭐, 그 차만 타면 아주 든든하지. 도로가 험해도 걱정이 없는걸. 평소엔 앞쪽 기어는 빼놓아요. 쓸데없이 석유가 많이 들어가는 데다 속도도 약간 떨어지거든. 앞 기어를 빼도 후륜구동만으로 충분했어. 후륜 바퀴도 4개가 모두 움직이거든. 거기다 전륜까지 구동되면 그야말로 트랙터나 마찬가지야. 음, 그런 차도 있었지.

처음엔 그걸 조립하는 것도 익숙하지 않았어. 그런데 그 수리공장에는 일본점령 시절에 도요하라(유즈노사할린스크)였던가, 어딘가 있던 자동차 학교의 선생들과 수리공들이 전부 와 있었어. 그 사람들과 함께 조립하니까 어렵지 않게 할 수 있었지.

조립이 끝난 엔진 중에 가장 조용한 차는 포드야. 포드는 말이야, 시동을 켜고 운전석에 앉아 있어도 엔진이 돌아가는 것인지 알 수 없지. 그 정도로 조용해. 굉장하지. 운전대 앞에 있는 작고 빨간 불이 들어와 있으면 시동이 걸려 있는 거야. 정말 좋은 차였어요.

미국 차가 소련에 수출되었냐고? 아니, 전쟁 때 연합군의 원조물자로 받은 거예요. 태평양전쟁 때에 소련이 미국에서 원조받은 것은 다들 알고 있었어. 왜냐면 그 차들을 보면 알지. 트럭이든 승용차든 새하얀 차들이,*(주54 도장용 페인트가 달랐다. 소련 차의 도장은 모두 조잡했다고 한다) 나무상자 안에 담겨 산처럼 쌓여 있었으니까. 조립하고 시동이 걸리기만 하면 더할 나위 없는 차들이야. 일본의 차는 모양새든 뭐든 아주 형편없었지.

어업회사 자동차 수리부의 조선인 동료와 함께. (왼쪽 두 번째가 이희팔 씨, 뒤에 보이는 차는 미국제 트럭이다. 1949년 9월, 오도마리 시에서)

미국에서 온 물품들은 차뿐만이 아니야.*(주55 30톤짜리 탱크까지 지원한 것 같다고 한다. 철 표면의 광택이 소련제와는 전혀 달랐다고 한다) 온갖 물건들이 들어와 있어. 먹을 것은 주로 통조림. 미국 통조림이 정말 맛있지. 돼지고기 통조림도 있고, 소고기 통조림은 물론 닭고기 통조림까지 있어. 닭고기 통조림은 어떻게 만들었는지 모르겠지만 물기가 없었지.

미군 부대에서 먹는 통조림은 말이야, 깡통 두께가 두꺼운 건 이 정도나 돼, 그리고 높이는 이 정도쯤.*(주56 두께 20cm, 높이 30cm 정도) 군부에는 병사들이 많잖아? 거기 있는 군인이 전부 먹을 수 있는 그런 통조림이 있었어요.

내가 운전수로 일할 땐 저쪽 군부, 이쪽 군부 상관없이 도요하라(유즈노사할린스크)와 오도마리(코르사코프)를 왔다 갔다 했어. 그러면 어쩌다 점심시간에 갈 때도 있거든. 취사장에 가면, 보통 사람은 그런 장면을 본 적도 없을 거야. 나더러 취사장으로 들어오라고 하지. 음, 민간인이 왔으니까 자기들도 신기했겠지?*(주57 소련인은 붙임성이 좋았다고 한다) 거기에 들어가 보니까 미국 통조림을 몽땅 집어넣고 식사를 만들더라고.*(주58 메밀밥이나 보리밥도 만들었다.)

밥이 다 되면 통조림을 넣고 뒤섞어서 병사들에게 조금씩 나눠줬어. 우리가 가면 그걸 잔뜩 건네주었지. 아아, 참 맛났어요. 통조림은 돼지고기, 소고기, 닭고기가 있는데 닭고기 통조림이 정말 맛있지. 닭고기 맛, 그 자체야. 아마 군에서 빼돌린 것일 거야.

어쩌다 판매하는 통조림을 사기도 했는데, 집에서 국을 끓일 때도 그렇게 많이 넣지는 않아요. 예를 들어 두 사람이 먹을 때 이 정도로 조금만 넣을 뿐이지. 이거 절반만 넣어도 국물이 온통 닭고기 맛이야. 정말 끝내주지. 또 돼지고기는 기름기가 있긴 해도 고기는 그대로 먹어도 맛나요, 부드럽고.

여하튼 통조림이 맛있었어. 미국 통조림이 맛있다는 것을 러시아에서 알게 됐어. 소련인들도 그 통조림을 루스키*(주59 Русский 러시아의)가 아니라 아메리칸스키*(주60 американский 미국의)라고 불렀으니까. 영어로 적혀 있어. 자동차도 말이야, 포장된 나무상자에 커다랗고 검은 글씨로 쓰여있어요. 음, 뭐라고 썼는지는 알 수 없지만. made in USA 아니냐고? 그 USA라면 읽을 수 있지, 허허허. USA라는 마크는 미국의 고유 표시니까.


나는 술도 별로 안 마셨고 술버릇이 있다거나 못된 짓은 안 했으니 이웃에 사는 이들한테 어느 정도 신용이 있었지. 음, 나도 그렇게 믿었어. 회사에 나가도 무엇 하나 게으름 피우는 일도 없고, 내가 책임을 맡은 일은 꼭 해냈으니까. 음, 미움받는 일도 없이 거기서는 무사히 잘 마쳤지요. 그때 그 회사의 경비를 보는 당직자한테 아들이 있었어. 그 아들은 장애가 있었어요, 팔 앞쪽이 여기*(주61 팔꿈치 관절 부분)부터 없었어.

무슨 일을 하다가 그랬는지 여기부터 팔뚝 아래가 없었어요. 그 경비가 내게 이런저런 얘기도 하고 늘 사무소에 들어가면 자주 그 사람들과 얘기했지. 그러다 내가 어느 휴일에 집사람과 아이들을 데리고 양복까지 차려입고 어디 놀러 가려 했던가, 시장에 가려고 했던가, 어쨌든 외출하려고 버스 정류장으로 갔거든. 그랬더니 거기에 소위 불량 청소년, 거기서는 훌리간스키*(주62 хулига́нский 불량스러운)이라 해요. 그들이 있었어.

그날 내가 좋은 오버코트를 입고 있었어. 직장에서 차고의 총감독을 하는 이가 독일에 갔다 오면서 독일 군대의 오버를 입고 왔거든. 그걸 보니 너무 멋있더라고. 나도 그 오버를 갖고 싶었는데 어디에도 파는 곳이 없었거든. 그런데 우연히 이런저런 얘기 중에 내가 너무 갖고 싶다고 하니 팔 수도 있다고 하기에 내가 샀지. 그걸 입고 뽐내며 밖에 나갔는데 그 녀석들이 와서 나한테 이런저런 시비를 거는 거야. 음, 나를 때리려 했거나 어떻게 하려고 했겠지.

그땐 나도 젊었으니까 그냥 가만히 당할 수는 없잖아. 음, 오버를 벗어 놓고 실랑이를 벌이는데 마침 그 경비의 아들이, 팔 앞부분이 없다고 한 그가 버스회사의 검표원이었어, 차장이었거든. 때마침 그가 탄 버스가 거길 지나는 중이었어. 내가 그놈들에게 당하고 있으니까 버스를 세우고 내리더니 그놈들한테 다가가 그 팔로 한 방 날리는 거야.

그 사람이 말하길 자기 팔에 한 번 맞으면 어떤 녀석이든 나가떨어진다고 하더라고. 그렇게 말했어. 잘린 쪽 팔 말이야. 음, 끝부분은 그냥 뼈야. 그곳으로 한 번 맞으면 대부분 꼼짝 못 한다고 나중에 그가 얘기하더라고. 그렇게 도움을 받은 적이 있었어요. 음, 거기 살 때는 다들 내게 참 잘해줬어요. 치사한 짓이나 못된 짓 같은 건 난 애초부터 할 마음도 없었어.

거기선 한 명이든 두 명이든 모이기만 하면 술을 마셨어요. 다들 젊었으니까 술도 마셨지. 함께 웃으며 이런저런 얘기도 하고 그렇게 웃고 헤어지면 좋겠지만 그렇지 않거든. 술만 마시면 어김없이 자기 얘길 들으라며 고집을 피우거든? 그러면 뭐, 옥신각신하게 될 수밖에. 그게 싫어서 더는 술자리에 가지 않았어. 그 후로는 친구들이 노는 곳에도 가지 않았지. 가면 술맛을 보라며 조금씩 주는데 그걸 안 마실 수도 없고. 술도 그다지 잘 마시지 못했거든. 그냥 사이좋게 먹고 헤어지면 좋을 텐데, 마지막에는 결국 싸움이 난다니까.

난 그런 일을 보는 게 싫다고 말하고 그런 자리엔 더 이상 가지 않았어. 그렇게 줄곧 일본으로 올 때까지도 안 갔거든. 그러니 그 사람들은 나를 알아도 나는 그들을 모르는 경우가 많았지. 그들에게 머리를 숙여야 할 필요도 없는데다, 나한테 주어진 일을 해서 번 돈으로만 먹고살려고 생각했어. 그러니 결국 자주 어울리는 친구는 별로 없었지.

직장에서 조금 떨어진 곳에는 일본 군인이 살고 있었어. 거기 가 보니 뭐, 사내놈들뿐이지. 담배도 달라고 하고 여러 가지를 달라고 했어. 지금 생각하면 담배라도 조금 넣어 줄 걸 그랬나 싶기도 해요. 담배를 사다 줄 만한 돈은 나도 못 받았거든. 그땐 그렇게 풍족한 형편도 아니어서 그럴 수도 없었지만.

그 당시 군인들을 보면 참 딱했어요. 입고 있는 옷에는 어김없이 이가 붙어 있었어.*(주63 숯불 연기를 쏘여서 군복에 붙은 이를 잡았다고 한다) 무엇보다 사내들만 있으니 빨래도 얼마 만에 하는지 알 수도 없었지. 음, 여하튼 군인들이 거기 있는 걸, 생활하는 것을 본 것은 확실해요. 그러다 나중엔 그 군인들도 전부 일본으로 보내졌지. 시베리아로는 가지 않았어. 내가 직접 봤으니까. 그들이 지내던 곳에서 얘기도 나누고 했거든. 하지만 거기 가서 뭔가를 얻어먹은 적은 없어요.

그런데 러시아 군부에 들어가면 오히려 통조림을 받을 때도 있었어. 먹으라며 꺼내 줄 때도 있고, 또 밥에 통조림을 조금 섞어서 군인들한테 배급하는 것을 내게는 일부러 두 번이나 떠 넣어서 통조림이 듬뿍 섞인 밥을 얻어먹은 적도 있었지. 일본 군대에서는 음식을 본 적이 없어요. 집단생활을 하는 걸 수도 없이 봤거든.

코르사코프*(주64 오도마리)에서 2km쯤 떨어진 곳에 군인들이 있었지. 어업 콤비나트에서는 1km쯤 떨어졌을까…… 그 중간에 해변 쪽으로 불과 200명, 300명쯤 되었나. 군복을 입고 있었으니 그들이 군인이란 건 확실히 알지. 언제나 군복만 입고 있었으니까. 그들만 따로 떨어져 생활하는 걸 보고 딱하다고 생각했는데, 그 후 몇 년 뒤에 갑자기 일본으로 귀환선을 타고 갔어.

패전 후 2년인가 3년째 되는 해였을 거야. 북조선에서 파견된 노무자들이 몇십만 명이나 그곳에 온 거야. 그때 이미 난 운전을 하고 있었으니 조금만 얘기가 잘 되었다면 아마 북조선 여자를 아내로 맞았을 거야. 그런데 난 한국에 처도 있는 데다 언젠가는 돌아갈지도 모른다는 생각에 만나지 않았지. 그래서 내 친구가, 나한테 운전을 가르쳐준 친구가 그 여자와 함께 살게 되었지. 그 친구는 아마 지금도 같이 살고 있을 걸, 북조선에서 온 그 여자랑.

그 사람들은 파견 노동을 온 거예요. 12월, 1월 추울 때 왔는데 맨발인 사람도 있었어. 뭐, 옷은 다 해지고 정말 형편없었거든. 음, 같이 일할 때는 우리 집으로 불러서 음식을 조금 대접하기도 하고 낡은 옷이나 신발 같은 걸 나눠 주기도 했지.

그들은 대부분 어업 콤비나트와 관련된 일로 왔어요. 사할린은 그 당시엔 뭐, 어업 콤비나트가 제일이었으니까. 북에서 온 사람들이 거기서 일했는데 몇 년 지나지 않아 대부분 돌아갔어요. 또 그냥 남아서 사는 사람도 결국은 있었지.

그 사람들은 똑같은 일을 해도 반년이 지나면 수당이 붙었어. 지금까지 일당이 10루블이었다면 반년 후엔 10%가 붙으니까 11루블을 받는 거야. 그게 1년이 되면 12루블이 되지. 그러니 처음엔 우리보다 임금이 낮아도 그 사람들은 그런 식으로 기간을 정해서 왔기 때문에 그런 수당을 받을 권리가 있었어.

러시아 사람도 마찬가지야. 러시아 사람도 반년마다 처음에 정한 임금에서 10%씩 올라갔으니까. 그러니 2년만 지나면 우리보다 훨씬 많이 받게 되는 거야. 그런 제도였지. 그러니 그들이 돌아갈 때는 상당히 많이 벌어서 가지 않았겠어?

그곳에 무슨 오락거리가 있나, 아무것도 없으니까. 일밖에는 할 것이 없으니 돈벌이하기엔 더할 나위 없는 곳이야. 러시아대륙에서 일하는 것보다 완전히 몇 배는 좋았지. 약간 좋은 정도가 아니야. 그러니까 북조선에서 파견되어 올 때 그런 계약을 하고 오는 거야. 그런 사람이 20만 명이니 어쩌니 얘기들 했거든. 그래도 그들은 몇 년도 안 지나서 돌아갔어. 가고 싶지 않으면 안 가도 된다고 했으니 남은 사람도 꽤 있었고.

어쨌든 거긴 작업을 쉬는 날이 없으니 휴일을 반납하고 일해서 상당히 돈을 많이 벌었을걸. 여하튼 일거리를 안 주는 곳은 없었으니까. 섬 전역에 있는 여러 어업 콤비나트와 관련된 일에 배속되었지. 어딜 가도 온통 조선인들뿐이었어.

북조선에서 온 사람들은 처음에는 옷도 누더기 같지만 뭐 반년, 1년 정도만 지나면 우리와 구별이 되지 않았지, 봐도 구분을 못 해. 일해서 번 돈으로…….

옷은 작업복, 무명천은 얼마든지 있었으니까. 그러니 겉모습만 보면 금방 알지 못해요. 음, 얘기를 나눠보면 알 수 있지. 어쩌면 탄광에 갔던 사람도 있었을 거예요.


## 군 관련 건설회사


어업 콤비나트를 그만두고 '우네르'라는 군 관련 건설회사에 2년쯤 있었나. 평화로워졌으니 아마 그런 회사도 생겼을 거야. 내가 일본으로 올 때 그 회사는 현장을 철수하고 다른 곳으로 가지 않았을까. 그 회사에 들어가려니 보증인을 세우라 해서 여기저기 다니며 보증인을 부탁했어. 그런데 어떤 러시아 사람이, 그가 입사할 때도 보증인이 필요하다는 거야. 그 사람도 보증인을 찾아다녔지만 결국 찾지 못했어.

나는 어떻게 했냐면 전에 일하던 회사에 공산당 당원이었던 이에게 이런저런 이유로 보증인이 되어줄 수 있냐고 솔직하게 말하니까 "아, 그러죠."라며 곧바로 해주었어. 그렇게 두 명을 보증인으로 세웠더니 OK가 된 거지.

음, 소련은 공산주의 사회라서 자유는 없어도 보증인을 세운다거나 그런 일, 정치하는 방법 그 자체는 결국 자본주의 국가와 별반 다르지 않다고 생각해요, 난.

그렇게 군 관련 회사에 들어가 보니 교육 면에선 정말 좋더라고. 우리 같은 선주민이랄까, 러시아어를 모르는 사람, 그런 사람을 공부시켜 주었어. 돈은 한 푼도 필요 없어요. 잔업을 해야 하는 날도 있지만 회사에서도 이 사람은 어느 학교에 다니고 있다는 증명서가 있으면 잔업을 시키지 않아. 시켰다간 법에 저촉되지. 법률이 그렇게 되어 있었으니까.

그러니까 교육적인 측면은 참 좋았어요. 그렇게 보통교육을 마치고 대학에 들어가려면 더한 보증인이랄까, 국적을 소련으로 바꾸지 않으면 들어가지 못하지. 그런 부분은 있었어요. 그리고 대학을 나오면 동시에 일자리가 정해져 있었으니까. 그러니 그렇게 공부해서 훌륭하게 된 사람이 많이 있었지. 또 우리가 일본으로 돌아올 때, 그때 사할린에서 무슨 일이 있었냐면 유대인이 자기들 조국으로 돌아간다는 이야기가 있어서, 이미 하나둘씩 이스라엘 쪽으로 귀환선을 타는 사람들이 많았어요. 내가 일하고 있던 사할린만 보아도 유대인은 모두 좋은 직업을 갖고 있었거든.*(주65 유대인은 모두 관리직으로 일했다고 한다.)

회사로 말하면 사장, 군인이든 뭐든 높은 사람은 거의 유대인이야. 또 유대인 가운데 가난한 사람은 별로 없었지. 군대에서도 계급이 높은 카피딴*(주66 капитан 육군 대위)도 될 수 있어, 별이 네 개야. 음, 고초(伍長, 하사에 해당하는 구 일본군 계급_역자 주)보다도 카피딴이 위라서 급료도 좋고 권한도 많았으니까.

그렇게 입사한 해 겨울에 장작 운반을 나갔다가 눈길에 차가 빠져서 꼼짝도 못 하게 된 일이 있었지.*(주67 5톤 혹은 6톤 트럭을 타고 나갔다) 그때가 죽은 아내와 함께 살기 시작한 후 첫 번째 맞는 정월이었거든.

그날 내 처가 밀가루도 아니고 잣가루도 아닌, 어떤 가루인지 모르겠는데

색이 노랗고 거칠어요. 무카*(주68 мука́ 아마도 옥수수 분말 같음)라고 하는데, 거칠
긴 해도 그걸 반죽해서 국수로 만들면 맛있거든. 가루 자체가 맛있어요. 그것
도 좀처럼 사기 어려웠지. 무카 가루로 국수를 만들어 놓고 내가 돌아오길 기
다렸는데, 결국 그날 밤은 내가 집에 가지 못했어. 나중에 집에 갔더니 아내
가 말하길 아침 일찍 일어나 보니 난로 연통 구멍으로 들어온 눈이 난로 주변
에 하얗게 쌓여 있었다고 해. 그래서 굉장히 서글펐다고 하더라고.

그야 당연하지. 12월 31일 밤에 국수를 만들어 놓고 기다리는데 남편이 오
지 않으니까 사람이라면 당연히 쓸쓸해지지. 그런데 차를 그곳에 처박아 둔
채로 집에 돌아올 수도 없었고, 차를 지키고 있으려 해도 그 눈보라 속에 차
옆에 쪼그려 앉아 있을 수도 없었거든. 장작을 운반하러 갔다가 골짜기 개울
에 차가 빠져서 그대로 움직일 수 없게 된 거야.

다행스럽게도 1km쯤 더 들어간 곳에 함바飯場가 있었어.*(주69 같은 회사 사람
이 벌목작업을 하고 있었다) 거기까지 걸어가서 그날 밤에 묵었어요. 그 함바에도
조선인이 있었는데 같은 조선 사람이라 한쪽 구석에서 자게 해 주었어…….

그렇게 거기서 지낸 한 달 동안 집에는 두세 번쯤 다녀왔어. 뭐라도 먹을
것을 갖고 가야겠는데, 그때는 쌀 같은 걸 자유롭게 사지 못했거든. 그 함바
에서 집까지 16km 정도 되는 눈길을 걸어서 오갔어요. 그런데 회사에서는
아무런 말도 하지 않아요. 내가 출근하지 않는데도 아무 소리도 하지 않았고,
급여일에 급료도 고스란히 나왔어.

나중에 생각해 보니까 그 회사에는 법에 따라 처리하는 부서가 있어서 차
가 눈길에 빠져 그 차를 지키느라 내가 출근을 못 한다고, 그런 사정을 어쩌
면 기록해 둔 것 같아. 그래서 급료도 모두 받았고 나중에 트랙터가 회사에
들어와서 그 트랙터를 몰고 가서 차를 끌어내 돌아온 적도 있어요.

한 달 넘게 차를 지키고 있는 동안 회사에는 한 번도 나가지 않았어. 그 회
사에는 법을 꼼꼼히 따지는 부서가 있는데 거기 부서장이 "급료는 모두 지급
할 테니 걱정하지 말게. 소련에는 이런 경우에 적용하는 법률이 있는데 그 법
에 따라 잘 운영되니까 너무 걱정하지 않아도 돼."라고 하더군.

차는 그 자리에 두고 집에 와도 되었지만 차 곁이랄까, 가까이 있지 않고 그냥 집에 돌아가서 그저 놀고 있는 건 내 양심상 할 수 없는 짓이라 생각했어. 그리고 운전수들에게 물어보니 대륙*(주70 소련 본토)에서는 만약 그러한 사고나 고장이 났을 때 차를 방치하면 1주일도 지나지 않아 차가 없어진다고 해. 왜냐하면 부품을 다 빼내서 전부 가져가 버린다는 거야. 결국에는 아무것도 남지 않고 차체만 남는다나. 타이어도 모두 가져가 버린다고 하더라고. 그 이야기를 들으니 그렇게 되었다간 정말 안 되겠다 싶었지. 그래서 줄곧 차 가까이에 있었어. 음, 근처에 있긴 했어도 차 있는 곳까지 매일 가지는 않았어. 가진 않았지만 음, 그런 불상사는 다행히 일어나지 않았지.

## 일본인 귀환사업 시작

1945년 8월 15일, 패전 전에 일본인들은 이미 높은 사람의 딸이나 부인들을 피난시키기 시작했어.*(주71 소련은 8월 8일에 대일 선전포고를 했고 9일부터는 사할린에서도 교전이 벌어졌다. 교전은 8월 23일까지 계속되었다고 한다) 그렇게 패전을 맞고 17일인가, 18일인가, 귀환선이 침몰해 전부 죽었잖아요? 그 후론 피신하는 일을 멈추고 만 거지. 마지막 배가 떠날 때 소련이 어뢰인가 뭔가로 폭파한 거야. 그래서 그 후론 완전히 중단되었지.

그러다 차츰 귀환사업이 다시 시작된 것이 1946년 12월 5일부터 가라후토(사할린)에 있는 일본인들이 떠나기 시작했지. 그렇게 일본인은 점점 더 많이 서둘러 빠져나가기 시작했어. 그러는 사이에 우리는, 그다음 배가 오겠지, 그다음은 우리 차례겠지 하며 기다렸는데, 1개월이 지나도 1년이 지나도 오늘까지도 오지 않았지.

왜 일본인은 돌아가고 우리는 돌려보내 주지 않는 것인가, 수없이 걱정했지만 그런 걱정은 아무 쓸모가 없었어. 그 귀환사업이 시작됐을 때 일본 정부가 뭐라고 하냐면 너희는 외국인이라 일본 정부는 모른다는 거야. 순수한 일본인의 피가 흐르는 사람만 일본으로 데려간다고. 처음엔 그 말이 무슨 의미인지 몰랐어요. 일반사람들이 알 리가 없으니까. 나중에 차츰 소문이 퍼지기 시작해 우리 귀에도 들어오게 되었지만 말이야. 라디오에서 방송하는 것도 아니었으니까, 처음엔 라디오도 그리 많이 보급되지도 않았었고.

당시 일본인은 매일같이 *마오카(주72 眞岡(홈스크). 사할린 서해안의 항만도시) 쪽으로 순서대로 나가는데 조선인은 아무도 어딘가로 갔다는 얘기가 전혀 없어, 라디오에서도 말이야. 그곳에서는 NHK라디오가 아주 잘 들려요, 정말 깨끗하게 들리지. 마치 옆에서 듣는 것 같아. 거긴 오락거리가 없었어. 또 나는 술도 안 마셨고 딱히 할 수 있는 게 없었어. 음, 언제쯤 좋은 소식이 있을까, 그걸 들으려고 라디오만 듣고 있었어요. 라디오는 큼지막한 걸 갖고 있었거든. 그곳에서 산 라디오야.

## 재혼

소련에서는 1년 동안 근무하면 유급휴가를 줘요. 그래서 내가 어업 콤비나트에 있을 때 휴가를 받아서 처음 내가 징용을 갔던 나이부치(브이코프)에 가보려고 했어요. 고향 사람들이 아직 그곳에 있었으니까, 음 한 번 만나고 오고 싶어서 유급휴가를 받아 나섰지요. 오도마리(코르사코프)를 출발해서 어디에 들렀냐면 도요하라(유즈노사할린스크)에 있는 친구들한테 갔어. 친구들이 다들 결혼해서 그곳에 살았으니까.*(주73 친구들을 만나고 곧바로 오도마리로 돌아왔기에 결국 나이부치에는 가지 못했다. 그 후에도 나이부치에 간 일은 없었다고 한다.)

한 친구가 나와 같은 고향, 내 고향으로 들어가는 길에서 약간 벗어난 곳에 살았거든. 이름은 남명진(南溟鎭). 그의 집이 한국에 아직 남아있으려나? 그의 친척들 가운데서도 종손, 제일 큰 어른의 첫 번째 자손이야. 외아들인데, 아버지도 외아들, 아들도 외아들. 그 당시 남씨 성을 가진 친척 중에 제일 어른이니까 형편은 그다지 어렵지 않았을 거예요.

그의 아버지는 말하자면 유식자였던 같아요. 외아들인 남명진은 애지중지 자랐을 것이고 응석받이 아니었을까? 뭐든 하고 싶은 대로 해주지 않았겠어?

그의 아버지는 첩을 여럿 두기도 한 분인데 그 아들이 남명진. 그런데 어쩌다 나와 함께 가라후토(사할린)에 온 거지. 또 일본으로 올 때도 함께 왔고⋯⋯.

남 씨의 아내한테 언니가 있었는데 나한테 만날 생각이 있는지 물어서 그 언니를 만나게 됐어. 그때 그녀는 혼자였으니 나와 함께 살면 어떻겠냐고 하기에 그러면 잘 성사시켜 보라고 했지. 그 후 이런저런 문제가 있긴 했어도 얘기가 잘 되었지.

당시 그곳에서는 남편이 있는 여자라도 사내가 야무지지 못하면 부인을 뺏기기도 하는 시절이었으니까. 여자들이 귀했거든. 그러니 여자라면 뭐, 병든 사람이든 어떤 사람이든 관계없었어. 온통 사내들뿐이고 여자들이 없었으니까.

그렇게 만난 지 며칠도 안 되어 식을 올렸어. 음, 결혼식도 정말 형식만 갖추었지. 우리 집에 이웃 아주머니들이 와서 약간의 음식을 만들었어. 그렇게 1950년 4월 10일에 식을 올렸어요. 결혼식 때도 거긴 정전이 잦아서 배터리를 준비했는데, 배터리도 소련제는 별로 좋지 않아. 음, 어쨌든 사진도 찍었어. 별로 잘 나오지는 않았어도 여하튼 구색은 갖추었어.

나중에 우리가 일본으로 온 후, 이듬해 4월 10일에 일본의 황태자가 결혼했지, 같은 4월 10일이야. 황태자와 미치코 씨가 함께 차에 탄 모습을 시나노마치信濃町까지 가서 바로 옆에서 보았거든. 아무튼 내가 결혼할 수 있게 된 것은 남명진 씨 덕분이야. 그 사람은 참 얌전한 사람이었어. 정말 법이 없어도 살 인품이었지. 요즘 세상엔 온갖 법률이 있잖아요? 그 사람은 법이 없어도 살아갈 만큼 온순한 이었지.

그렇게 아내와 함께 살게 되었는데 음, 중매 결혼이지. 그곳에선 여자 혼자서는 살아갈 수 없잖아요? 먹을 것도 없고. 여자가 어딘가 나가서 일한다는 건 도저히 불가능했으니까. 그러니 어떻게든 여성은 시집을 가야만 했어요.

당시 그녀가 여동생 집에 살았냐고? 아니, 사실은 다른 이에게 시집을 갔었어. 가긴 했는데 상대가 이상한 놈이었어. 집사람을 아내로 여기지 않았지.

그 정도로 이상한 사내였어. 그래서 헤어졌어요. 내 처는 그래도 순정이 있어서, 그런 남편이라도 함께 살려고 고생을 각오한 여자였어요. 내가 함께 살아보니 정말 그런 여자였거든. 그런데 아이를 낳았는데도 밥을 주지 않았대. 나중에 보니 돈은 많이 있었다고 해.*(주74 방안 장판 밑에 많은 돈을 숨겨두었다고 한다) 그런 사내였지. 그러니 집사람의 부모가 어떻게든 이혼하라고 설득해서 겨우 이혼을 시킨 것이야. 또 그 사내가 하는 일이 도둑질이었거든. 도둑질이 전문이야, 응.

내 처는 전쟁이 끝난 후 그 사내와 결혼해서 그렇게 힘들게 살았지. 그러니 그녀도 고생을 많이 했어. 뭐, 다들 고생하긴 했지만. 그렇게 그 사내와의 사이에 아이가 하나 있었는데, 그 아이는 식을 올린 후 내가 데려왔어요. 데려오고 나니까 그 사내 쪽에서 이런저런 불평을 하더라고. 그러더니 아이를 데려가면 애 엄마가 따라오겠지 하고는 애를 데려갔단 말이지. 그런데 집사람이 따라가고 싶은 맘이 있었겠어? 그런 도둑놈이 혼자 아이를 제대로 돌봤을 리도 없지. 그러다 결국 아이는 점점 야위었고 병이 들어 죽고 말았어……. 어떻게 그런 짓을 하는지, 사람이 아니야. 그 사내의 고향이 한국의 전라남도라더군. 일본인이 아니라 조선인이야. 같은 조선 사람이라고.

결혼 직후(이희팔 씨는 28세, 아내 우스이 에이코 씨는 21세. 1950년, 오도마리 시에서)

그 사내가 친구들을 이끌고 우리 집에 쳐들어오겠다고 여러 번 얘기한 모양이야. 하지만 나도 친구들이 있었는걸? 그러니 그쪽도 고민했겠지? 싸움을 해봐야 승산이 없으니 결국 오진 않았지. 그걸로 끝이야. 그렇게 참 여러 가지로 힘들었어. 음, 여하튼 제대로 된 인간이 아니었던 것만은 확실해.

그녀와 내가 함께 살기 시작해서 그 후 60년간 잘 살았으니 다행이지. 덕분에 나도 일본으로 올 수 있었으니까. 아내의 과거가 어떠니, 그런 게 이제

와서 무슨 상관이야. 난 솔직하게 다 얘기하는걸. 어쨌든 사람은 살아가는 동안 온갖 일들을 겪잖아요. 음, 이 또한 전쟁 탓이랄까…….

아내는 일본인인데 전쟁이 끝난 후 왜 일찍 귀환선을 타지 않고 사할린에 남아있었냐고? 당시 내 처의 가족은 부모님과 3형제, 여동생까지 7명이 함께 살았지. 전쟁이 끝나고 일본인 귀환사업이 시작되었을 때였는데 집사람의 어머니가 시장에 나갔다가 여권을 잃어버리고 말았어. 여권 없이는 일본으로 가는 배를 탈 수 없거든. 소련 정부가 발행한 여권 말이야. 말도 통하지 않잖아? 뇌물을 쓰면 좀 더 빨리 재발급해주긴 했는데 그럴 돈도 없었으니까.

그렇게 우물쭈물하는 사이에 귀환사업이 거의 끝나가자 아버지가 3형제만 데리고 먼저 배를 탄 거야. 어머니 혼자 남겨둘 수 없으니까 딸 둘이 사할린에 같이 남은 것이고. 나중에 여권이 만들어졌을 때는 귀환사업이 중지돼서 갈 수 없었어. 배가 오지 않았으니까.

그렇게 어머니와 자매, 이렇게 여자 셋만 남게 되었는데, 여자들끼리 그곳에서 생활한다는 게 쉽지 않단 말이야. 먹고 살 수가 없잖아? 누가 보살펴 주겠어. 그러니 결국 딸들도 나이가 찼으니 시집을 가야 했고, 어머니도 누군가에게 시집을 가야 했어. 아직 젊었으니까, 마흔이었던가……. 어머니도 조선인 노인네와 함께 살게 되었고 아이도 낳았어요. 그래서 일본으로 귀환해 올 때 그 가족도 함께 배를 타고 온 거에요.

오호츠크해는 봄이 되면 3월 말 무렵부터 청어가 나오기 시작하거든. 아내와 결혼하고 첫아이가 태어난 봄이야. 다 함께 바다로 뭐든 채취하러 가자고 했지. 거기에 다시마는 얼마든지 있었으니까. 파도에 실려 해변으로 밀려와 썩은 다시마 냄새가 진동할 정도였어. 썰물 때가 되면 얕은 해안에서 미역도 딸 수 있어. 그래서 아내가 아이를 업고 바다로 나간 모양이야, 이웃 사람들과 함께 말이지. 그런데 그때 마침 청어 떼가 왔지. 청어를 맨손으로, 살아있는 녀석들을 손으로 붙잡아 이렇게 양동이에 정신없이 담았어. 그런데도 잇

달아 청어가 밀려오는 거야. 잡아서 양동이에 넣었는데도 힘이 어찌나 좋은 지 요동을 치며 밖으로 튀어나오지 뭐야. 그래서 아이를 업었던 끈을 풀어서 찢은 다음 거기에 청어를 꿰어서 집으로 갖고 왔어.*(주75 머리와 꼬리를 떼고 건조 시켰다고 한다.)

그런 일도 있었어요. 좀처럼 볼 수 없는 광경이에요. 그러다 며칠도 지나지 않아서 청어 떼 때문에 정치망이 찢어지고 말았어. 뭐, 청어 떼로 오도마리(코 르사코프) 해변이 온통 새하얗게 되었을 정도야. 그런 일은 정말 처음이었지.

한 척, 두 척, 세 척이나 되는 녀석까지 뭐, 해변이 청어 떼로 하얗게 뒤덮였 어. 그걸 전부 처리할 수가 없었지. 절반 정도나 처리했을까. 그 후로는 더 이 상…….

결국은 다시 파도가 밀려와서 전부 쓸어갔지 않았겠어? 그렇게 청어가 많 이 잡히는 곳이야. 거긴 원래 세계 3 대 어장 중 한 곳이지, 오호츠크해.

또 낡은 사택 같은 집이 있었는데, 예전에 일본의 도영都營주택처럼 한 지붕 아래 두 집이 살 수 있게 되어 있 어. 아내와 내가 처음 같이 살기 시작 했을 때도 거기 살았거든.

이웃들과 함께(오른쪽 끝이 이희팔 씨. 1954년 6월, 오도마리 시에서)

어느 날 소련 군인들이 왔었대. 음 집사람의 어머니가, 그분도 지금은 저세 상으로 떠나고 없지만. 자기 딸 에이코*(주76 우스이 에이코(碓井英子). 이희팔 씨의 일 본인 아내)를 숨겨야겠다는 생각에 천정으로 올라가라고 했나 봐. 음, 아버지는 이미 귀환선을 타고 떠나고 말았으니 집에는 남자가 없었지. 그래서 천정으 로 숨었는데, 옛날에는 위로 올라가 있을 수 있는 공간이 있었나 봐. 어머니 가 서둘러 딸을 올려보내려 했지만 높은 곳에 있는 작은 구멍으로 들어가야 했으니 생각만큼 쉽지 않았겠지. "빨리 올라가!"라는 말과 함께 어머니한테

다리를 물렸다는 얘기를 들은 적이 있어요. 어머니가 다리를 물어버린 거야. 빨리 올라가지 않으니까. 허허허.

아니, 정말일지도 몰라요. 함께 살 때 장모님한테도 그런 얘길 들은 적이 있거든. 그리고 이웃집에도 여자들이 살았는데 누군가 해산을 했던 모양이야. 산모의 부모도 이웃에 살았는데 아마 친정으로 딸이 출산하러 왔던 것 같다고 해.

그 집으로 군인들이 들어왔대. 음, 뭔가 물건을 내놓으라고 했겠지. 손목시계나 만년필, 그리고 옷감, 그런 것을 원했던 모양이야. 그리고 또 여자도 원했고. 그런데 그 집에서는 바로 전날 아이를 출산해서 지금 이런 상황이라 아무것도 없다고 하니까 그대로 가버렸대. 잘 살펴보면 언제 아이를 낳았는지 알 수 있었겠지. 음, 갓난아기도 있었으니 그걸 보고는 그냥 그대로 가버렸다고 하더군.

또 소련에는 여군도 있었거든. 여군도 남자를 강간한다는 거야. 그런 이야기도 들었어요. 도요하라(유즈노사할린스크)에서 그런 일이 있었다고 해. 여군도 뭐, 한 명이 강간하는 게 아니야. 말하자면 2, 3명이 모여서 말이야. 한 사람이 일을 마치면 또 한 사람이 달려들었으니 남자가 당해내지를 못해서 결국엔 그게 서지 않았다고 하더라고. 동양인은 어떤지 경험해 보고 싶은 호기심도 있었을 테고, 역시 군인들이라 규율이 있으니 그런 식으로 재미를 보는 건 허용되지 않았을 거라는 생각도 들고.

음, 거기서는 남녀평등이라는 말을 듣긴 했는데 그 얘긴 사실인지 거짓인지 내가 본 것이 아니니 진짜인지는 알 수 없어요.

## 귀환

내가 일본으로 일찍 귀환한 건 아내가 일본인이었기 때문이야. 1950년 4월 10일에 재혼하고 그 후 몇 년이 지났을까. 아마도 하토야마 이치로 총리 때가 아니었나 싶은데. 그때 하토야마 수상이 모스크바에 와서 일본인과 함께 살고 혼인관계인 사람은 외국인이라도 일본에 입국시킬 용의가 있다고 해서 1957년 8월부터 일본인과 결혼한 조선인도 귀환할 수 있었던 거에요.

그 하토야마 수상이 모스크바에 왔을 때 스탈린은 죽고 없어서 스탈린의 부하와 협의했어요. 처음에는 일본인의 귀환만 받아들이겠다고 했지. 그런데 소련 측이 '부부가 된 이들인데 자국민만 데려가면 현재 함께 사는 배우자는 어떻게 할 셈인가?' '부부를 갈라놓으면서까지 일본인만 데리고 간다니, 그런 비인도적인 일은 소련은 하지 않겠다'라고 한 거야.

중국에서도 그런 일이 있었잖아요. 일본인 이산가족 문제였지요? 그게 사실인지 아닌지, 일본 측에서 여러 조사를 한 적이 있잖아요? 그때도 마찬가지였어. 일본은 자국민을 데려가면서도 경비는 당신네, 중국 측이 부담하라고 하니까 모택동이 '더 이상 할 얘기가 없다. 그 사람들은 우리가 먹여 살릴 테니까 당신들은 그만 돌아가라'라고 거절했어요. 왜냐고? 자국민을 데려가는데 비용도 내지 않고 공짜로 데려가겠다니, 그렇게 쩨쩨하고 비인간적인 짓을 중국은 용납할 수 없다고. 그렇게 거절당하고 나서 나중에야 사과한 후 '교통비는 전부 일본 쪽에서 부담한다' 약속하고 일본으로 데려갈 수 있었잖아요? 그거랑 마찬가지야.

일본에서는 소련을 거짓말쟁이니, 비인간적이라니 그런 식으로 나쁘게 말해요. 예전에 내가 심상소학교에 다닐 때 그 N교장선생도 러시아인을 그다지 좋게 말하지 않았어. 순전히 거짓말만 한다며……. 하지만 사실은 그렇지 않아요.

그러다 우리 집에도 드디어 소련 정부로부터 귀환 통지가 왔어요. 1957년 12월 14일인가, 17일 무렵에 허가가 떨어졌어. 약 2주간, 2주는 그래도 나은 편이야. 회사를 퇴직하려면 여기저기에 있는 회사의 본사와 지사에 직접 가서 모두 증명서를 받아야 했으니까.*(주77 이희팔 씨가 근무한 베츠스나부社는 맥주와 과자를 만드는 회사의 중계소 같은 회사로 도요하라, 오도마리를 비롯해 北사할린에도 지사가 있었다. 퇴직할 때는 본사나 지사에서 '대여한 물품이 없다'라는 증명서를 받아야 했다.)

그게 굉장히 힘들어요. 하다못해 차가 있는 것도 아니고 모두 버스로 다녀야 하거든. 그걸 전부 받아서 퇴직 증명서를 제출하지 않으면 회계처리가 안되거든. 그래서 모두 받아서 제출했는데, 그보다 일주일인가 열흘 전쯤에 우체국 국장이 집에 찾아왔어요. "이희팔, 도부레이, 도부레이."*(주78 добрый 축하한다) 하는 거야. 무슨 일인지 물으니까 추첨식 저금을 한 게 당첨이 되어서 적립금의 50%를 받게 된 걸 알려주려고 왔던 거야. 그 당시 내가 약 2,000루블을 저금해 두었거든. 그렇다면 50%이니까 1,000루블을 당첨금으로 받는 거지. 그러니 생각지도 못한 돈이 들어온 거야.

셋째 아이가 태어난 지 4개월 되었을 때 귀환했는데 옷이니, 옷감이니, 재봉틀까지 샀지. 그 재봉틀로 기저귀를 50장쯤 만들었어요. 여하튼 배를 타고 가는 동안 기저귀를 빨지 않아도 되었는데, 혹시 아이가 대변을 보면 버리고 새 기저귀를 쓰려고 계획했거든. 그 돈으로 그것들을 마련해서 일본에 귀환할 수 있었으니 다행이었지.

저금한 돈의 50%나 당첨금으로 받아서 정말 큰 도움이 되었고, 기저귀도 별로 많이 쓰지 않고 무사히 도착했으니까 모든 게 잘 풀린 거야. 다만 그 회사 사장님한테 편지조차 보내지 못한 것이 지금까지도 후회되고, 정말 최악이었다는 생각이 들어요.*(주79 일본에 도착한 후 무사히 귀환했다는 편지를 사장에게 보냈어야 했다며 크게 후회했다.)

그렇게 귀환하기 전에 사장이 우리 집에 찾아와서 내가 거울과 잠옷을 드렸어요. 비단으로 만든 잠옷은 그곳에서는 좀처럼 살 수 없었지. 그다지 비싸지도 않은데 살 수가 없어. 질이 좋은 물건들은 남아있지 않았거든.

양복 옷감도 좋은 것은 입하되자마자 이내 팔려나가고 말았으니까. 그래서 라디오도 가장 최신 제품으로 사 왔는데, 일본에 오니까 라디오가 작아도 소리가 잘 나오더라고. 러시아 라디오는 큼지막한 것이었거든. 철제 침대도 갖고 왔다니까.*(주80 철제 스프링이 들어간 침대는 소련에서 처음 샀다. 일본에서도 당시 귀한 물건이었는데 일본에 와서 살게 된 주택이 좁아서였는지 아무 의논도 없이 아내가 고물상에 그냥 줘버렸다고 한다.)

그것도 그 사장님한테 줬으면 좋아했을 텐데. 일본에는 아무것도 없을 거라 해서 침대까지 갖고 왔단 말이지. 전부 일본 정부에서 운반해 준 거야. 난, 손 하나 까딱 안 했어요. 귀환 장소에 물건들이 무사히 잘 도착했거든. 음, 그런 면에서는 일본 정부가 잘 해줬어.

그렇게 1,500명 정도가 함께 일본으로 왔어요. 아내가 일본인이거나, 본인이 일본인이 아니면 귀환하지 못했으니까. 그러니 사할린에 남은 조선인들이 내게 간곡히 부탁한 거예요. 운동 같은 걸 펼쳐서 자기들도 우리처럼 돌아갈 수 있게 해달라고, 눈물까지 흘리면서 말이야. 어떻게 해서든 돌아가고 싶었으니까. 가게만 해준다면 팬티 한 장만 입고도 가겠다고 다들 이야기했거든. 돈 같은 건 아무도 말하지 않았어.

돌아간다는 건, 한국으로 가고 싶다는 얘기였지. 내가 한국으로 가지 않고 이곳 일본에 남은 이유는 음, 집사람을 생각해서야. 여러 사람에게 얘기를 들어서 한국의 형편이 일본보다 좋지 않다는 것도 어느 정도 알고 있었고. 난 사할린에 있을 때부터 라디오로 정확한 소식을 듣고 있었어요.

한국전쟁이 1950년 6월 25일경에 시작된다는 것을 난 이미 7개월 전에 알고 있었거든. NHK라디오를 듣고 알았어요.*(주81 스탈린이 사망(1953년 3월 5일)했을 때도 소련 국민은 곧바로 알지 못했다. 2일 정도 지나 '스탈린이 이틀 전에 죽었어요.' 하니까 사장이 깊은 한숨을 쉬며 '외국인이 알고 있는 것을 난 소련 공산당원인데도 몰랐다. 다른 나라 사람이 가르쳐주다니 한심하다'라고 말했다. 한국전쟁 발발도 NHK라디오를 듣고 알게 되었는데 듣자마자 곧바로 얘기하면 스파이로 여길지 몰라 이틀 정도 지난 후에야 작업 현장에서 말했다고 한다.)

내가 꾸며낸 얘기가 아니야. 아나운서가 6월경에는 북에서 공격해 내려갈 거라고, 분명히 말했거든. 그래서 난 일본은 전쟁에서 졌는데도 어떻게 다른 나라 사정을 그토록 잘 알고 있을까 생각했어요. 그리고 6월에 들어선 다음엔 한동안 아무런 이야기도 없었고 라디오에서도 그런 얘긴 하지 않았어. 20일 무렵에도 아무 얘기가 없어서 내가 그 이야기를 현장에 있는 러시아인 책임자들에게 말한 적도 있어요, 들은 대로 말이야. "얼마 전에 내가 전쟁이

날 거라고 했던 말은 아마 사실이 아닐지도……." 그런데 25일에 작업 현장에서 돌아와 라디오 스위치를 켰더니 전쟁이 시작됐다고 하는 거야. 그래서 난 이틀 정도는 작업 현장에 나가서도 아무 소리도 안 했어요. 그렇게 이틀이 지난 후에야 "역시 틀림없이 전쟁이 일어났어요!"라고 말했지. 그랬더니 그곳 책임자가 "자네, 어떻게 그걸 알았나?" 하더군. "저는 일본의 라디오를 듣고 알았어요." 하고 말했지.

솔직히 뭐 숨길 게 아무것도 없으니까. 그리고 난 사장에게도 말했다시피 전쟁이 난 게 사실이란 걸 믿지 않았거든. "일본 방송에서, NHK방송에서 그런 이야기를 했어요."라고 하니까 거기 창고의 책임자가 "오늘 아침, 나도 들었어요."라고 말했지. 그 사람은 소련의 라디오방송에서 들었다고 하더군. 그래서 "난 그저께 들었어요."라고 했어. "그저께, 전쟁이 시작됐다니까요." 하니까 다들 깜짝 놀랐지.

그렇게 한참 지나서야 어디까지 밀고 내려갔느니, 뭐니 다들 얘기하더군. <레닌의 길> 신문에는 결국 부산 근처까지 내려간 것도 보도되었으니까. 내 고향도 북에 적화되는 것 아닐까 생각했는데, 결국에는 미군이 인천으로 상륙했잖아요?

나도 미군이 상륙했던 곳에 가 보았어요. 딱 한 번이지만 말이야. 조카가 거기에 살아서 나를 그곳에 데려가 주었거든. 가 보니 동상도 여럿 있었고, 기념비도 세워져 있고, 이런저런 것들이 많이 만들어져 있었어. 사할린에 있던 조선인들은 북조선 측에서 징병하거나 헌금을 내라든가 그런 일은 전혀 없었지.

그렇게 당첨금을 받고 얼마 안 돼서 귀환 명령이 나왔잖아? 눈코 뜰 새가 없었어. 가져갈 물건들을 사야 했으니까. 돈은 있었으니 챙겨갈 것들을 사느라 바빴어, 내가 사고 싶은 물건이 상점에 제대로 갖춰있는 게 아니었으니까.

여러 가지를 전부 새것으로 샀어요. 라디오는 큼지막한 것으로 새로 샀고, 양복, 오버코트, 전부 새로 샀지. 그런데 사할린에서 새로 산 것들을 일본에 와서 아내가 전부 다 고물상에 처분해버렸지.*(주82 어느 날, 일을 마치고 집에 돌아와 보니 아내가 모두 처분해 버리고 남아있지 않았다. 오버코트는 1,000루블 이상 줬는데 일본의 코트와 비교해 디자인도 옷감도 좋지 않았다.)

음, 이미 버린 것을 화를 내봐야 소용이 없었지. 사할린에서 오버를 새로 샀는데 한 번도 입지 않은 걸 버렸어. 그 오버의 칼라가 말이야, 요술칼라라고 하는데, 어미 양의 배에 든 새끼 양의 가죽으로 만든 칼라야. 아주 정교한데, 이런 모양으로 둥글게 말려 있거든. 일본에서도 그때는 어지간한 인간이 아니면 그런 칼라가 달린 오버는 입지 않았지. 여우니, 뭐니 그런 모피를 입은 부인은 있었어도 남자가 그런 요술칼라가 달린 옷을 입는 일은 좀처럼 없었거든. 그러니 그 칼라를 떼서 팔았어도 일본에서 충분히 좋은 새 오버를 살 만한 돈이 되었을 텐데, 아내가 그걸 죄다 공짜로 줘버리고 말았어. 뭐, 다른 옷들도 전부 말이야.

애들 옷도, 오버도, 슈바*(주83 шуба 모피코트)까지. 슈바는 속은 털이고 겉은 가죽인데 사할린에서는 돈이 없어서 사지 못했던 거야. 그래서 내가 그것도 전부 새것으로 사들여 일본까지 갖고 온 거야. 그리고 반출금은 호주는 250루블, 가족은 200루블, 아이는 100루블이었나. 그런 식으로 모두 할당이 되어 있었어. 일본에 온 다음 환전했더니 일본 돈으로 전부 6만 엔 정도 되었을 거야.*(주84 귀환선 안에서 환전했다고 한다. 일본에 왔을 때 돈이 부족해서 곤란하지는 않았다고 한다.)

마오카(홈스크)에 귀환자 수용소가 있었어요. 그 수용소에 들어갔을 때 장남이 6살, 차남이 5살이었어. 음, 사할린에 있을 땐 큰아들이 6살이 되었는데도 말을 못 했어. 그도 그럴 것이, 내가 이야기할 때는 내 입을 빤히 쳐다보고, 또 아내가 이야기하면 아내의 입을 이렇게 빤히 보는 거야. 결국 뭔가 뭔지 알 수 없었던 거지. 내가 러시아어도 썼다가 조선말도 썼다가 일본어도 썼다가, 한 번에 3개국 말을 이것저것 섞어 쓰니까 어느 것이 진짜인지 몰랐던 거야, 말하자면. 그러니 입만 빤히 쳐다볼 수밖에. 결국에는 처음 입 밖으로 나온 말이 조선말이야. 왜냐하면 이웃에도 아이들이 있었으니까. 즉, 그 아이들과 놀았기 때문에 조선말을 배운 거지. 조선말을 말하기 시작했어요. 이웃에 있는 아이들은 조선어를 곧잘 했으니까, 오도마리(코르사코프)에 있을 때야.

남 씨, 집사람 여동생의 남편인 남명진 씨는 나중에 들어보니 돈이 없어서 고생했다고 하더군. 사할린에서 갖고 나올 돈도 없었던 것 같아. 내가 그때 돈을 조금이라도 나눠줬으면 좋았을걸. 500루블 정도라도 줬으면 좋았을 텐데. 난 그래도 그때는 돈이 좀 있었으니까. 그랬으면 좋았을 것을, 내가 나빴어. 한 푼도 주지 않았거든. 아내도 주라고도 주지 말라고도 안 했어요. 돈은 내 맘대로 쓸 수 없어요. 아내가 눈을 똑바로 뜨고 지켜보았으니까.

아내와 함께 그 사람의 사정을 듣게 되었는데, 아내가 돈을 주라고도 하지 않고 주지 말라고도 안 하더군. 아무 말도 하지 않고 가만히 있었는데, 그런 상황이라 그 사람이 힘들었던 것 같아. 말하자면 내가 그때 그럴만한 능력이 있었는데도 도와주지 못한 것이, 음, 상식적으로 말해서 잘못한 일이죠.

그렇게 귀환하기 1, 2개월 전에 남 씨에게 무슨 일이 벌어졌냐면, 그 집 아이가 교통사고로 죽고 말았어. 사내아이가 셋 있었는데 막내였던 셋째가 아장아장 걸음걸이를 할 무렵에, 말도 조금씩 했었지 아마도.

그 무렵에 교통사고로 막내 아이를 잃고 말았어. 그 때문에 남 씨는 머리가 이상해지고 말았지. 원래도 얌전한 사람이라 자기 심정도 제대로 털어놓지 못하는 사람이었거든. 그런 사람이었는데, 곧 귀환해야 하잖아요? 귀환하는 건 좋지만 돈이 없잖아? 이러지도 저러지도 못하고 혼란스러워하다 결국 정신을 놓아버리고 신경쇠약에 걸리고 만 거야.

지금 이 얘기는 솔직히 아내가 살아 있었다면 못하는 얘기에요. 절대로 말하지 말라고, 입 밖으로 꺼내지도 말라고 했으니까. 그러니 나도 그다지 좋은 얘기도 아니고 지금까지는 누구한테도 말하지 않았거든, 정말 아무에게도 안 했어. 이 얘긴 지금 처음으로 하는 얘기야. 그럴만한 상황이 있었거든.

그 사람이 함께 귀환한 것 아니냐고? 사실, 일본에 함께 오지 못했어요. 배에는 탔었지. 배에 타고 출발해서, 출발한 지 얼마 되지 않아서, 일본해(동해)를 건너고 있을 무렵이 아닌가 싶어요. 바다에 빠져 죽고 말았어. 바다에 뛰어들어 죽고 만 거야.*(주85 승선한 당일 밤에 자살했다고 한다. 이희팔 씨는 다음날 그 사실을 알았다고 한다.)

배에 타기 전날 밤에, 마오카(홈스크)의 수용소에서도 사람들이 많은 곳에서 난리가 벌어졌다고 해. 뭐, 말도 못 할 정도로 싸움이 있었나 봐요, 남 씨가 흥분해서.

음, 이미 제정신이 아니었으니 본심이 아니었을 거야. 그래도 배에는 겨우 타긴 했는데, 결국은 어떻게 해서 죽었는지, 언제 누구랑 뭘 했는지, 나중에 물에 빠져 죽었다는 얘기만…….

그 사건 때문에 배가 잠시 후진해서 그 주변을 한 바퀴 빙 돌았다는 얘길 듣긴 했어요. 음, 난 멀미 때문에 정신이 없어서 정말로 배가 그렇게 돌았는지 어쨌는지, 그것도 모르겠어. 여하튼 그렇게 그는 일본해에서 죽고 말았어요. 그걸로 끝이야.

일본에 오고 싶지 않았던 것 아니냐고? 뭐, 오고 싶지 않다거나 그런 문제가 아니야. 정신을 놓아버리고 말았으니까. 그렇지 않았으면 떠나기 전날 수용소에서 그렇게 날뛰지도 않았겠지. 그냥 막 식칼을 들고 휘두르기도 하고 굉장했다고 하니까. 다들 그날 밤에 뭐 정신이 없었다고들 했는데, 나는 다른 곳에서 자고 있었으니 전혀 몰랐지.*(주86 남명진 씨는 도요하라(유즈노사할린스크)에서 온 가족용 숙소, 이희팔 씨는 오도마리(코르사코프)에서 온 가족용 숙소에 묵었다고 한다.)

배에 함께 타긴 했지만, 나중에 처제가 자기 언니에게 그 얘길 해줬나 봐요. 그래서 언니가, 내 처가 얘기해줘서 나도 그런 일이 일어난 걸 알게 됐어요. 다른 사람은 아무도 나한테 얘기해주는 이가 없었어. 그렇게 일본으로 귀환해 온 다음에 처제는 센다이仙台로 가게 됐는데 모자보호소로 들어갔어요.

# 3. 일본에서

## 마이즈루舞鶴로 귀환, 도쿄東京에 정착

귀환할 때도 많은 일들이 있었어요. 사할린에서 남편이 죽어 혼자된 일본인 부인이 있었는데, 그 여성에게 일본으로 갈 때까지만 부부가 되어 달라고, 일본에 도착하면 헤어져도 좋다는 약속을 한 조선인이 있었지요. 그 때문에 사할린에 있을 때 돈도 주고 이것저것 보살펴 주었을 거예요. 그렇게 일본까지 무사히 왔으면 좋았을 것을, 배에 타고 나니 이젠 됐다 싶었는지 들떠서 여기저기 친구들한테 떠벌린 거예요. 그 얘기가 일본인 선원의 귀에 들어가 조사받았는데 자초지종을 들어보니 실제로 그런 약속을 하고 왔다는 것이 밝혀져 배에서 강제로 하선을 당하고 말았어.

또 어떤 이는 일본인으로 속여 탑승수속을 했는데 배에 타기 전에 밀고를 당한 일도 있었지. 그 후 그 조선인은 러시아인이 어딘가로 데려갔다고 했던가, 온갖 얘기가 들렸어요. 실제로 내가 본 것은 아니지만 그런 소문이 돌았어요. 그런 소문이 공연히 나돌 이유가 없으니까 있을법한 이야기죠. 음, 여하튼 사할린에 있는 사람은 모두 고향으로 돌아가고 싶어 했어요. 누구 하나 빠짐없이. 조금 형편이 나은 사람도, 가난한 사람도, 무조건 고향에 돌아가고 싶다고 했어. 그러니 억류 생활이란 걸 체험해보지 않으면 알 수 없어요. 일본 속담에 '고향은 먼 곳에 있기에 그립기만 하구나'라는 말이랑 똑같은 거예요.

가족 구성원 중에 호주는 250루블을 달러로 바꿀 수가 있었는데, 나는 그 이상으로 돈을 갖고 있었어요. 그러니 옷도 사고 여러 가지 물건들을 샀지. 사지 않아도 될 물건까지도……. 그것들을 일본에 가져올 수 있어서 다행이었어. 사실 나는 오토바이를 사 오고 싶었거든. 사할린에서 오토바이 한 대를 사 와서 돈을 벌었다는 어떤 이의 얘기를 슬쩍 들은 적이 있거든. 그런데 오토바이를 사면 다른 물건을 살 수 없으니까 그래서 포기하고 사지 않았어. 250cc이었나. 아주 좋았지. 일본에도 그런 오토바이는 아직 없었으니까. 3,200루블 정도 했을 거야. 꽤 비싸죠. 그 오토바이를 사서 일본에서 40만 엔에 팔았다고 했던가. 그런 얘길 들었거든. 그래서 오토바이를 사려고 한 거야. 그 당시 40만 엔이면 집을 두 채 정도 살 수 있었을 걸.*(주1 당시 집 한 채에 21~22만 엔이었다고 한다) 얼마든지 근사한 집을 살 수 있었지. 우리가 귀환했을 당시에는 땅 한 평에 2,000엔이었으니까.

귀환선은 코안마루興安丸와 하쿠산마루白山丸라는 큰 배였는데, 각각 3차례씩 총 6번밖에는 기회가 없었어. 그 후로는 몇 번인가 소수 인원으로 배를 타고 온 사람이 있었죠. 우리는 세 번째로 온 하쿠산마루를 탔어요. 코안마루가 맨 처음이고 하쿠산마루는 그 후에 들어왔어요. 나는 아내와 아이들 셋, 나까지 포함해 5인 가족. 그렇게 우리가 탄 배가 아오모리靑森 앞바다에 도착했는데 그때 거기서 사과 한 개였나 두 개였나, 그걸 받았어. 배가 아오모리 항구에는 입항하지 않았어. 음, 귀환자들을 태울 배가 따로 온다고 해서 우리가 탄 배는 앞바다에서 기다렸을 거예요. 그리고 아오모리에서도 배가 왔는데 항구에서 봤어. 음, 고생들 많았다고 인사를 건네면서 선물로 사과를 줬거든. 아오모리는 사과가 유명하잖아. 1월이었으니까 아직 사과가 있을 때였고.

환전은 마이즈루舞鶴에서 했어요. 그리고 아내가 일본인이라서 액면가 10만 엔짜리 국채를 1장 받았지. 10만 엔이야. 그 국채는 한 번에 전액을 주는 것이 아니라 1년에 1만 엔씩만 받을 수 있었어. 10년이 지나면 전액을 다 받게 되는 그런 채권이지. 그런데 어느 날 집사람의 아버지가 찾아온 거예요. 와서는 그 채권을 달라고 해서 그러겠다고 하고는 드렸어, 집사람 아버지한테 말이지. 그러니 난 장인한테도 손해를 보게 하진 않았어요.

마이즈루에 상륙한 후에 일본의 지방으로 간 사람은 대부분 배우자와 헤어지고 말았어. 차별이 심할 때였으니까. 처음에는 무사히 돌아와서 고맙다고 하지만 며칠도 지나지 않아서, 일주일도 안 되어서 '저 조선 놈이…'라는 소릴 듣게 되니까 그렇게 거의 헤어진 사람이 많아요. 시대가 그런 시대였거든.

사할린에서 나온 것이 1957년 12월 30일인가, 31일에 배를 탔을 거야. 그리고 마이즈루에 도착한 것이 1월 4일인가 5일쯤……. 히노마루(일장기)가 굉장히 많이 보였어. 배에 타고 온 누군가가 설사를 하는 바람에 그걸 조사하느라 입국이 일주일 연기됐었지. 입국한 날짜는 1958년 1월 14일인데, 그 전에 배는 이미 항구에 도착해 있었거든. 입국 서류를 작성한 것이 14일이고, 15일인가 16일에 도쿄로 왔을 거예요.

그렇게 마이즈루에 도착한 후 배 안에서 다들 어디로 갈지 행선지를 정할 때였는데 집사람의 고향이 센다이仙台였으니까 그곳으로 정했어요. 그러니 아내도 다른 이들에게 센다이에 가기로 했다고 했을 거야. 솔직히 나는 한국으로 가고 싶었어. 그런데 한국은 일본보다 생활 수준이 낮다는 걸 이전부터 알고 있었고, 아마 전쟁이 끝난 그때도 그리 좋은 형편은 아닐 것 같아서 고생스러울 것 같았지. 그리고 그 당시 일본에는 '생활보호법'이라는 것이 있어서 생활보호를 받게 되면 어떻게든 살 수는 있을 것 같았지. 사할린에서 출발할 때는 일본에 귀환자 숙소가 있다는 걸 전혀 몰랐으니까.

음, 여하튼 일본으로 가기만 하면 다리 밑이든 어디든 판자나 비닐 같은 걸 주워 와서 비라도 피할 수 있게 하자. 아내와 아이들은 거기서 지내게 하고 나는 무슨 일이라도 좋으니 일만 할 수 있다면 먹고 살 수 있지 않을까, 그런 각오였지. 사할린에서 나올 때는 귀환자 숙소가 있는 건 전혀 생각지도 못했거든. 음, 어디 다리 밑이나 공원 옆이라도, 요즘 세상의 노숙자처럼……. 이미 노숙자였으니까. 그렇게 지내면서 내가 어떻게든 일해서 아이들을 먹여 살려야겠다고 생각했지. 사할린에 있을 때 돈은 좀 있었으니 그걸로 전부 새 살림들을 마련했어. 그때 한국으로 가려고 맘만 먹었으면 갔을 거예요. 그런데 그 당시는 한국도 가난했고 옛날과 별로 다르지 않았어. 가족 5명이 그곳에 가서 어디서 어떻게 살 수 있겠어요? 아무리 생각해도 자신이 없어서 일단은 일본에 남아 생활보호를 받으면 어떻게든 살아남을 수 있을 것 같아서…….

일본 외무성에서는 나를 귀화시키라고, 내게 직접 말하지는 않았는데 집사람한테는 말한 것 같아.*(주2 당시 곰곰이 생각해 봤지만, 일본으로 귀화하면 사할린에 남은 동포들을 도울 수 없게 될 것 같았다고 한다) 귀환한 후 곧바로 이런저런 조사를 받았을 때 일이야.

집사람의 어머니도 센다이로 가겠다고 하고 우리도 센다이로 가려 했으니까 음, 같은 곳으로 가게 될 상황이었지. 그런데 갑자기 이곳 도쿄에 정착하게 된 이유는 나중에 모임의 부회장을 맡았던 심계섭 씨 덕분이에요.

내가 오도마리(코르사코프)에 있을 때 그의 얼굴도 알고 이름도 알고 있었거든. 그 사람은 난케이초楠溪町에서 시계를 고치는 일을 했어. 난케이초에는 같은 고향 사람이 있어서 이따금 놀러 가곤 했거든. 그곳을 오가는 동안에 내 얼굴과 이름을 심계섭 씨가 기억했던 것이지.

심계섭 씨는 나보다 반년 정도 먼저 일본으로 귀환했거든. 그 사람은 신문도 별로 보지 않았는데 귀환자들에 관한 일은 신경을 쓰고 있었던 거야. 사할린에 우리 동포가 아직도 많이 있다는 것을, 그리고 그 사람들을 어떻게든 도와야 하는데 자신은 그럴만한 능력도 없고, 각오도 없었고, 학교도 안 다녔으니까. 그런데도 마음만은 누구한테도 지지 않는 그런 성품이었어요. 그러다 우리가 일본에 온다는 얘길 듣게 된 거지. 라디오에서 방송한 내용은 신문에도 실렸으니까, 귀환자들의 이야기가 실렸어요. 그래서 알게 된 것 아닐까. 그렇게 마이즈루까지 그가 마중을 온 거예요. 마이즈루에서 만났을 때 내게 묻더라고, 어느 쪽으로 갈 생각이냐고.

나는 집사람 고향이 센다이라서 그곳으로 갈 생각이다. 그랬더니 심계섭 씨가 그건 안 된다는 거야. 센다이에 가는 건 좋지만 일본인들이 처음에는 '어쨌든 고생 많았다' 하면서 2~3일 정도는 괜찮다고 해요. 그 이상 지나면 조선인 사내는 결국 이혼당하고 쫓겨나는 비참한 꼴을 당할 거라고. 또 경제적으로 따져 봐도 도시로 가는 편이 낫다고도 했어. 그래서 자기도 도쿄로 간 것이라고 해. 도쿄 쪽이 낫다는 것은 음, 소문으로 듣기도 했었지.

그 사람은 배운 것은 없지만 그런 방면에는 수단이 아주 좋았어. 글자도 잘 모르는데 어딜 가든지 역도 아주 잘 찾아갔지. 일하러 갈 때, 막노동 일을 나갈 때는 매번 현장이 바뀌었으니까. 처음에 내가 일을 나갈 땐 어떤 전차를 타고 어디에서 내려야 하는지 전혀 몰랐어요. 그런데 그 사람은 아주 잘 알고 있었지. 그가 일본으로 귀환한 지 채 반년이 될까 말까 할 때였거든. 1957년 8월에 왔으니까.

그러다 나를 마중하러 온 거였어요. 아직 늦지 않았으니 지금 바로 접수창구에 가면 행선지를 바꿀 수 있지 않겠냐고 하기에 나도 그 사람 말만 듣고 도쿄 쪽 담당자를 찾아갔어요. "사실은 센다이로 간다고 했습니다만, 생각을 바꿔서 도쿄로 가기로 했으니 부탁 좀 하겠습니다." 하고 말했더니 "예, 그러지요." 하고 곧바로 접수해 주었어. '아아, 다행이다.' 그렇게 도쿄행 배지를 달고 내 자리로 돌아왔지. 행선지를 바꾼 걸 집사람과 의논했냐고? 아니, 얘기 안 했어. 집사람한테도 말 안 했지. 그냥 내 마음대로…… 그런 걸 의논할 여유가 없었어, 시간이 없었거든. 다른 이들의 친척들은 여러 명이 마이즈루로 마중을 왔는데 센다이에 있는 집사람의 친척은 안 왔거든. 아무도 오지 않았어요.

여하튼 도쿄로 가야겠다 싶었어. 사람이 태어나면 도시로, 짐승이 태어나면 깊은 산으로 보내라는 속담을 어릴 때 시골에서 들은 적이 있거든. 그때가 바로 지금이라 생각했지. 그리고 의외로 쉽게 행선지 변경신청을 받아주었어. 또 센다이 시에서 주는 과자와 선물도 조금 받았어요. 행선지를 바꿨으니 그걸 돌려줘야 하냐고 내가 물으니까 안 돌려줘도 된다고 도쿄 방면 담당자가 그러더라고. 센다이 시에서 귀환자를 환영하는 의미로 준 기념품이었지. 물론 센다이 시에서도 담당자는 와 있었어.

그렇게 심계섭 씨와 얘기를 나누고 있는데 박노학 씨가, 나중에 모임의 회장을 오랫동안 했던 그 사람이 우리가 있는 자리로 왔어요. 나를 이렇게 보더니 도쿄행 배지를 달고 있으니까, "이희팔 씨, 어떻게 된 거야?" 하고 물었지. 사실 이런저런 이유로 그렇게 됐다고. 그 자리엔 심계섭 씨도 있었으니 그도 똑같은 말을 했지. "지금 빨리 도쿄 담당자한테 가서 부탁해 봐요. 방금 나도 행선지를 바꾸고 왔거든요." 하니까 박노학 씨도 바로 갔지. 그리고 얘길 했더니 그 자리에서 나처럼 OK를 받았어. 그 후에 또 누군가가 갔던 모양인데 더 이상 안 된다고 했대. 그렇게 해서 박노학 씨랑 둘이서 도쿄로 오게 된 거야. 그걸로 우린 만족했어요. 왜 그랬는지 모르겠지만 우리 셋이, 심계섭 씨도 도쿄에 가 있었고 우리 둘도 도쿄로 가게 됐으니 그걸로 됐다 싶었어요. 사할린에 남은 동포들을 돕기 위해선 사람이 필요했고 일을 할 사람이 있어야 했으니까.

귀환할 당시 국적? 집사람은 일본인이죠. 나와 아이들은 무국적이었고. 도쿄로 와서 아이들의 출생신고를 했어. 소련에서 출생신고를 한 서류를 갖고 왔는데 그런 건 필요 없다고 하더라고, 참 웃기는 일이야. 내가 아이들 출생신고를 할 때 국적은 일본국적으로 해야겠다고 마음먹었거든. 그건 내 생각이었지. 그렇게 아이들의 호적을 만들게 되었어. 그런데 나는 혼인신고가 아주 늦어졌어요. 왜냐하면 내가 조선에서 이미 결혼한 상태여서 본처가 아직 호적에 들어 있었으니까 혼인신고가 불가능했지. 나중에 내가 한국에 가서 이혼 절차를 전부 마친 후에야 혼인신고를 할 수 있었거든. 그 때문에 호적을 보면 이상하지.

아이들은 어떻게 되었냐고? 애들은 집사람이 낳은 애들이니까 다행이었지. 다만 혼인신고를 할 수 없었을 뿐이야. 음, 이중 혼인신고는 안 되니까. 조선에서 가라후토(사할린)로 가기 1년 전쯤에 내가 결혼했으니 가족 5명 중에 나만 조선인으로 되어 있었어. 일본에 와서 운전수가 되려고 자동차 면허를 취득했는데, 면허증을 보니 조선인이라고 적혀 있는 거야……. 아니, 나는 (북)조선인이 아니다, 김일성을 받드는 그런 인간이 아니라고 하니까 다시 한국으로 고쳐주었지. 사할린 재판 때*(주3 1975년 12월에 도쿄 지방법원에 제소한 <제1차 사할린 재판>)는 이미 한국 국적으로 바꾼 후였어.

집사람의 어머니는 일본으로 귀환 후 84세에 돌아가셨던가. 센다이仙台로 가보니 우리가 지내려고 했던 집이 시영주택이더군. 장모가 대신 그 주택에서 살았지. 또 함께 온 장모의 조선인 남편은 오래 살지 못하고 일본으로 온후 얼마 안 되어 죽고 말았어. 남편이 죽고 말았으니 장모님이 전남편에게 돌아갈 수도 있었는데, 전남편은 이미 10년 전에 일본에 와서 다른 여자와 결혼한 상태였어. 그러니 그 집으로 돌아가는 것도 쉽지 않았지. 인간사 새옹지마랄까, 참 이런저런 사연이 많아……. 10년 이상 세월이 흘러 떨어져 있는 사이에 두 분 다 재혼한 거야.

집사람이 장인에게는 그다지 돈을 보내지 않았는데 장모한테는 용돈을 적잖이 보내주었어. 나는 돈도 별로 없었는데 집사람은 얼마든지 드리더라고. 내게는 "당신이 한 푼도 안 주잖아요."라고 했는데, 집사람이 주는데 나까지 그럴 여유가 어디 있나 싶어서 주지 않았어. 나중에 생각해 보니 역시 나도 조금은 드렸어야 했어요. 촌에서 사는 이들의 형편과 도쿄에 와서 일하며 사는 내 형편을 보면 어느 정도 차이가 났으니까. 그리고 시골에는 일거리가 별로 없잖아요? 시골 출신의 귀환자들이 다들 도쿄로 일거리를 찾아왔으니까.

집사람의 어머니는 일본으로 와서도 고생하셨지. 같이 온 남편은 일도 할 수 없는 데다 음, 생활보호를 받아야 했으니 그다지 편안한 처지가 아니었죠. 그리고 장모가 무슨 병으로 몸져누운 적이 있던 것 같은데 그땐 나도 멀리 떨어져 있어서 장모님을 보살필 수 없었어. 어쩔 수 없이 이곳 도쿄에서 막노동을 해야 했고, 그마저도 집에서 다닌 것이 아니라 함바 생활이라 생각만큼 보살펴드릴 수가 없었지. 그래서 장모가 고생이 많았죠. 그 당시 장모는 전남편이 한 번이라도 찾아와 얼굴을 보여주었다면 돌아갈 마음도 있었다고 해. 몸져누워 지내는데 한 번도 오지 않았다고 하더라고.

장모와 집사람은 늘 전화 통화를 했어요. 항상 전화료가 한 달에 1만 엔이 넘었어. 3만 엔이 나온 적도 있었으니까. 그래서 내가 아내한테 자주 말했지. "통화도 좀 적당히 해. 내 월급이 얼마인지 생각해 달라고." 하고 잔소리하니까 "나는 그게 유일하게 사는 보람이라니까요." 하고 대꾸하더라고. 그 마음도 모르는 것은 아니지만…….

음, 일본으로 귀환한 후 그렇게 살았어요. 나도 집사람의 어머니 집에는 여러 번 갔어요. 둘째 딸 집에서 노후를 보내셨는데 내가 거기 가면 둘째 딸한테 "오늘은 좀 색다른 반찬을 만들어라." 하고 속삭이는 소릴 듣곤 했지. 역시 자기 딸의 남편이라 그랬을 거야. 한국에서도 그렇거든. 사위가 오면 평소보다 맛있는 음식을 준비하는 사람이 어머니예요. 어머니들은 다 그렇게 하시지.

## 모임 결성

우리가 일본으로 귀환한 날이 1958년 1월 14일, 교토 마이즈루舞鶴였는데, 거기서 도쿄 가메아리龜有로 온 것이 16일인가, 17일 무렵이에요. 가메아리 오야타大谷田에 있는 귀환자 숙소로 와서 거기서 1년 반 동안 있었어요. 도착해서 짐도 아직 오지 않았을 때부터 여기저기 다니며 몇몇 사람들을 만났어. 한국대표부에도 갔었고 민단 중앙본부에도 찾아갔지. 조선인이 하는 모임 같은 곳은 모두 찾아가서 부탁했어. 뭐든 해야겠다고 말은 하면서도 솔직히 말해 딱히 방법을 얘기하는 사람은 한 사람도 없었어. 어디도 누구도 없었지. 그런데 우구이스다니鶯谷 근처에 해방되기 전 조선에서 국회의원을 한 사람이 있었어. 여러 곳에서 그 이야기를 듣고 그 사람이 거기 산다는 걸 알게 되었지.

방 씨라는 사람이었는데, 그 사람은 전쟁 당시 일본군에 비행기 1대를 기부한 사람이지.*(주4 전쟁 전에 조선에 광산을 갖고 있었다고 한다) 자세한 건 몰랐지만 그런 말을 들었어요. 그래서 사할린의 상황을 사실대로 얘기하고 어떻게 도와줄 수 없겠냐고 부탁했지만, 뭔가 하긴 해야겠다고 말은 하면서 그 후로 아무 연락도 없었지.

일본으로 와서 얼마 동안은 어디가 어디인지도 잘 몰랐으니 그저 여기저기 돌아다니며 도와줄 곳이 없나 찾아다녔는데 결국 성과가 없었어. 그런데 내가 지내던 숙소에 만주에서 귀환해 온 사람이 있었어요. 이미 세상을 떠났는데 아리카와 요시오有川義雄라는 젊은 사람이었어. 젊긴 했어도 그때 당시 아마 40세는 되었지.

그 사람도 만주에서 귀환해 왔으니 형편이 좋지는 않았지. 게다가 다리가 좀 불편한 장애인이었어. 부인이 있고 아이도 셋 있었지. 부부가 어느 회사에 가서 작은 물건들, 그다지 팔리지도 않을 것 같은 물건들이었는데 그것들을 싸게 사들여서 손수레에 싣고 행상을 다니다 저녁이 되면 돌아왔지. 그런 사람이었는데 그가 있던 귀환자 숙소 책임자와 사이가 좋지 않다는 얘길 여기저기서 듣고 알고 있었거든.

그 사람은 우리가 오기 전에 여러 활동을 했다는 것 같아. 뭐, 도깨비 굴뚝*(주5 1964년까지 도쿄 아다치구(足立區) 센주사쿠라기초(千住櫻木町)에 있던 도쿄전력 센주(千住)화력발전소에 설치된 4개의 굴뚝. 바라보는 위치에 따라 1개로도 보이고, 4개로도 보이고, 어느 때는 3개로도 보인다 해서 이런 이름이 붙었는데 지역민들에게 친근한 굴뚝이었다)에도 올라갔다는 소문도 있고, 여하튼 유명했던 모양이야. 그 사람을 만나 우리 사정을 이것저것 얘기했지. 그 사람이 열심히 우리의 말을 들어주었어. 그리고 우리한테 계속 이것저것 물어보았지. 이 문제는 반드시 해결해야 한다는 결론을 내렸고, 곧바로 일본 국회에 진정을 내야 한다고 했어.*(주6 국회에 진정을 내러 갈 때 십 수 명이 참가한 적도 있었다. 아리카와 씨가 국회에 함께 가주었다. 명목상이었지만 진정서에는 직함도 넣었다고 한다. 한국 측 주일대표부 사람도 딱 한 번이지만 국회에 갈 때 동행해 준 일이 있다고 한다.)

도쿄도 아다치구(足立區) 오야타(大谷田)의 귀환자 숙소.(오른쪽 끝이 이희팔 씨, 1958년 3월 16일)

그가 진정서 작성법과 탄원서 작성법, 그리고 장관을 만나려면 중간에 연결해 줄 의원이 필요하다는 것도 가르쳐 주었지……. 그때 장관을 만나려면 소개해 줄 의원이 필요하다는 것도, 귀환 후 얼마 안 되었으니 동서남북도 잘 모르는데 국회의원이 어디에 있는지, 국회가 어디에 있는지, 소개의원이 뭔지 우리가 알 턱이 있었겠나. 정말 아무것도 몰랐으니까. 그래서 결국 아리카와 씨가 전부 다 해주었어요. 진정서도 탄원서도 직접 써 줘서 그걸로 제출했어.

또 우리한테 들은 얘기를 기타센주北千住에 사는 시마가미 젠고로島上善五郎라는 사회당 소속 국회의원,*(주7 아리카와 씨가 사전에 기타센주 모테기초(茂木町)에 사는 시마가미 젠고로 중의원에게 연락해 이희팔 씨가 시마가미 의원의 자택으로 가서 이야기를 나눴다고 한다) 당시 그 의원이 60세 가까이 되었을 거야. 그 후에도 여러 차례 만나서 많은 얘기를 들어주었어요. 아리카와 씨가 우리한테 들은 이야기를 정리해서 그 의원에게 현재 이런 상황이라고 말해주었지. 그가 사회당 의원이었으니까 국회에서 열심히 대정부 질문을 한 것 아니겠어요?*(주8 "이 문제는 일본인의 책임이다. 그걸 명심하고 해결에 나서야만 한다."라고 아리카와 씨와 시마가미 의원이 말했다고 한다.)

그때가 언제냐면 1958년 1월에 우리가 일본에 왔으니까, 그해 2월 17일, 제27차 예산위원회에서 시마가미 젠고로 선생이 이 문제를 처음으로 일본 국회에서 질문한 겁니다. 사할린에 있는 조선인을 이대로 방치하면 안 되는 것 아니냐며, 우리가 전달한 문제를 국회에서 발언해 준 것이죠. 일본 국회에서 사할린 문제가 처음 거론된 것이 바로 그때에요. 그때 발언들이 모두 의사록에 기록되었거든.

많은 일들을 대부분 잊어버렸는데 그 날짜만큼은 절대 잊지 못해요.*(주9 이후 수많은 의원이 국회에서 대정부 질문에 나서 주었다. 특히 공명당의 구사가와 쇼조(草川昭三) 의원은 일본 정부에 해결방안에 대한 여러 질문을 적극적으로 했다고 한다.)

박노학 씨와 심계섭 씨와 나, 세 사람이 도쿄로 온 덕분에 사할린에 있던 많은 동포가 도움을 받았다고 생각해요. 사실 우리가 귀환해 와서 어디로 가려 했냐면, 박노학 씨는 도치기현栃木縣이었거든, 부인이 그쪽으로 가자고 했으니까. 나는 센다이仙台로 가려 했었고. 그렇게 뿔뿔이 흩어졌다면 모임을 만들려 해도 몇 년은 걸렸을 것이고, 만들어졌다고 해도 다들 멀리 떨어져 있으니 아마도 함께 이 활동을 하기엔 무리였을 겁니다. 그 당시엔 전화가 있는 것도 아니어서 그렇게 멀리 떨어져 있으면 연락할 방법도 없었지. 여하튼 불가능했을 거예요.

모임의 이름은 <화태 억류 귀환 한국인 동맹>으로 정했어요. 처음엔 '한국'도 넣지 않았던가? 동맹을 만든 때가 1958년 1월 말 무렵이었을 겁니다. 일본에 와서 곧바로 만들었으니까.

요컨대, 이 모임이 만들어진 것이 누구 덕분이냐 하면 아리카와 요시오 씨 덕분이지요. 그 사람을 만나 우리 얘기를 전한 후 그가 전면적으로 우리를 도와주었으니까. 그래서 모임을 만들게 되었고, 후에 아리카와 씨가 시마가미 의원과 이 문제를 의논해서 일본 국회에서 우리 문제를……. 시마가미 의원도 국회에서 발언해야 하니까 어느 정도는 이 문제에 관해 공부해야 했겠지.

이 모임의 첫 번째 대표는 나였어요. 나중에 박노학 씨와 심계섭 씨가 서기와 경제부장 등 그런 일을 맡았지……. 오래된 서류가 있었는데 아내가 어떻게 해버렸는지 그게 다 없어져 버렸어. 아내가 작년에 치매가 시작된 후 어떻게 한 것인지. 내가 미리 얘기도 했어요. 이 문제는 전체적으로 역사에 관한 문제라 나중에 꼭 필요할 때가 있을 것 같아서 모든 서류를 한 부씩 모아두었던 것인데…….

나도 말이죠, 참 열심히 했다는 생각이 들어요. 아내한테 핀잔도 듣고, 일본 정부에 무시당하면서도 온 힘을 다했어요. 솔직히 그 때문에 내가 정말 경솔한 얘기는 안 하는 겁니다.

사할린에 있을 때부터 모임을 만들 계획을 했냐고? 아니, 그건 일본에 오고 나서였지. 사할린에 있을 때는 이런 일이 가능할지 어떨지 전혀 몰랐으니까. 그리고 여기 한국대사관, 당시엔 대표부였거든. 대표부가 있다는 것은 알고 있었지만 이런 일이 가능한지 어떤지 알 수 있었던 것도 아니었고.

우리가 귀환해 올 때 사할린에 있는 동포들이 당신들은 일본으로 돌아갈 수 있으니 가게 되면 일본에 한국대사관도 있으니까-거기서는 대표부가 뭔지도 몰랐어. 대표부라는 걸 일본에 와서 알았으니까. 그때는 사실 대사관은 없었지.*(주10 도쿄에 주일 한국대사관이 설치된 것은 1965년이다)—또 일본에는 조선 사람도 많이 있을 테니 어떻게든 우리도 당신들처럼 돌아갈 수 있게 운동을 벌여달라고, 그런 이야기는 했지. 부탁을 받은 적도 있어요. 하지만 과연 우리가 그걸 해낼 수 있을까 싶었지.

여하튼 여기까지 올 수 있었던 것은 심계섭 씨가 나보다 6개월 정도 먼저 와 있어서 내가 귀환하는 걸 알고 마이즈루舞鶴까지 만나러 왔기 때문이야. 그게 하나의 큰 계기가 아니었나 싶어요. 심계섭 씨는 사할린에 있을 때부터 내 이름을 알고 있었거든. 내 이름이 아마도 신문에 실렸을 테니까. 그래서 나를 만나러 온 것이지.

그때는 일본에 온 지 얼마 안 되어 일도 없었을 것이고, 갖고 온 돈도 얼마 안 되었을 텐데, 당시 도쿄에서 마이즈루까지는 편도 1,000~2,000엔 가까이 들어요. 그렇게 왕복하려면 돈이 많이 들었을 거야. 그 사람이 나를 찾아온 일이 한 가지 큰 분수령이었다고 생각해요.

내가 도쿄로 오지 않았다면 박노학 씨도 같이 오지 않았을 거야. 그 사람은 도치기현栃木縣으로 갈 예정이었으니까. 난 센다이仙台였고. 센다이와 도치기현으로 뿔뿔이 흩어졌다면 그토록 빨리, 1958년 2월 17일에 시마가미 젠고로 선생이 예산위원회에서 사할린 문제를 말할 수도 없었을걸. 그렇게 빠르게 상황이 진전되었던 것은 일단 내가 도쿄에 올 수 있었기 때문이에요. 그리고 두 번째는 아리카와 요시오 씨, 그 사람을 만났기 때문이야. 그 사람이 정말 열심히 해주었기 때문에, 우리를 도와주었기 때문에 가능했던 것이지. 우리 힘으로만 된 것이 아니에요.

나중에 "사할린 문제에 관해서는 누가 뭐래도 여러분들이 가장 훌륭하다."라고 말해준 사람은 법학부 교수인 오누마 야스아키 선생뿐입니다.*(주11 大沼保昭(1946~2018) 국제법학자, 메이지대학 특임교수, 도쿄대학 명예교수. 전쟁책임에 관한 연구와 위안부 문제를 연구했다. 오누마 미즈호 참의원의원(자민당)의 친부)

나는 "아닙니다, 우린 그다지 한 일이 없습니다."라고 얘기했지만 "이 문제를 처음 제기한 것이 여러분의 가장 큰 공적입니다. 그것으로 충분합니다."라고 했어요. 이 문제를 제기한 것이 가장 크다고, 그렇지 않았다면 영구적으로 묻혔을지도 모른다고. 오누마 선생이 나중에 나에게 모든 것을 상세히 설명해 주었어요. 그다지 격렬하게 운동을 펼친 것도 아니었고 시간도 오래 걸렸지만……. 만약 더 적극적으로 했다면 지금보다 잘 되었을까, 아마도 그렇지는 않았으리라 생각해요.

내가 대표를 한 것은 반년 정도였나, 그 정도였을 거야. 난 그리 오래 대표를 하진 않았어요. 대표가 바뀐 이유요? 귀환자 숙소에 있는데 어느 날 건달 같은 놈이*(주12 이 건달도 귀환해 온 동포인데, 오도마리(코르사코프)에 있을 때부터 그다지 평판이 좋지 않았다고 한다) 이 정도 크기의 단단한 나이프 같은 걸 들고 찾아왔어. 그리고는 "너, 대표 그만둬!"라고 했지. 그만두지 않으면 당장 죽이겠다고 그놈이 그랬으니까. 믿기 힘든 일이죠, 그런 일이 벌어지다니. 누가 시킨 것 아니냐고? 그놈이 그런 얘기를 해줄 리도 없잖아. 여하튼 그래서 박노학 씨가 대표가 되고 나는 부대표를 했어요.

박노학 씨가 그 건달을 보낸 것 아니냐고? 글쎄요. 대표가 되는 것이 그렇게 명예로운 일이었나? 그 사람이 나보다 한국말은 더 잘했어요. 나이도 나보다 많았고. 기껏해야 그 정도야. 뭐, 좀 위세를 부리고 싶었겠지.*(주13 국회에 진정서를 제출한 후 귀환자 숙소에 있는 동포들에게 이희팔 씨가 경과를 보고했다. 박노학 씨는 자신보다 배움도 적고, 나이도 어린 이희팔 씨가 대단한 일을 한 듯 말하는 것이 못마땅했을 것이라고 이 씨는 추측했다.)

이 얘긴 처음 하는 거예요. 그렇게 해서 박노학 씨가 대표가 되고, 내가 부대표가 되었는데 그 후에도 모임의 활동은 아무것도 바뀌지 않았어.

귀환자 전부가 도쿄로 온 것이 아니고 여러 곳으로 흩어졌어요. 모임은 도쿄에서 만들었는데, 요코하마橫浜에 있는 귀환자 숙소에도 가서 얘기했죠. 가니까 다들 뭐라고 하냐면 자기들은 그런 것 필요 없다, 그냥 이대로 한국에 가겠다고 해. 음, 왜냐하면 그러려고 귀환한 것이니까, 그 심정을 모르는 건 아니었지만 지금 한국에 가도 상황이 좋지 않으니 좀 더 생각해 보는 것이 어떠냐고, 그렇게 이야기했는데 그 사람들은 들으려고도 하지 않았어. 그래서 처자식과 함께 한국으로 간 사람이 많았어요.

도쿄로 온 사람도 있었지만 그땐 시나가와品川에도 오사키大崎에도 귀환자 숙소가 있었거든. 도쿄는 아다치足立에 있었고. 그래서 우리가 도쿄와 요코하마를 계속 오가면서 거기 있는 사람들 사정도 듣고 많은 얘길 하긴 했지요. 뭐, 한국으로 가겠다는 사람을 말릴 수는 없지, 본인이 고향으로 돌아가겠다는 걸 가지 말라고 할 수도 없는 노릇이지……. 다만 한국의 상황을 얘기해주고 조금 더 생각해 보는 것이 좋지 않겠냐고 했지만 들어주지 않았어. 음, 그때는 다들 한국으로 가고 싶은 마음이 있었으니까. 도쿄로 와 있던 사람도 상당수 돌아갔고, 마찬가지로 가메아리龜有로 온 사람도 한국으로 간 사람이 꽤 있었으니까.


모임을 만들고 막 1년이 지났을 무렵인데 소련에서, 사할린주 정부의 민정사무소에서 편지가 왔어요. 우리 모임 이름에 '화태 억류'라는 단어가 있는 것은 좋지 않으니 '억류'라는 말을 빼달라고 클레임을 제기한 거죠. 말하자면 소련 사람은 단체이름이 마음에 들지 않았던 것이야. 그곳은 공산주의 국가라 모든 이들이 평화롭게 생활할 권리가 있다고 주장하는 국가니까, 그런 표현을 쓰면 소련이 아주 안 좋은 나라로 인식될까 봐 그랬겠지. 하지만 솔직히 말해서 우리가 소련에 있고 싶어서 있었던 것이 아니었으니까. 음, 거기 있던 동포들이 모여서 술을 마실 때나 뭔가 일이 생겨서 모이면 언제쯤 고향에 돌아갈 수 있을까 그런 얘기만 했어. 아무것도 없이 빈손으로 가더라도 좋다고 했어. 팬티 한 장만 입고 가도 좋다고, 다들 말했으니까. 그만큼 고향으로 돌아가고 싶어 했어요.

음, 사실 억류라는 말은 있는 그대로 번역해서 쓴 것이었는데, 그렇게 되면 소련 측이 억류한 꼴이 되는 것 아니냐, 당신들도 억류당한 것이냐, 그래서 그런 불평을 한 것이겠지. 결국은 내가 무슨 얘기인지 알았다고 했어. 그래서 억류라는 말을 빼고 <화태 귀환 재일한국인회>로 명칭을 바꾸었어요. 남들이 싫어하는 걸 만들어 봐야 아무 도움도 안 되지. 내 생각은 그래요, 소련과 싸운다고 무슨 좋은 일이 생기는 것도 아니고, 그래서도 안 되지. 그곳에 남아 사는 사람들을 이러쿵저러쿵 말하는 셈이고, 소련에 미움을 사서 무슨 도움이 되겠어? 억류라는 말은 아무 도움이 안 돼요. 그래서 모임의 이름을 바꾸는 건 별로 문제가 없었어요, 없었지. 그럴 이유도 없고.

가메아리龜有에 있는 귀환자 숙소의 주소가 도쿄도 아다치구足立區 오야타大谷田 2316번지였나. 히타치日立의 공장 부지였는데, 지금은 저수지가 되었어. 거기서 큰 도움이 되었던 건 세틀먼트(settlement. 복지 시설이 낙후된 지역에 공공단체나 종교단체가 들어와 보건, 위생, 의료, 교육 등의 다양한 활동을 통해 주민들의 생활을 돕는 사회사업_역자 주)에서 온 대학생들이 아이들과 함께 놀아 주었던 일이야. 몇 년 동안 매일같이 와 주어서 참 고마웠지. 세틀먼트의 학생들은 여학생이 많았어.

오야타大谷田의 귀환자 숙소에서는 약 1년 반 정도 살았고, 그 후엔 이곳 아다치구足立區 이코伊興의 도영주택으로 옮겼어요. 당시 도영주택은 신축 목조 건물이었는데 한 동에 두 가구가 살았어요. 세평 남짓한 방이 2칸 있었거든.

## 초기의 활동

일본으로 와서 짐도 도착하기 전에 어떻게든 사할린에 있는 동포를 도와야겠다고 생각했어. 나중에 오야타大谷田의 커다란 히타치日立 공장 앞에 있는 귀환자 수용소로 들어갔어요.*(주14 히카리(光) 숙소에 입소했다. 아리카와 요시오 씨는 바로 옆집에 살았다.)

여러 곳에서 선물도 받았지. 기독교 단체에서 이만한 크기의 마분지 상자에 담은 달걀노른자 가루를 몇 개 받은 적도 있어요. 수용소 사람들에게도 나눠 줬지. 그런데 어떻게 먹어야 하는지 몰랐어. 아마도 거의 다 버렸을 걸, 먹는 방법을 몰랐어. 본 적도 없었고. 그걸로 죽을 쒀도 그다지…… 그냥 먹으면 목에 걸리고, 맛도 없었어. 그리고 민단에선 뭘 주었더라. 뭔가 받긴 했는데, 음, 별건 없었어. 뭘 주었는지 모르겠네.

또 조선총련 사람도 왔었지. 오긴 했는데 그 사람들한테 받은 건 아무것도 없어. 게다가 뭐라고 했냐면 "왜 그토록 좋은 공산주의 국가를 버리고 이렇게 나쁜 제국주의 나라에 왔나?" 그런 인사말을 하더군. "당신들 말이야, 공산주의가 어떤 것인지 그저 귀로 듣고, 책으로만 읽고 거기에 홀렸는지 모르겠지만, 실제로 공산주의가 어떤 것인지 체험한 사람이 귀환해 왔으니까 그런 소리는 하지도 마. 꺼져!" 그렇게 쏘아붙였더니 그냥 가버렸어.

나는 공산주의가 싫어서 왔으니 공산주의 국가를 좋아하는 사람은 안 와도 된다 했어. 그 후론 찾아오지 않았지. 음, 민단 사람도 찾아온 적은 별로 없지. 활동을 시작한 이후로도 민단 사람에게 소련에 가서 사할린의 상황을, 우리 동포의 상황을 한 번 직접 보고 오라고 여러 번 얘기했는데 소용없었어. 직접 가 봐야 알 수 있는 일인데 바쁘다면서 결국 한 번도 가보지 않았지.

귀환한 지 얼마 되지 않은, 반년쯤 되었을까. 내가 고향에서 학교에 다닐 때, 일월심상소학교 5, 6학년 담임이 교장선생이었어. N 선생인데, 규슈九州의 구마모토현熊本縣에 산다는 건 학교 다닐 때부터 알고 있었지. 옳거니, 그 선생을 한번 찾아봐야겠다는 생각이 들어서 그 당시 요미우리신문에 '찾는 사람'이라는 광고란에 신청해 보았지. 그때도 이미 귀환 문제에 관여하고 있었으니 무언가 우리가 원하는 것을 조금은 도와주고 조언해주지 않을까 생각했어. 신청엽서를 보내고 10일 정도 지났을까. 그 선생한테서 답장이 온 거야. 언제쯤 도쿄에 가니까 그때 만나자는 답장이 왔어요. 그래서 도쿄에 그 선생이 왔을 때 만났지.

내가 무슨 일을 하시냐고 물으니까 시의원이라고 해요. 히토요시시시人吉市의 시의원인데 업무가 있어서 도쿄에 왔다고 그렇게 말하더라고. 음, 모처럼 만났으니까 그냥 있을 수는 없는 일이지. 약속 장소에서 나와 선로를 건너가면 조선인이 하는 미도엔味道園이라는 불고기 가게가 있거든. 그곳으로 데리고 가서 불고기를 사드렸어. 그 당시 불고기는 싼 게 아니야, 지금도 싸진 않지만.

집사람이랑 같이 셋이 먹었어요. 우리는 눈치를 보느라 그다지 먹지 못했는데 그 선생은 덥석덥석 집어 잘 먹더군. 그때 내가 3,000엔 정도 식사비를 냈을 거야, 3인분. 3,000엔이면 꽤 많은 돈이거든. 당시 우리한테는 큰돈이지. 그렇게 먹고는 그냥 돌아갔어요.

그 무렵 나는 사할린에 있는 동포가 어떻게든 우리처럼 귀환할 수 있도록 열심히 활동했는데, 그건 직업이 아니었으니 먹고살아야 하기도 했거든. 귀환한 지 얼마 되지 않았을 때라 돈도 그다지 넉넉하지 않았어. 그때 막노동 일을 해서 하루에 얼마를 받았냐면 240엔인가 250엔. 그 정도였어. 여기서 기타센주北千住까지 일하러 가는데 편도 버스비가 5엔이야. 하루 교통비도 들고 담배도 피워야 했고. 도시락을 먹을 때는 목도 말랐는데 당시엔 우유 한 병이 꽤 비쌌어. 코카콜라가 있었는데, 작은 병에 들어 있는 음료수. 그걸 25엔에 사서 마시고 병을 돌려주면 12엔인가 15엔을 다시 돌려주었어. 코카콜라를 마시고 싶었지만 일당이 얼마 되지도 않는데 그런 걸 몇 병씩 사서 마실수도 없는 형편이었지. 음, 그렇게 살았어….

그러다 내가 일을 나가고 없을 때 그 교장선생이 또 집에 찾아왔대. 이전에 내가 불고기를 사겠다며 돈을 냈는데 이번엔 선생이 직접 사 달라고 했다는 거야. 집사람이 "남편은 지금 일하러 가서 집에 없어요."라고 하니까 "불고기가 먹고 싶은데." 했다는 거야. 그래서 하는 수 없이 집사람이 데리고 가서 사 먹였다고 하더라고. 그랬더니 잘도 먹더라고. 먹고 나서는 덕분에 잘 먹었다고 하고는 그냥 가버렸대.

또 세 번째는 말이야, 오차노미즈御茶ノ水 근처에서 만났지. 만나서 자기 딸이 입원했다며 이번엔 위문품을 요구하는 거야. 적어도 4,000엔이 넘는 위문품을 준비해 오라고. 나는 거기까지 갈 생각도 없었어. 일당을 받으려면 막노동을 해야 했는데 그것도 여기저기 함바를 돌면서 거기서 자고 일했으니까. 그런데 결국 집사람이 4,000엔쯤 하는 선물을 사서 갔나 보더라고. 난 아무 말 안 했는데 여하튼 그 선생에게 내가 배웠으니 남편의 은사라며 그냥 있을 수 없다고 생각했나 봐. 마누라도 참, 간이 크다 싶었지. 하는 수 없이 위문

품을 사서 갔다고 하더라고. 그 길로 그 선생이랑 연락을 끊었어. 전화도 안하고 아무 연락도 안 했지.

결국 그 담임선생이 뭔가 도움을 주었냐고? 아무것도 없어. 내가 그 선생에게 사정을 다 이야기했거든. 게다가 갖고 있던 서류도 몇 가지 보여주며 우리 동포가 일본점령 시절의 사할린에 갔는데 이젠 고향에 돌아오고 싶어서 목이 빠지게 기다리고 있다. 그러니 우리처럼 일본이든 본국으로든 돌아갈 수 있게 지금 활동하고 있는 거라고 말이야. 이 문제를 어떻게 하면 좋을지 조언해 달라고 했어. 그랬더니 "나는 히토요시시<sub>人吉市</sub> 시의원으로 도쿄에 출장을 온 것이라 국회의원은 아는 사람도 없는데……." 하더니 그 뒤론 아무런 얘기도 없어. 은혜를 입은 건 하나도 없어.

그 무렵에 사할린 문제를 일본 국민에게 반드시 알려야 될 것 같아서 각 신문사를 찾아갔는데 어느 곳 할 것 없이 문전박대를 당했어. 만나 주지도 않아. 일단 안으로 들여보내 주는 것조차 하지 않았지. 문을 닫아버리고 열어주지도 않는 거야, 모두다. 요미우리신문도, 아사히신문도, 산케이신문도 어디든 다 똑같아. 모든 신문사에서 거절당해 기사로 나올 수가 없었어.

그런데 그중에 아사히신문의 여기자였는데, 마쓰이 야요리<sub>松井やより</sub>라는 분이 있었어. 마쓰이 씨가 우리와 만났는데 얼마 지나서 우리를 찾아왔어요. 그리고는 실은 외무성에 가서 취재요청을 했는데 외무성 사람에게서 이런 말을 들었다고 해. "당신 일본인이야?" "일본인입니다. 그래서 취재하러 온 겁니다."라고 하니까 "좋아, 당신이 일본인이라면, 이걸 기사로 내서 일본에 무슨 이득이 됩니까?" 이런 말을 하며 취재에 응해 주지 않았대. 마쓰이 씨가 집으로 찾아와서 그 얘기를 해줘서 알았어요.

그녀가 우리에게 분명히 말했어. "여러분, 정말 고생하시는데, 사실 외무성에서 그런 소리를 들었습니다." 하더군. 그래서 기사로는 나올 수가 없었던 거예요.

민단은 어떠했냐고? 민단에도 갔었지. '그것참 큰일이네요' 하는 정도지,

적극적으로 '이렇게 합시다' 그런 얘긴 전혀 없어. 한국대사관에도 갔지만 거기서도 '글쎄, 어떻게 하면 좋을지……' 라고만 할 뿐이었지. 나중엔 우리가 하도 귀찮게 하니까 하는 수 없이 대사관이 일본 정부에 얘기는 한 것 같아. 우리가 귀환 오고 난 후 1963년에 일본 정부에 제출한 진정서 때문이었을 거야. 약 30년 정도 지나서 외무성의 외교자료관에 공개되었지. 교도통신사 사람들이 그 복사본을 갖다주었어요.

솔직히 일본 정부가 우리가 낸 진정서에 답변하지는 않았을 거라고, 답변했어도 아마 'NO'라고 했으리라 생각했어. 어려운 말도 있긴 했는데 답변을 자세히 읽어보니까요, 한국 정부에서도 몇 개월 동안 같은 말을 했다고 적혀 있는 거야. 사할린에 있는 한국인은 현재는 제3국 사람이니까 한국 정부와는 관계가 없다, 그런 내용이 적혀 있었어. 한국대사관의 누군가가 우리 문제에 대해 한국 정부에 뭔가 얘기했으리라 생각은 했는데, 그 문제는 사할린에 있는 한국인 개인의 생각이고, 한국 정부와는 전혀 의견이 다르다, 생각이 다르다는 식으로 쓰여 있었지. 그때 일본의 법무성, 대장성, 외무성 등 4명의 정무차관이 모여서 좌담회를 했는데, 그 답변도 적혀 있었어요. 그 문서의 복사본을 받았는데 애초부터 일본 정부가 가졌던 이 문제에 대한 견해가 오늘까지도 이어져서 그대로 실행되고 있을 뿐이야. 아무 관계가 없다는 이유로 전혀 진전이 없어.

제27차 국회 예산위원회 의사록은 나중에 받았어요. 그걸 보고 내가 옮겨 적었어요. 나는 철필을 잡아본 적이 없어서 그저 서툰 글씨로 옮겨 썼지. 여하튼 의사록을 옮겨 적은 후 등사기를 빌려와서 인쇄하고,*(주15 자주 사용했기 때문에 나중에는 중고 등사기를 구매했다) 회원들*(주16 일본 귀환자는 모두 회원이었다)에게도 나눠주었어. 신문사도 그때 처음으로 의사록 인쇄본을 갖고 싶다고 해서 기자가 받아 갔어요. 음, 그렇게 몇 달간 그걸 만들어서 여기저기 찾아다녔고 밤에 돌아오면 다녀온 결과를 수용소 사람들을 모아놓고 오늘은 이런 일을 했다고 보고했지. 그때는 초기라서 내가 대표를 할 때였으니까. 내가 대표이니 결국 내가 전부 이야기하고 보고도 한 거야. 음, 그리 오래는 아니지만, 그

몇 개월 동안에 많은 일이 있었어요.

일본으로 귀환한 후 경시청 사람한테서 가짜 명함을 몇 장인가 받은 적도 있거든. 나를 조사하려고 경시청 사람이 줄곧 내 뒤를 캐고 다녔지, 솔직히 말하면 몇 년 동안이나 그랬어. 또 내가 '생활보호를 받고 있다'라고 하니까 '괜찮소. 생활보호는 나라에서 해주는 거니까 받아도 돼요.'라고도 했어. 음, 그 사람도 그런 말을 해 주더라고. 또 그 사람이 준 넥타이, 기념으로 보관해 두려고 했는데 아마 지금은 없어졌을걸.

내가 자동차 면허증을 2종으로 바꾸려고, 시나가와品川에 면허시험장이 있잖아요? 거기에 시험을 보러 가는 도중에 몇 번이나 전차 안에서 마주친 적도 있었어, 나를 조사하던 그 인간이랑. 아마 5, 6년간은 내 뒤를 캐고 다녔지. 일본으로 귀환한 후부터 바로 시작됐으니까. 그러다 내가 동맹의 대표가 되었잖아? 그게 큰 이유가 아니었나 싶어요, 그렇게 따라다니며 조사한 이유 말이야. 다른 사람한테 조사받은 적도 있었지. 직접 나한테 와서 물어보기도 했냐고? 그럼, 물어보지요. 묻긴 하는데, 내가 여기저기 돌아다니며 무슨 일을 하는지는 자세히 모르잖아? 내 일상적인 행동을 지켜보고는 역시 막노동 일을 하는 거라 여겼겠지. 어쩌면 일하는 모습도 사진으로 찍었을 거야, 멀리서.


이 사진은 북송 반대운동 당시에 찍은 것인데, 1957년 2월 25일이라고 뒤에 적혀 있네. 도쿄 히비야日比谷, 북한 송환 반대라고. 이때 나도 참가했었거든. 북송사업은 우리가 귀환하고 그다음 해에 시작되었어요.

소련과 한국이 국교가 없을 때 우리가 일본으로 왔는데 소련과 한국 간 편지를 중계하는 역할도 했으니까, 정말 그 일은 대단했다고 생각해요. 실제로 소련과 한국 사이에 편지 왕래는 해방 후 10년, 20년, 30년, 40년 동안도 할 수 없었거든.

먼저 귀환해 온 일본인이 편지를 전달해 주는 일은 없었냐고? 직장에 일본인 상사가 있긴 했지만 해주지 않았어. 음, 편지를 전달해 주었으면 좋았겠지. 하지만 그런 일을 하는 일본인은 없어요. 조선인과 일본인 관계가 그런 상태였어, 말하자면.

우리가 나쁜 짓을 해서 전쟁 중에 사할린에 갔던 것도 아니었잖아. 일본이 전쟁에서 이기기 위해 석탄을 캐야 했어, 배가 고파도 허기를 참으며 일본인과 함께 일했지. 게다가 일본이 전쟁에 졌음에도 불구하고…….

우리가 귀환한 마이즈루舞鶴에서 다시 도쿄東京까지 오는 동안 도시락이 나왔어요. 하지만 조선인에게는 도시락을 주지 않았단 말이야. 내가 소련에서 겪은 일은, 그땐 전쟁이었으니까 어쩔 수 없었다고 생각해. 하지만 패전 후 뒷정리가 잘못됐어. 그때까지 일본인과 조선인이 같은 직장에서, 전쟁에 이기기 위해 똑같이 일한 거야. 그것 때문에 조선에서 억지로 끌려간 것인데, 전쟁이 끝나 돌아갈 때는 너희들은 제3국 사람이니 자기들은 모른다고, 그 한마디로 끝이었으니까. 음, 그러니 결국 조선인과 일본인은 사이가 좋을 수가 없어요.

## 일과 생활

당시에 막노동을 했는데 일본인과 똑같은 일당벌이를 가더라도 조선인은 하루에 2백몇십 엔이야. 그 돈으로 교통비 쓰고, 담배 한 갑 사고, 밥값이 이십몇 엔쯤이니까 얼마 남지도 않지. 5인 가족이 생활할 만한 돈이 안 돼. 그래서 낡은 자전거를 하나 사서 그걸 타고 여기저기 돌아다니며 일할만한 곳을 찾아다녔어. 그런데 그 주변에는 대체로 조선인들이 많이 일하고 있었어, 일본인은 얼마 없었고. 그러다 조선인 십장이 일꾼들을 관리하는 곳을 발견했어, 여러 사람한테서 이야기도 듣고 며칠이나 걸려서 조선인 십장을 찾아낸 거야. 그 사람을 만나서 사실은 내 사정이 이러저러하여 일하고 싶은데 나를 좀 써줄 수 있냐고 물었지. 하루에 500엔 정도 준다더라고. 거긴 성실히 일만 하면 어떻게든 밥은 먹을 수 있을 것 같아서 거기서 일하게 되었지. 그래도 그 현장이 끝나면 할 일이 없어지잖아? 다음 일이 나올 때까지 며칠간은 일이 없으니까 또 다른 곳을 찾아다녀야 했지. 몇 년 동안 그런 생활을 했어요.

귀환 운동은 비가 와서 일이 없는 날, 사할린에서 온 편지를 정리하고 또 진정서도 작성했지. 진정서를 작성하는데 처음엔 어떻게 써야 할지, 어디에 어떻게 보내면 좋을지, 그런 걸 알 수가 있어야지. 어딜 가면 도움을 받을 수 있을까 고민하며 여기저기 다녔어. 같은 동포, 민단에 가서 사정을 이야기해 봐도 "힘드시겠군요." 고작 그 정도만 말할 뿐 적극적으로 이렇게 저렇게 하라고 말해주는 사람이 아무도 없었지. 그래서 여기저기, 정말 온갖 곳을 찾아 다녔던 거야.

생활비를 버는 일은 사할린에서 돌아온 조선인들이, 같은 심정으로 하루하루 사는 사람들이 모여서 팀을 꾸렸던 것이 다행이었어. 보통 일본인이 하루에 500엔을 벌 때 우리는 몇천 엔은 받았으니까 몇 배는 더 받았지. 하청받은 일을 끝내면 얼마씩, 이런 식으로 돈을 나누었어. 일본인은 어지간해서는 우리처럼 힘든 일을 해내지 못했어. 그 차이가 상당히 컸던 것이죠.

저기 오테마치大手町에 있는 교차로*(주17 도쿄도 치요다구(千代田區). 국도 1호선이 지나는 곳이라 교통량이 상당히 많다. 직경 18cm 전화선(흄 Hume관)을 4단으로 매설하는 야간 공사를 했다. 귀환한 조선인들이 만든 '간토 부대'가 공사를 하청받아 하룻밤에 1,800엔을 받았다고 한다) 그 도로의 땅을 파내려면 아스팔트를 걸어 내야 했는데 맨 위가 아스팔트 잖아요? 그리고 그 밑에 자갈들이 있고 자갈 밑에는 모래 골재가 있거든. 오테마치 교차로 부근은 국도라서 가장 단단하게 도로를 깔아 놓았어요. 아스팔트층만 해도 40cm는 될걸요. 게다가 자갈층 또한 적어도 50cm 정도는 되지 않을까. 그러니까 그걸 걸어 내는, 말하자면 맨 위에 있는 아스팔트를 걸어 내고 그 밑에 자갈이 나올 때까지 파내는 일이 이만저만 힘든 게 아니야. 하룻밤으로는 불가능해. 순조롭게 진행되어도 흙이 보일 때까지 적어도 3일은 걸렸어.

일단 작업 현장에 가면 아스팔트를 잘라 내고 거기에 철판을 깔아. 그 일이 첫째 날 밤, 다음 날에는 철판을 걸어 내고 땅을 파는 거지. 당시는 지금처럼 기계도 없고 곡괭이뿐이었거든. 곡괭이 한 자루로 땅을 파야 해요. 너무 단단해서 좀처럼 파지지도 않지. 특히 그 작업을 할 땐 머리가 아파서 말이야. 곡괭이로 이렇게 땅을 찍으면 마치 바윗덩이를 깨는 것처럼 머리가 울렸으니까. 그만큼 단단했지. 대형 다짐기계로 다졌으니까 단단할 수밖에.

그걸 다 파내고 나면 이번엔 흙이 나와요. 흙을 조금만 더 파면 이번엔 물이 나오거든. 그 물을 다 퍼내야 했어. 물만 퍼내서는 안 돼. 쌓아 놓은 흙더미가 쏟아지지 않도록 흙막이공사도 해야 하거든. 그렇게 바닥까지 파내는 데 며칠씩 걸렸어. 해가 뜰 무렵에는 차들이 다녀야 했으니까 야간에 했지. 그렇게 힘든 공사를 일본에 와서 수도 없이 했어요.

우리가 작업을 하고 있으면 감독들은 "여긴 이런 식으로 해."라고 지시만 할 뿐 별로 와서 보지도 않아. 어디서 뭘 하는 건지, 물론 놀고 있었겠지만. 허허허. 달리 할 일이 없었으니까. 우리는 감독보다도 훨씬 일을 잘했거든. 야간 공사라서 사람들이 잠자리에 들 무렵에 공사가 시작되지. 그걸 10년 이상은 한 셈이에요. 그것도 큰 회사에 들어가지 않고 우리는 재하청을 받아 일했으니까. 말단 하청 일이라 일당벌이였지. 후생연금을 받을 수 있는 돈을 모으고 싶어도 그럴 수가 없었어, 솔직히 말하면.

내가 일본으로 귀환하고 그다음 해인 1958년부터 도쿄 타워가 만들어지기 시작했거든. 그 높은 곳에서 고공 작업자가 일했는데, 우리가 보통 막노동을 하면 대체로 하루에 250엔~260엔을 받았어. 그 당시 타워 위에서 작업한 사람은 우리와는 비교도 안 될 만한 금액이야. 사람들 얘기만 들어봐도 천몇백엔은 받는다고 하더라고. 우린 천몇백 엔이든 그 이상을 준다 해도 그렇게 높은 곳에 올라가서 하는 일은 절대 안 하지.

내가 불도저를 타고 일할 때 잔토가 운반되어 오면 불도저로 잔토를 밀고 가서 매립을 했는데 그곳이 논이어서 마침 심어 놓은 벼가 이 정도쯤 자라 있었어. 거기에다 운반해 간 잔토를 쏟아내야 하는데 벼가 너무 아깝잖아요. 나는 농가에서 자랐으니까 벼를 그냥 흙으로 묻어버리면 벌을 받는 게 아닌가 싶어서 주류상에 가서 내 돈으로 술 한 병을 사 왔어. 오징어도 한 마리 샀을

걸. 그걸 그 자리에 이렇게 차려 놓았어. 그리고 내가 고향에서 농업실습학교에 다닐 때 배웠던 축문을 올렸어. 축문을 올린 다음에야 그 논을 메웠어요.

또 현재 미노와三/輪에 있는 교차로.*(주18 도쿄도 다이토구(台東區) 소재) 거긴 그다지 넓지는 않았지, 처음엔 좁았거든. 그러다가 7호 순환도로*(주19 수도권 순환 제7호 국도)를 만들 때인데, 한쪽 구석에 작은 절이 있었어. 그땐 무조건 집을 부수고 도로를 넓혔으니까. 그 절이 거의 도로 한가운데 있었거든. 거길 파 보니까 그게 나오는 거야, 관들이 나왔지. 옛날에는 뼈를 나무통에 넣어 함께 매장했던 게 아닌가 싶어요. 뼈가 줄지어 나왔거든. 다른 사람들은 셔블 굴삭기로 그 뼈들을 떠서 쌓아 놓는데 나는 그럴 수가 없어서 그 뼈를 다 주웠어요. 그때 내가 매립장에서 불도저도 타고 2톤짜리 작은 차도 탔기 때문에 그 뼈들을 전부 주워서 내 차에 실었어요. 매립장에 가는 도중에 한 병이나 두 병쯤 술을 샀어. 그리고는 내가 스님들이 하는 것처럼 돌아가신 분들에게 공양을 올리고 그 뼈를 묻었어요. 그런 일도 있었지.

오래전 원래 그 자리에 절이 있었다는 얘기를 들었는데 이미 없었어. 그 장소에서 뼈가 나왔으니까. 나는 어릴 때부터 가난해서 원래 고기는 못 먹었지, 고기가 있어도 먹지 않았거든. 왜냐면 인간도 죽으면 고기가 되는 것 아닌가 해서. 고기가 고기를 먹는다는 것은 인간으로서 할 짓이 아니라고 생각했어. 그렇다고 뭐 불교를 믿는 것도 아니고 기독교를 믿는 것도 아니야. 아무것도 믿지는 않지만 어릴 때부터 그런 생각을 했어. 이빨로 고기를 씹으면 몸이 오그라드는 것 같아서 먹지 못했거든.

여하튼 그때는 다른 일로도 돈을 조금 모았어요. 어떤 일이냐면 전화선, 수도관, 가스관을 이관하는 공사를 도맡아 했거든. 집이 있었던 곳을 파 보면 사용하지 않는 구리 전화선이나 수도관 동 파이프가 나올 때가 있었거든. 그때 납이 1kg에 60엔이었어. 당시 60엔이면 큰돈이야. 하루 일해서 250엔밖에 받지 못할 때였으니까. 자주 그런 것들이 나왔으니 모아서 팔았고 그 돈을 나눴지. 그렇게 모은 돈이 한 달에 꽤 되었으니까.

귀환자 숙소에서는 우리가 사할린에서 왔으니 추위를 탈 것이라며 난로도 석유난로를 놓아주었어. 당시 코로나라는 상표였는데 1대 6천 엔! 등유도 사 다 줘서 실컷 땠으니 따뜻했지. 나중에 박노학 씨가 장작 난로를 사 왔어. 장작을 주워 와서 때기도 했지. 어쩌다 지역민들이 우리가 사는 모습을 보러 오기도 하고, 도쿄도 직원도 자주 순찰을 와서 보았으니까. 우리한테는 아무 말도 안 했지만 뒤에서는 꽤 여러 얘기를 했다는 것 같아. 그리고 아리카와 요시오 씨 덕분으로 생활보호도 받게 되었잖아요? 그 사람 덕분에 말이야. 상당히 큰 도움이 되었어. 아이들 셋과 아내까지 합해서 생활보호 지원금을 얼마 받았냐면 한 달에 9천 엔 가까이 받았지. 당시 일은 했어도 아마 한 달에 9천 엔은 못 벌었을 거야.

귀환자 숙소 바로 옆에 세틀먼트의 대학생들이 지내는 숙소가 있었거든. 그 학생들이 와서 아이들과 놀아 주었어요. 놀이와 말도 가르쳐 주고. 그게 정말 큰 도움이 되었지. 갑자기 일본에 왔으니 애들이 노는 방법도 일본말도 모르잖아요? 그 학생들이 같이 놀면서 말을 가르쳐 주었으니까. 정말 도움이 컸어요. 우리는 거기에 1년 반쯤 있었어. 가메아리龜有에 있는 히타치日立 공장 앞이야.

그렇게 몇 년쯤 지났을까. 마침 여기 구청출장소가 있던 토지가 매물로 나왔지. 평당 15만 엔이라 했나. 그때 당시 50평 정도 살 수 있는 돈이 있었지만 그 돈을 전부 써버리면 아이들도 있는데 걱정이 되어서 결국 사지 않았어요. 그리고 곧바로 땅값이 치솟았단 말이지. 때를 놓치고 만 거야. 집사람의 친구 남편이 교통사고를 내서 보상금을 줘야 하니 돈이 필요하다며 100평의 토지를 사지 않겠냐고 했어. 도부센東部線 다케노즈카竹の塚 역에서 10km 정도 떨어진 센겐다이せんげん台라는 곳이야. 우린 도영주택에 들어가 있었으니까 필요 없다고 하고 그 땅을 사지 않았어. 그 후 땅값이 순식간에 치솟았지. 그때 사두었으면 좋았을 텐데 이미 늦었지. 허허허. 비슷한 일이 몇 번은 있었어요. 그런 일을 같이 의논할 친구라도 있었다면 뭐, 달라졌을지도 모르지.

여러 사람에게 돈을 빌려줬어요. 그 당시는 이자가 3%였거든. 100만 엔을 빌려주면 한 달에 이자 3만 엔을 받았지. 그게 큰돈이야. 내 친구의 아내가 도쿄 아카바네赤羽에 살고 있었는데, 막노동을 하던 중에 그 아주머니를 만났어요. 그 아주머니가 하는 장사가 뭐냐면 고리대금업. 남편이 나와 늘 함께 일했으니까 여윳돈을 자기한테 맡기면 매월 꼬박꼬박 이자를 준다고 했거든. 그렇게 해서 그 아주머니가 꽤 많은 돈을 모았어요. 지금은 오키나와沖縄 이시가키지마石垣島에 근사한 집도 사고 무슨 장사를 한다는 것 같아.

음, 여하튼 일만큼은 성실히 했지. 토목공사 일이라면 자신 있었거든. 첫 시작부터 모든 면에서 말이야, 어떤 난공사라도 다 해냈으니까. 물이 펑펑 쏟아져 나오거나 단단해서 땅을 파기 어려운 난공사들도 있었어. 보통 사람은 할 수 없어요. 그런 곳을 온전히 설계대로 해냈으니까. 그러니 다른 사람보다 돈을 훨씬 더 받은 것이야.

우리가 하청받은 일은 다른 사람이 걷어찬 곳들이었어*(주20 공사가 실패했거나 도중에 철수해 버린 곳) 그런 작업을 척척 해내곤 했으니까. 그러니 수입이 다른 이들보다 많았지. 음, 그 조선인 십장에게 은혜를 입은 것만은 분명해요.

## 한국의 고향으로

일본으로 귀환하고 이듬해인 1957년에 한국에 갔어요. 아마 8월경이었지. 서울역에서 기차를 타고 안동으로 가서 거기서 버스로 갈아타고 갔지. 한국전쟁의 피해는 그다지 모르겠더라고. 하지만 군부대가 산에 있는 나무를 거의 다 베어버려서 큰 나무들은 남아 있지 않았어.

해방 후 처음 간 한국은 옛날과 별로 다르지 않았어. 크게 변한 것은 박정희 대통령이 새마을운동을 시작한 것이야. 길이 없는 곳에는 길이 생겼고, 그런 촌구석까지 전기가 들어온다는 건 생각지도 못했는데 전기도 들어와 있었지. 그 뒤로 차츰 개발되어 천수답도 물을 펌프로 끌어와서 어디든 벼농사를 지을 수 있게 됐으니까.

해방되고 내가 처음 갔을 때는 아직 그런 것까지는 없었지만, 그야말로 갈 때마다 마을이 달라졌어. 울퉁불퉁하던 도로에 아스팔트가 깔려서 차가 쉽게 다닐 수 있게 되었고, 다리가 없는 곳엔 다리가 만들어졌지. 몇 년 정도 지나서였던가, 버스가 산골짜기 안까지 들어갔어요.

내 고향은 강가를 따라 사람들이 살고 있었는데 맨 끝에 있는 동네까지 버스가 들어갈 수 있게 되었지. 그런 곳에 버스가 들어가다니 꿈에도 생각 못 했어……. 옛날에는 안동까지 걸어서 갔으니까 말도 못 하게 힘들었지. 가장 깊은 골짜기에 사는 사람은 하루 만에 갈 수도 없어. 안동까지 14리, 대략 56km는 되었으니까.

한국에 두 번째 갔을 때인데, 비행기표 있잖아요, 네 손가락을 이렇게 붙인 크기만 한 티켓 말이야. 그걸 꺼내 들고는 서울에서 안동역까지 가는 내내 울었어요. 마침 늦봄이라 여기저기에 산 벚꽃이 피어서 봄기운이 만연했어, 날씨도 좋았고. 그 산들을 바라보기도 하고, 벚꽃도 쳐다보고, 어느 마을을 지나가도 한국의 태극기가 봄바람에 나부꼈지.

내가 사할린에 있을 때 이 고향으로 돌아오고 싶었던 그 심정 그리고 동포들이 같은 심정으로 그렇게 고국을 그리워하고 있는 걸 생각하니 저절로 눈물이 나서 계속 울었어요. 이렇게 작은 종이인데, 그 작은 종이 표만 있으면 비행기를 타고 자기 고향으로 돌아갈 수 있을 텐데. 그 종잇조각을 구하지 못해서 몇만 명이나 되는 동포들이 까맣게 속을 태우고 있는 걸 생각하면 마냥 눈물이 나와요. 그런 일이 두 번쯤 있었어.

그 후로는 단돈 얼마라도, 일해서 어느 정도 여비를 만들기 전엔 한국에 못 갔으니까, 3년에 한 번씩 다녀왔어요. 3번 갔다 오면 10년이 지나갔으니까. 음, 그렇게 살아왔지, 지금은 뭐 이렇게 번데기처럼 되어 버렸지만. 허허허.

아버지는 내가 귀환해 돌아온 이듬해 한국에 갔을 때 나를 마중하러 리수강*(주22 지명 불확실. 마을 변두리에 작은 시장이 있었다)이라는 곳까지 걸어서 왔어요. 혼자 지팡이를 짚고서 말이야. 형도 있었는데 오지 않았어. 아버지 혼자만 나오셔서 역시 부모구나 생각했지. 집에서 그곳까지는 1리니까 4km 정도 거리인데 자갈투성이 산길이었어. 음, 그런 곳을 혼자 걸어오셨지. 그때 비로소 아버지를 만났어요.

아버지는 술을 좋아하셨어. 술을 좋아하시는데 내가 아버지에게 술을 한 잔도 사드리지 못한 것이 마음이 아파. 일본에서 갖고 간 돈이 얼마 안 돼서, 1만 엔도 안 되는 돈밖에 가져가지 못했거든. 음, 점심밥만 사드렸지.

아버지가 77세 정도까지 사셨던가. 내가 두 번째로 갔을 때도 만났으니까. 그때 조생종 복숭아를 팔아서 번 돈을 "너한테는 어릴 때 용돈을 준 적이 없구나." 하시며 6원을 주셨어. 잊을 수가 없어, 한국 돈으로 고작 6원이야. 일본 돈으로 십몇 엔. "아버지, 나 그 정도 돈은 있어요."라고 말했지. 그랬더니 "네가 어릴 때 용돈을 못 줬는데, 지금은 조금 있으니까. 이거 줄 테니 받아라."라고 하시기에 그저 받았지. 아버지가 그렇게 말씀하시니까. 아버지한테 처음 받은 용돈이었어. 그 정도로 가난했어. 그때도 가난하기는 마찬가지였지만.

어머니는 내가 사할린에 있을 때 돌아가셨어요. 한국에 갔을 때 형수님에게 들었어. 어머니가 돌아가실 때 내 이름을 부르며 "희팔이는 아직 안 왔냐, 아직도 안 왔냐." 하셨다고. 돌아가실 때까지 내 이름을 부르셨다고 하더라고. 형수님이 얘기해 줘서 알게 되었지. 내가 떠날 때도 영양군청까지 산마루를 넘어 2리나 되는 길을, 자식과 헤어지니 한 번이라도 더 보시려고 오셨어. 그 당시 노란 가루를 조금 싸서 그곳까지 오셨고 거기서 헤어졌으니까. 난 "2년이면 끝나고 반드시 올 거야. 그땐 어머니가 환갑이 되니까 환갑잔치 꼭 해요."라고 말하고 떠났는데 그 뒤로 다시는 못 만나게 되고 말았지. 그 일을 생각하면…….

한국에 갔을 때 고모 댁에 간 적이 있어요. 아버지 누님의 시댁인데 내가 심상소학교를 다닐 때 2년간 먹여주고 재워 주셨거든. 또 우리 집에서 거기까지 가려면 산을 넘어야만 하는데 도착하면 밤이 되고 말았지. 그렇게 고모 집에 도착하니 경찰이 찾아왔어. 한밤중에 내가 찾아온 걸 이상하게 여긴 거지. 난 아무 잘못도 없으니까 있는 그대로 얘기하고 경찰서에서 집으로 돌아 왔지. 다음 날에 또 한 번 경찰서에 갔을걸. 몇 번이나 고모 집에 경찰이 왔는데 어딘가로 도망칠 생각은 하지도 않았어, 내 고모 집에 간 것이었으니까.

언제 일본에 돌아왔고, 고모를 만나고 싶어서 왔다는 것도 다 얘기했어. 그랬더니 경찰이 "그렇군요. 그럼 조심히 가시오." 하고는 그냥 가버렸어. 그 후론 오지 않았지. 그 당시엔 내가 일본으로 귀환한 후에 한국으로 보냈던 편지를 경찰이 와서 전부 봤다고 해. 친척들은 아무 말도 하지 않았지만, 나중에 그런 소릴 들었어. 편지에 무슨 비밀스러운 내용 같은 건 한 줄도 없었으니까.

고모 집에 갈 때 큼지막한 생선을 두 마리 샀지. 한국에서는 회를 떠서 먹는 생선인데 비싸서 어지간해서는 먹을 수가 없거든. 한 마리는 고모 집에 또한 마리는 조금 떨어진 곳에 고갯마루를 넘어가면 산 위에 또 다른 고모(아버지의 여동생) 집이 있었어. 다음 날에 그 고모 집에 갔는데 그때는 우리 집사람도 같이 갔거든. 잘도 나를 따라다녔지, 그 험한 길을. 얼음 때문에 미끄러워 걷기도 힘들었는데 말이야. 길이 너무 험해서 그야말로 서서 걷는 게 아니었어, 기어서 올라갔으니까. 그렇게 가서 고모에게 생선을 드렸지.

고모부한테는 내가 사할린에 있을 때 30엔을 보냈거든, 정말 감사했다고. 고모 집에서 학교에 다닌 2년간 밥을 먹여 주신 은혜라 할까. 그 돈을 받았는지 물어보니까 받지 못했다고 해. 그분이 거짓말을 하실 분도 아니고, 말 그대로 유권자(납세자)였으니까. 내가 보낸 돈은 받지 못했다고 했고 형편도 전보다 훨씬 더 안 좋았지. 재산은 전부 자식들에게 나눠 주고 고모부는 침을 놓거나 한약을 만들어 팔아 생활하셨어. 내가 사할린에서 돌아와 얼마 안 되었을 때라 그다지 돈도 없어서 선물로 회중시계 하나랑 바리캉, 머리 깎는 바리캉을 하나 갖고 간 적이 있어요. 음, 바리캉은 아이들 머리칼도 잘라줄 수 있고 또 마을 사람들 이발도 해 줄 수 있을 것 같았지. 이발해주면 그저 뭐라도 조금 받지 않겠나 싶어서. 그 고모부가 돌아가셨을 때 장례식에도 갔었어. 고모네 사촌 동생과 내가 같이 학교에 다녔으니까. 나보다 한 살 아래야. 군에 입대해서 중령이라 했나, 상당히 높은 지위에 있다더라고.

첫 번째 아내, 김도홍(金桃紅)은 내가 가라후토(사할린)로 떠난 후 10년 정도 나를 기다렸다고 해. 그런데 남편이 언제 돌아올지 알 수가 있었겠나. 가라후토가 소련령이 된 다음에는 한국에 편지를 보내지도 못했으니까. 그렇게 10년쯤 지난 후에 재혼한 게 아닌가 싶어. 나도 해방되고 난 후에 사할린에서 재혼했어. 재혼할 때 망설이지 않았냐고? 망설이긴 했지만 언제 한국에 돌아갈지 알 수 없었는걸. 그대로 평생을 그곳에서 살게 되면 한평생 혼자 살아야 했으니까. 음, 재혼한 건 옳았다고 생각해요. 그렇지 않았다면 일본으로 귀환해 올 수도 없었을 테고, 자식도 얻지 못했겠지? 그러니까 내가 일본으로 돌아오기 전에 둘 다 재혼한 셈이에요.

그렇게 해방이 되고 한국에 가서 첫 번째 부인을 딱 한 번 만났지. 이미 내가 60세가 넘어서 한국에 갔을 때였어. 그 사람은 강원도 어딘가 먼 곳으로 시집을 갔다고 했어. 내가 몇 차례 한국에 갔지만 그 사람이 친정 마을에 있다는 얘기는 못 들었거든. 그러니 만나려면 강원도까지 가야 했고 강원도 어디쯤인지도 몰랐으니까.

그렇게 한국에 몇 번째인가 갔을 때, 그땐 집사람과 함께 갔을 때였어. 그 사람이 친정에 다니러 왔다는 얘길 들었지. 그래서 한 번 만나 보려고 집사람에게 미리 얘기하고 그 집으로 찾아갔어요. 가서 물으니까 "어제 시댁으로 돌아갔는데." 하기에 "사이가 나빠서 헤어진 것도 아니고, 당시엔 그런 시절이라 헤어지게 된 것이니 어떻게 변했는지 한번 보고 싶다."라고 했더니 그 사람의 큰아버지가 도와줘서 만날 수 있게 되었지.

그런데 난 어딜 가든 바보 같은 짓을 해서 말이야. 방이 있었는데 거기에서 만나기로 해서 안으로 들어갔지. 방 안의 전구가 10w라서 어두웠어. 그 사람이 어두운 방 안에 서 있고, 나는 밝은 곳에서 들어오게 해서 내 얼굴을 볼 수 있게 할 생각이었던 것 같아. 난 그것도 모른 채 그냥 들어가서 "오랫동안 고생하게 해서 참 미안해. 고생 많았어."라고 인사를 하니까 그 사람이 뭐라고 하냐면 "지금은 당신 부인이 아냐."라고 하더군. 그 한마디가 왜 그리 언짢았는지 곧바로 방을 나갈까도 생각했는데, 얼굴도 제대로 보이지 않는 거야. 어두컴컴한 곳에 서 있었으니 얼굴이 보였겠냐고. 허허허.

아아, 이게 무슨 짓인가 싶어서 그냥 나와 버리고 말았어. 얼굴도 제대로 못 봤어. 그렇게 그 집에서 나오려는데 그 사람이 배웅을 나오더라고. 그날 밤은 달이 환하게 떠 있었어. 그 사람도 어느덧 나이가 들었으니 사람을 대하는 기량이 내 처하고 전혀 비교가 안 되었지. 그 사람의 삼촌도 내 아내를 보고는 "이렇게 예쁜 각시를 어디에서 얻은 거야?" 하며 부럽다는 듯 얘기했거든. 벌써 40년 이상 지났으니까 둘 다 예순이 넘었지.

첫 번째 부인은 나보다 한 살 아래라 쥐띠였어. 음, 참 오랜만이었지. 그런데 그렇게라도 만나게 되어 반갑다는 말조차 못 했어. 내가 방에 들어가서 "오랫동안 고생시켜서 미안해."라고 했는데 왜 존댓말을 쓰지 않냐며 "나는 이제 당신 부인이 아냐." 그 말만 했어. 그렇게 방을 나와 버리고는 그걸로 끝이야. 그래도 배웅은 해 주어서 달빛에 잠시라도 그 사람 얼굴을 볼 수 있었으니 그걸로 됐지 뭐.


내가 아버지 산소에 묘비를 세우고 싶다고 하니 본가의 형님이 "5대 선조까지 거슬러 올라가 먼저 그분들 묘비를 전부 한 다음에 우리 부모의 묘비를 해야 한다. 부모님 묘비만 만드는 건 안 된다."라고 하시더라고.

우리가 일본에 귀환해 왔을 때는 마침 경기가 좋아서 토목공사 일은 얼마든지 있었어. 전에도 말한 것처럼 도로 같은 걸 파면 예전에 묻은 전화선이나 죽은 수도관들, 더 이상 쓰지 않은 동관들이 나왔거든. 그것들을 다 잘라서 고물상에 가져가 팔았지. 그 돈을 똑같이 나누는 거야. 그런 식으로 모은 돈과 내 용돈 등을 전부 모아서 보냈더니 형님이 그 돈으로 여기저기에 흩어져 있는 묘에 전부 묘비를 세웠지.

나중에 내가 고향에 있는 선조들의 묘에 한 번 간 적이 있어요. 조부님의 묘비는 정말 잘 세워놓았더라고. 이만한 높이였는데 위쪽도 옆면도 잘 연마되어 있었어. 그리고 비석 옆면에 어디의 몇 대 자손인 누가 세웠다고, 내 자식들의 이름도 새겨져 있었지. 조카의 이름도, 내 이름도 새겨져 있었고. 몇 대째 자손인 누가, 이런 식으로 새겨 있었어. 5대까지 거슬러 올라갔으니 조상들의 묘비가 한둘이 아니었지. 아버지는 이쪽 산, 어머니는 저 너머 산이기도 했으니까. 할머니, 할아버지, 그렇게 5대나 되는 조상들의 묘비를 전부 세워야 했어.

그 묘비들을 다 보지는 못했지만 본가의 형님이 전부 다니며 세우셨을 거야. 본가에는 그런 걸 할 만한 여윳돈이 없었어. 묘비를 세운다고 형편이 나아지는 것도 아니니 아무 상관도 없는 일이지. 그건 조상을 공경하는 마음이랄까, 효행이랄까, 단지 그것뿐이야. 묘비를 세울 때도 꽤 잘 살고 형편이 좋은 친척들도 있었지만 아무도 돈 한 푼 보태주지 않았어.

내가 나중에 한국에 갔을 때 손자가 그럽디다. "할아버지의 공적을 나는 알아요."라고. "너 하나만 알아도 된다, 그걸 알아주면 됐다."라고 말했지. 그날은 우연히 그 손자 어미의 장례식 날이었는데, 말하자면 손자가 종손이고 조카며느리의 장례였으니 나도 참석했지. 그 집에 가서 시신을 모시고 묘지를 한 바퀴 돌고 나서 산으로 간 다음 그 조카며느리네 밭에 있는 묘지에 장사를 지냈어. 또 그 집의 조카가 묻혀 있는 곳도 가보았고. 묘가 한곳에 모여 있으면 문제가 없는데 다들 흩어져 있으니 묘비도 결국 여기저기에 세워야 했어. 성묘도 한 번 가려면 산꼭대기까지 올라가야 해서, 아이고, 굉장히 힘들어요. 4박 5일로도 날짜가 모자랐어.

## KCIA본부로 연행되다

1963년인가 64년 무렵이었던가, 본가 형님의 환갑잔치 때 한국에 갔어요. 그때 동아일보사에도 찾아갔지. 원래 거긴 신문사이지만 라디오방송이 생겼어요. 그래서 나도 사할린에 관해 하고 싶은 얘기가 많았으니까 방송에서 얘기해도 좋은지 물었더니 좋다고 했어. 내가 방송했던 곳은 넓은 공간에 그저 마이크 하나만 있는 곳이었어. 아무도 없었지. 그 방송은 사할린으로 송출되는 국제방송이었어.

그 후엔 외무부에도 갔어. 당시는 외무부라고 하지 않고 무슨 해외교포……. 뭔가 좀 특이한 이름이 아니었나 싶어요. 거기 가서 담당과장과 만나서 음, 내가 하고 싶은 얘기를 했지. 사할린에 한국인이 이토록 많이 남아 있고 고향으로 돌아오고 싶어서 다들 목이 빠지게 기다리는데 본국에서는 아무런 얘기도 없다고. 오늘은 좋은 소식이 있으려나, 혹시 내일은 소식이 올까, 매일 라디오에 귀를 기울이고 있는데 아무리 기다려도, 지금까지도 좋은 소식 하나 없다고.

그 얘길 외사과에 가서 한 거죠. 동아일보사 방송국에서 사할린을 향해서 내가 말한 것도, 사할린에 있는 수만 명의 한국계 사람들을 언제 데려올 것인지, 밤낮없이 목이 빠지도록 좋은 소식을 기다리느라 라디오에 귀를 기울이고 있다고. 그곳에 있는 사람은 하나같이 팬티 한 장만 입고 고향에 가라 해도 다들 흔쾌히 돌아온다, 그저 돌아오고 싶다는 사람들뿐이라고. 그런데 이승만 대통령, 윤보선 대통령, 그리고 지금의 박정희 대통령은 해외에 나가 있는 자국 동포들을 위해 무엇을 하고 있는지 알 수가 없다고 말했지.

어린 자식이 형편상 해외로 나갔다가 그 자식이 성장해서 부모 곁으로 다시 돌아오려고 하는데 살림이 넉넉하지 못하다고 돌아오지 말라고 할 부모가 어디 있느냐고 예를 들면서까지 얘기했어. 그 후에 외무부로 가서 담당자를 만나 정신없이 얘길 했더니 그 과장도 내가 너무 저돌적으로, 영문도 모르는 얘기들을 쏟아내서 아마도 화가 나서 KCIA(중앙정보부)에 알렸던 것이 아닐까.

정신없이 얘기하다가 이렇게 보니까 키가 큰 사람과 작은 사람, 둘이 들어오더라고. 옳거니 잘 됐다, 모처럼 내 나라에 왔으니까 내 나라 정부에서 나온 사람에게 하고 싶은 얘기를 다 하겠다는 심산이었는데, 키가 큰 사람이 내 앞에 서서 "잘도 지껄이는데." 이런 식으로 말하더라고, 한국말로 말이야. 내가 이렇게 고개를 들어 그 사람을 쳐다보고는 '하아, 이건 나를 체포하러 온 것이다' 생각했지. 내가 입을 다물고 가만히 있으니까 '갑시다' 하더군. 뭐, 일단은 같이 가자고 하니까 안 갈 수도 없지. 그렇게 잠자코 따라갔어요. 키가 큰 사람이 앞장섰고, 나를 가운데 두고 키 작은 이가 내 뒤에 따라붙어서 밖으로 나갔는데 이미 차가 대기하고 있는 거야.

그렇게 그 차에 타고 데려갔는데 어디로 가는지 몰랐어. 알 수가 없지. 서울 이곳저곳을 걸어 다녀 본 적도 없고, 몇 차례 오긴 했어도 서울 비행장에서 버스로 갈아타고 곧바로 내 고향으로 가서 친척들과 만나거나 아니면 택시를 타고 공항까지 와서 일본으로 돌아오곤 했으니 서울은 어디가 어딘지 알 리가 없었지.

무슨 광장 같은 곳이었어. 아마 운동장이었던 것 같아. 차가 멈춘 후 내려보니까 벽돌로 지은 5층짜리 건물이 있었어. 그렇게 크지는 않았지. 그곳으로 나를 데려갔는데, 그 사람들은 대화할 때 일본말도 아니고 한국말도 아니고 영어로 유창하게 말하는데 무슨 말을 하는지 알 수가 있나. 음, 그래서 저 말은 문제 있는 놈을 데리고 왔다고 알리는 것이다, 나를 그들에게 보여주고 있다는 생각이 들었어. 그저 잠자코 따라갈 수밖에 없었지. 그렇게 5층까지 걸어 올라가는데 한 층씩 올라갈 때마다 만나는 이에게 뭔가 영어로 얘길 했으니까.

5층까지 올라간 뒤 우회전하더니 이번엔 아래로 내려갔지. 그리고 그 운동장에서 조금 떨어진 곳에 오래전에 폐교된 학교처럼 보이는 낡은 건물이 있었는데 거기로 들어갔어. 음, 나는 말없이 그들을 따라서 걸을 뿐이었지. 그곳에 들어갔더니 허름한 책상과 의자가 있었고 그 의자에 앉으라고 하더니 곧바로 내 진술서를 작성하는 거야. 온갖 얘기들을 꼬치꼬치 캐물었어. 그래서 내 역사를 그대로 전부 얘기했지요. 조선에 있을 때는 어디에 살았고, 지금도 호적은 그곳에 있다고. 또 소학교까지 다녔는데 너무 가난해서 사립학교, 보통학교, 심상소학교까지 세 곳의 학교에 다녔고, 마지막 2년 동안은 친척 집에서 밥을 얻어먹으며 학교에 다녔다고. 그 후에 가라후토(사할린)에 있는 인조석유주식회사라는 곳으로 징용을 갔다. 처음엔 모집되어서 갔는데 근무 기간이 끝나고 돌아오려 했더니 헌병이 들이닥쳤다. 합숙소에는 200명이 함께 있었는데 전원을 광장에 모이게 하더니 "너희들, 이런 비상시기에 돌아간다니, 어디로 돌아간다는 거냐!? 오늘부터 너희들은 현지 징용이다!" 그 한 마디로 끝이었다. 당시 같이 있던 사람 중에는 젊고 패기 있는 사람이 있었는 데, 그가 항의하니까 곧바로 '타코 베야'로 끌려갔다가 몇 개월 후에 돌아왔 다. 얼마쯤 지나 8월 15일에 일본 천황이 무조건 항복을 선언하고 전쟁에서 패한 것까지 있는 그대로 전부 얘기했어요. 그랬더니 지금은 일본에서 무슨 일을 하고 있는가, 그것도 전부 묻더라고. 음, 일본에 와서는 어딜 가도 우리 한국인은 고용해주지 않는다고. 돈은 얼마나 갖고 있느냐고도 물었지.

음, 여하튼 내가 하는 얘기를 전부 기록했어. 사할린에 언제 가서 이런저런 이유로 돌아왔고, 그리고 지금은 그곳에 남은 우리 민족을 돕기 위해서 이런 모임을 만들어서 활동하는 중이라고 했지. 이번에 한국에 온 것은 형님의 환 갑잔치가 있어서 왔다고. 또 내가 일본으로 귀환해 왔을 때 동아일보사에서 많은 도움을 주셨기에 겸사겸사 동아일보사에도 갔노라고. 거기 가서 물으니 까 방송국이 있다고 해서 허락을 얻어 사할린을 향해 내가 하고 싶은 얘기를 했다고.

아무튼 있는 그대로 모두 얘기하고 음, 진술은 끝났지. 그 이야기를 하는데 어림잡아 3시간 가까이 걸렸을 거야. 아침 무렵에 외무부에 가서 거기서 다 시 정보부 사람들에게 붙들려 여기저기 돌아다니다가 겨우 진술서 작성이 끝나니 어느새 저녁이었으니까. 그때까지 라면 한 그릇이라도 먹겠냐고 묻지 도 않았어요. 아마 거기선 아무것도 먹지 못했어, 다 끝날 때까지. 아침밥을 먹은 것이 다였어요.

그렇게 진술서 작성이 끝나자 "당신, 여기가 어딘 줄 알아?"라고 묻기에 "아뇨, 모릅니다. 저는 한국인이지만 계속 외국에 나가 생활해서……."라고 했지. 그랬더니 그 사람이 내게 말하더라고. "여긴 서울운동장 뒤야." 서울운 동장 뒤편이었어. "이렇게 말하면 대부분은 다 알아듣거든." 하더군. 그런데 나는 "모릅니다." 했지. "당신이 한 일은 아주 좋은 일이라 당신 발로 걸어서 여길 나갈 수 있어."라고 했어.*(주23 표창장이라도 주면 좋겠지만 자신은 그런 일까지는 할 수 없다는 말도 들었다) "아, 그렇습니까?" 이곳은 빨갱이, 공산당 놈들을 잡아서 족치는 곳이라고, 분명히 그런 얘길 했어요. 또 "지금부터 고향으로 돌아가도 좋은데, 갔다가 돌아오는 길에 다시 이곳에 들러서 놀다 가시오." 하더라고. 그래서 나는 바보같이 형님의 환갑잔치를 마치고 다시 서울로 왔어요. 음, 그 사람이 아직 그곳에 있는지 어떤지도 모르고, 그저 '서울운동장 뒤'라는 곳을 5층 벽돌 건물만 의지해서 찾아갔지. 그리고 내게 준 명함을*(주24 명함에 직함은 없고 남(南) 씨였다고 한다. 애초부터 가짜 명함이었다) 꺼내서, 그 명함도 어쩐지 낡은 명함이었는데 "이 사람, 여기에 있습니까?" 하고 물었더니 "그런 사람 없습니다." 하더군. 음, 만약 그곳에 있었더라도 아마 "아, 그렇습니까. 잘 다녀왔습니까."라는 인사만 하고 나를 상대해 줄 인간은 아니었겠지만.

그 후에 해외교포 사무장이라는 사람과도 만났는데, 그이에게 식사를 대접 받기도 했어. 그 사람에게 내가 말했어요. 거기 끌려가서 이런저런 조사를 받고 이렇게 다시 돌아왔다고. "아, 그렇습니까." 하더군. 내가 "난 운 좋게 이렇게 나왔습니다."라고 하니까 "아니, 만약에 당신이 감옥에 들어가는 일이 생긴다면 우리가 가만 있지 않을 겁니다." 그런 소리를 듣긴 했지.

어느 날, 내가 라디오에서 한 방송이 재방송됐다는 말을 들었지. 처음엔 준비한 원고도 없이 그저 말만 했으니까. 내가 어떤 식으로 얘기했는지 꼭 다시 한번 듣고 싶었어. 마침 묵고 있던 여관에 라디오가 있어서 신문에 나온 방송 일정표를 보고 미리 기다리고 있었는데 방송 시작 5분쯤 전에 갑자기 "사정상 방송이 중지되었습니다."라는 안내가 나왔어. 그래서 재방송은 듣지 못했어요.

그 후 무슨 용무가 있어서 택시를 탈 기회가 있었어요. "혹시 동아일보사 라디오방송에서 사할린에 관한 얘기가 나오지 않았습니까?" 하고 기사에게 물어보았어요. 그랬더니 "아, 그러고 보니 사할린 어쩌고 하는 방송을 들었습니다."라고 택시 기사가 말해줬어요. 아아, 그렇다면 역시 방송이 나갔구나 싶었지.

당시에 나를 조사한 사람이 마지막에 말하기를 "이건 박 대통령이 직접 명령한 것이다." "혹시 이러저러한 내용의 방송이 나오면 그놈을 조사해라." 음, 결국 내가 방송에서 박 대통령 비판한 셈이었어. "해외에 사는 동포를 위해 무엇을 해 주었습니까?"라고 분명히 얘기했으니까. 난 사실을 말한 거예요. 나쁘게 말하면 욕을 했다고 하겠지만 나는 나쁘다고 생각하지 않아. 음, 조금 골치 아픈 일이 있긴 했거든.

박 대통령의 오른팔로 불렸던 차지철이라는 사람이 있었지. 그가 일본에 왔는데 우리를 한국대사관으로 부르는 거야, 차지철 본인이. 그리고 그 자리에는 우리가 박 대통령에게 보낸 진정서가 있었어. 그가 우리에게 뭐라고 했냐면, "왜 대통령에게 이렇게 험한 소릴 했나?" 하더라고. 그때 모임의 고문을 맡고 있던 장재술, 박노학, 심계섭과 나까지 넷이 갔는데 다들 아무 말도 안 해. 그래서 내가 '오뉴월 닭이 오죽하면 지붕 위로 날아오를까'라는 속담을 말했지. "사할린에 있는 사람들이 얼마나 고향으로 돌아오고 싶어 하는지, 그건 그곳에 억류되었던 사람이 아니면 모른다."라고 했어. 내가 그렇게 말하니까 차지철이 더 이상 아무 말도 못 했어.

진정서가 박 대통령에게 전달된 것은 분명해. 그러니까 차지철이 그걸 일본까지 갖고 온 거라고. 진정서를 언제쯤 보냈냐고? KCIA(중앙정보부)에 끌려가기 전에 이미 보냈지. 그것 때문에 주변에서 말들이 많았어요. 하지만 나는 '우리 민족을 우리가 도와주지 않으면 누가 도와주나. 일본인이나 미국인이 도와줄 것 같은가.'라고 말했어요. '우리 민족을 같은 민족이 도와야 하지 않나.' 그 말에는 아무도 불평하는 이가 없었지. 그러니까 나는 어디를 가더라도 있는 그대로 분명히 말해요. 그게 뭐가 잘못됐냐고. 내가 직접 겪고 왔으니까. 가라후토(사할린)에서는 모이기만 하면 고향 이야기뿐이었어.

## 사할린—일본—한국 간 편지 중계

우리가 한국에 가서 중소(中蘇) 이산가족회를 만들게 했어요. 한국에 있는 가족과 사할린에 남아 있는 사람들을 연결해 주고, 귀환 문제를 해결하기 위한 운동을 펼치자며 한국에서 많은 일들을 했어요. 그리고 사할린에서 편지가 오면 우리는 그걸 한국에 있는 <중소 이산가족회>로 보냈고, 한국에서 편지가 오면 사할린에 있는 개개인의 주소로 보내기도 했지. 답장이 오면 우리 모임에서 다시 한국으로 보냈어. 다카기 켄이치高木健一 변호사가 <중소 이산가족회>를 오랫동안 응원해 주었어요.

그런데 한(韓) 씨라는 사람이 회장을 맡고 있을 때였지. 그의 아버지가 사할린에 있었거든. 그래서 그분을 한국에 데려가려고 온갖 애를 썼는데 도무지 안 되더라고. 그래서 나중에 공명당의 구사카와 쇼조草川昭三 의원이 나서기도 했는데, 그 후로도 10년 이상이 걸려 간신히 올 수 있게 되어 한국으로 갔어요. 한국으로 간 지 몇 년 지나지도 않아서 그의 아버지가 돌아가셨는데 그 문제로 구사카와 의원과 우리가 결별하게 되고 말았지. 그 의원도 사할린 문제를 어떻게든 해결해 보려 했는데 우리를 배제시키고 하려 했어. 아직 박노학 씨가 살아있을 때였어요.

<중소 이산가족회> 회장은 여러 번 바뀌었어. 그중에는 우리가 보기에 이상한 놈도 있었지. 기독교계에서 뭔가를 맡고 있고 얼굴은 멀쩡한데 뭔가 한 밑천 잡으려는 것 같은, 그런 생각만으로 행동하던 놈도 있었어. 소련에도 모임이 만들어졌는데 사할린 동북한국인회였던가…….

## 잔류 조선인의 일본 초청 및 가족 재회 운동

가장 마음이 아팠던 일은 말이죠, 1976년이었을 거야. 사할린에서 4명이*(주25 안태식(安泰植), 황인갑(黃仁甲), 백낙도(白樂道), 강명수(姜明壽)) 출국 허가가 나왔거든요. 오도마리(코르사코프)에서 귀환 운동을 펼치고 있던 김영배(金永培) 씨에게 연락이 왔는데, 200명 정도 출국 허가가 나올 것 같은 상황이고, 모두 고향에 돌아가고 싶어 한다고요. 그는 이전부터 이 일을 돕고 있었는데 매번 출국 허가 문제로 일이 꼬여서 결국 목적 달성은 하지 못했거든. 그런데 이번엔 정말 소련에서 출국 허가를 받은 거예요, 아내도 없이 혼자 사는 4명이.

아무리 혼자여도 먹고 살려면 최소한의 가재도구는 있기 마련이죠. 그 4명이 가재도구를 전부 처분해 나홋카*(주26 당시 일본의 총영사관이 사할린에는 없었고 연해주 나홋카에 있는 영사관이 가장 가까운 곳이었다)까지 가서 일본 입국 허가를 요청했는데, 나홋카 일본총영사관이 뭐라고 하냐면 한국 정부의 입국허가증이 없으면 안 된다고 한 거예요. 한국 정부는 됐으니까 일단 일본으로 입국만 시켜 달라고 부탁했는데 절대 안 된다고. 그래서 한국 정부에도 얘기했는데, 소련에 있는 사람이 한국에 올지 안 올지도 모르는데 입국허가증을 내줄 수 없다, 그런 법률은 없다는 거야. 어떻게든 일본까지 오게 하려고 한 것인데 일본 정부는 한국 정부의 허가가 먼저라고만 했지. 그러는 사이 기한이 만료돼서 그 4명이 눈물을 쏟으며 다시 사할린으로 돌아가고 말았잖아.

그 사람들, 어쩌면 좋으냐고……. 가재도구는 이미 모두 처분하고 거기까지 왔는데. 결국은 한국에는 가지 못하고 이미 저세상으로 떠나고 말았어. 이런 비극이 어디 있느냐 말이죠. 일본의 정신, 마음 씀씀이가 전쟁 전과 비교해서 무엇 하나 달라지지 않은 증거라 생각해. 일본 정부가 왜 그런 정책을 취했느냐면 일본에 입국해서 한국으로 가지 않고 일본에 눌러앉아 살까 봐 그것이 싫어서였어. 그 생각만 하면 울화가 터져요.

음, 그나마 이 정도로까지 사할린 문제를 제기할 수 있는 형태를 갖춘 건 도쿄대학 교수인 오누마 야스아키大沼保昭 선생님의 힘이 컸다고 생각해요. 오누마 선생님이 나중에 얘기해 주었는데, "솔직히 이제야 말하는 것이지만, 사할린 문제에 대해선 누가 뭐라 해도 여러분이 가장 훌륭합니다." 그렇게 말해 주었어. 뭐, 온갖 얘기들이 들려왔거든. 같은 동포 사람인데도 "그놈들, 내일 먹을 아침밥도 없는 주제에 민족운동을 한답시고 떠들고 다닌다."라고도 했으니까.

물론 대놓고 말하는 사람은 없어도 뒤로는 그런 소문이 들려왔지. 민단 중앙본부가 여전히 우리를 달갑게 여기지 않았다고 할까, 우리를 인정하지 않앉던 건 내가 민단을 그다지 좋게 말하지 않아서 그런 거야. 물론 조총련에 대해서도 좋게 얘기하진 않지만 말이야.

그 당시 일본은 진무경기(神武景氣 1955년 12월~1957년 6월까지의 경제적 호황기_역자 주)라 해서 경기가 아주 호황이었어. 그러니 일본에는 돈 많은 조선인도 많이 있었지. 그런데 한국에서 매달 1억 원씩, 매년 12억 원을 지원해 준다는 얘기를 들은 적이 있어요. 민단이 본국에서 받는 돈 말이에요. 우리가 그 돈을 확인할 수는 없었지만 여러 활동을 하다 보면 그런 소식이 귀에 들어오기도 하거든. 그래서 우리는 민단에 대해 별로 좋은 얘긴 안 했어요, 솔직히 말해서. 그런 일도 있어서 민단이 우리를 그다지 인정 안 하는 것이라고 봐요.

음, 일본이 그렇게 나쁘다고 생각되면 일본에 있지 말고 너희 나라로 돌아가면 되지 않느냐고 하는 일본인도 있었지. 한두 사람이 아니야, 상당히 많았어요. 아무 불평도 하지 말라면서. 주어진 일을 해서 번 돈으로 밥 먹고 살면 된다고. 이러쿵저러쿵 불평하려면 너희 나라로 가면 되지 않느냐고 하는 일본인도 있었지요. 있긴 했지만 그런 말을 듣는다 한들 어찌할 수가 없지. 방법이 없었어, 본인들의 능력으로 무언가 될 수 있느냐, 아무것도 되지 못했어.

그렇게 우리가 막노동 일을 하면서까지 이 활동을 하는 것을 보고 오누마 선생님이 뒤에서 그런 말을 해 준 겁니다. 우리가 하는 모습을 보고 있자니 너무 무지하다랄까, 어설프다고 할까, 좋은 면이 하나도 없는데도 막노동 일을 하며 이 활동을 계속하는 걸 보고는 우리가 정말 진심이라는 걸 알게 됐다고, 그런 말을 해주었어.


사할린에 있는 사람들을 일본으로 초청하는데, 처음에는 그들의 보증인을 세우는 일이 말도 못 하게 힘들었어요. 일본인은 아무도 보증을 서려 하지 않으니까. 그래서 오누마 선생님이 보증을 서 주기도 하고, 다카기 켄이치 변호사가 서 주기도 하고, 일본 방송국의 여성 아나운서가 서 주기도 했지. 그 사람들 이름으로 초청해서 사할린에서 온 조선인들을 내가 빌려 놓은 그 함바로 데려왔으니까.

당시에는 말이죠, 그저 여기저기 찾아가서 서류에 사인만 받으면 초청장이 된다고 생각하면 큰 오산이야. 일본 외무성에 가면 전부 수수료를 받아요. 1인당 3천 엔씩.*(주27 의원간담회가 생긴 후로는 수수료를 내지 않았다고 한다) 소련대사관에 가도 수수료를 받아요. 그쪽도 3천 엔이었지. 그렇게 서류를 만들려면 러시아어를 번역해야 하잖아? 그 서류를 전부 번역하는데도 돈이 들거든. 내가 할 수 없으니까 어디로 가서 했냐면 신주쿠新宿에서 오다큐선小田急線을 타고 다섯 번째 역에서 내리는데, 거기에 번역하는 사람이 있었어. 한 장에 1만 엔이야. 비싸다고? 왜냐면 다른 곳에는 그런 걸 하는 사람이 없었으니까. 고작 한 사람의 서류를 번역하는 비용이야. 거기다 가족이 몇 명 같이 오니까 그것도 번역을 부탁해야 했지.

그 일본인은 그래도 친절하게 아주 잘해 주었어요, 꽤 번거롭고 귀찮았을 텐데. 음, 정말 힘들었어요. 그런데 다카기 변호사는 그걸 다 어떤 식으로 했는지 모르겠어, 어딘가에 부탁을 한 것인지. 그 사람은 변호사였으니 그런 서류를 만드는 일은 프로였지. 우리처럼 번역하는데 많은 돈을 들이지는 않았을 거야.

그 후 내가 마에다前田 건설주식회사에서 하청받아 일하고 있을 때, 하청회사 사장에게 부탁해 본사의 증명을 받고 내가 보증인이 돼서 3명 정도 초청했어. 좀 더 많이 초청하려고 했는데 집사람이 말려서……. 그래서 더는 할 수 없었지요.

음, 눈물 없이는 듣지 못하는 이야기도 있어요. 아마 정(鄭) 씨였던 것 같은데. 그 사람은 가라후토(사할린)에서 한 일본인과 굉장히 사이가 좋았나 봐요. 그 일본인이 전쟁터에 나가면서 "집 한 채의 관리를 좀 부탁합니다."라며 맡기고 갔다고 해. 부탁받았으니 그 집을 성실하게 지켰다고 해요. 그 일본인은 운 좋게 죽지 않고 돌아왔는데 그가 일본으로 온 다음에 옛 우정을 잊지 않고 정 씨를 일본으로 데려오려고 온갖 수소문을 했던 거야. 주소도 알려주고 편지를 주고받으면서…….

덕분에 정 씨가 일본으로 올 수 있게는 되었대요. 군에 있었던 그 일본인이 정 씨를 밀항선에 태워 홋카이도까지는 귀환시켰는데, 그만 일본경비대에 발각되고 말았고, 타고 온 배에 조선인만 태워서 다시 돌려보냈다는 이야기도 들었어요.

손치규(孫致圭) 씨(사할린 체홉 거주)의 귀환을 환영하고 있다.
(요코하마 항구 오상바시(大桟橋), 1971년 7월 10일, 이희팔 씨 촬영)

우리는 가족 재회 운동을 꾸준히 했어요. 가족들을 만나게 하려면 비용이 많이 들죠. 아무래도 일본에 오면 식사도 해야 하고, 잠을 잘 곳도 필요하니까. 공산국가의 감옥 같은 곳에서 사는 사람들이니 여기 오게 되면 적어도 아사쿠사淺草 정도는 구경시켜 주고 싶었어. 우리는 겪어봤으니까 이런 얘기를 할 수 있는 겁니다. 그렇게 해 주려고 마음먹고 있었는데 그게 생각처럼 되지 않았어.

누가 일본에 올 때마다 호텔에 묵게 할 돈은 도저히 마련하지 못하니까 아파트를 빌렸지. 빌리려면 권리금도 필요하고 월세도 들어요. 그 비용은 모두 다카기 변호사가 마련해 줬어요. 보증금이 37만 엔인데 전부 그분이 마련해 주었지. 게다가 월세가 7만 7천 엔이었나, 이젠 다 잊어버렸지만 어쨌든 매달 꼬박꼬박 보내줬어요. 보내준 돈으로 달마다 분명히 월세를 냈으니까. 그렇게 2년쯤 지나니 이번엔 정세가 조금 달라졌어요. 김덕순(金德順)이라는 아주머니의 이야기인데. 사실 그전에도 사할린의 조선인을 초청해서 일본에 있는 동안 이것저것 안내해 준 일은 있었어요.

사할린에 박수호라는 사람이 있는데, 그는 사할린대학의 교수였어. 사할린에는 그 대학밖에는 없었지. 그러니 그는 당연히 공산당원이었고 국적도 물론 소련 국적이야. 그가 일본에 왔을 때는 내가 있는 곳으로 오지 않고 네리마練馬에 구라모토倉本 씨가 관리하는 숙소로 갔어. 당시 나는 회사*(주28 차남이 경영하는 물류회사) 차를 내 전용차로 빌려 쓰고 있었지. 그 차로 네리마練馬까지 가서 박수호 씨를 차에 태웠어요. 모처럼 자유국가인 일본에 왔으니까 잠깐 구경이라도 시켜주려고 말이죠.

야스쿠니 신사 쪽에서 국회를 빙 돌아서 도쿄 타워 쪽으로 가려면 고속도로 상행선이 나오거든. 그 도로를 타고 하네다 공항 앞을 살짝 돌아 우리 집으로 왔어요. 오는 도중에 여러 이야기를 했는데, 구라모토 씨에 대해서 이런 얘기를 해. 구라모토 씨가 관리하는 네리마練馬 숙소에 묵고 있는 조선인들이 별로 안 좋아한다고. 내가 구라모토 씨에 대해 잘못 알고 있는 것 아니냐고 말이야. 그래서 나는 내가 일하는 방식을 설명하면서 여기 내 집까지 그 사람을 데려왔어. 음, 내가 이런 곳에서 산다고 하고 또 함바 식당에도 데려가 보여줬어요. 그랬더니 박 선생이 네리마練馬에 있는 숙소에서는 사할린에서 온 이들을 어딘가 데려가 주는 일이 없었다고 해. 일본에 왔는데도 함바 식당에만 있게 하니까 기한이 다 될 때까지 계속 그곳에만 있었다는 거야. 그런데 우리 쪽은 내가 안내할 때도 있었지만 난 여기저기 일을 다녀야 했으니 집사람이 일본에 온 사람들을 아사쿠사에 데려가기도 했어. 5, 6명을 데리고 다니려면 전차비도 만만치 않아요. 나도 집사람에게 줄 돈이 없었지. 그러자 집사람은 자기가 모아둔 비상금을 털어서 썼어요. 그 돈도 결국 내가 벌어서 준 돈이겠지. 내가 번 돈은 전부 다 집사람에게 줘서 나는 돈이 없었어.

한 번은 이런 일이 있었어요. 한국에서 온 가족 중 한 사람이 아사쿠사에 가서 가죽 벨트를 보았나 봐. 그는 품행이 별로 안 좋은 인간이라더군. 벨트가 참 좋다고 계속 중얼거리더니 그걸 훔쳐서 가방에 쑤셔 넣었다고 해. 그런데 아사쿠사라는 곳은 온갖 사람들이 관광하러 오는 곳이라 거기서 장사하는 사람은 손님이 벨트 몇 개를 보았는지 똑똑히 기억하겠죠, 장사꾼이니까.

한참 후에 가게 주인이 벨트 하나가 부족하다고 말해 집사람이 혹시나 해서 알아보니 그 인간 가방 속에 들어 있었다는 거야. 이러면 안 된다, 돌려주라고 타일러서 돌려줬다고 해. 음, 내가 있을 때 그런 일이 생기면 적당히 그 자리에서 해결하고 다카기 변호사한테는 그런 내용이 전달되지 않게 했거든. 그런데 집사람은 다카기 씨한테 전화를 한 모양이야. 다카기 씨를 만나러 가니 그런 일이 있었다는 얘길 들었다 하더라고.

음, 별별 일이 다 있었지요. 소련에서 일본까지 와서 일주일 있기도 하고, 어떤 이는 한 달쯤 머무는 사람도 있었지. 여하튼 여러 곳에서 왔어, 소련 본토에서 온 사람도 있었고 타슈켄트에서 온 사람도 있었고.

1년에 50명 가까이 오는데 감당이 되었냐고? 그래서 그때는 긴자銀座에 있는 가네시로金城라는 사람이 우리 모임의 고문을 맡았어요. 그 사람은 돈이 많아서 여기저기에 아파트를 갖고 있었는데, 그중에 비어 있는 아파트에서 사람들을 임시로 지내게 한 적도 있으니까.

장재술(張在述)이라는 사람도 고문이었어. 그는 전쟁이 나기 전에 중학교도 졸업했고 머리도 똑똑했어. 글도 쓸 수 있어서 통일일보에 연재도 하고 <옥문도獄門島>라는 책을 낸 적도 있거든. 그는 전쟁 기간에 가라후토(사할린)에 있으면서 독립운동에 관여한 일로 체포돼 징역을 살기도 했어요. 우리가 일본으로 왔을 때 이미 그 사람은 일본에 와 있었어. 그도 처음엔 돈이 없어서 살림이 넉넉하지 못했지. 그런데 술을 좋아했어요. 술을 마시면 이런저런 얘길 하게 되잖아. 우린 그 사람에게 술을 대접할만한 여유가 없었어. 먹고 살기도 힘들었으니까. 그 사람처럼 느긋하게 살 여유가 없었거든. 결국 술을 사줄 기회가 한 번도 없었어. 우리 모임의 고문이긴 해도 딱히 뭔가를 한 것은 아니었고, 그저 내가 갖고 있던 자료를 이용해 통일일보에 오랫동안 연재 글을 써 주었어요.

다카기 켄이치 변호사사무소에 K라는 사무원이 있었어요. 그 여성이 욕심을 내고 이 일은 자기가 맡아서 해야겠다고, 그렇게 마음을 먹었던 것 같아요. 혼자 직접 사무소를 차리고 민단의 부인회를 찾아가 기부금을 받기도 했어……. 그런 식으로 돈을 좀 벌려고 한 건지, 아니면 사업을 해 보려고 했는지는 모르겠지만 결국은 뜻대로 되지 않았거든? 왜냐면 내가 두 눈을 부릅뜨고 지켜보고 있었고, 다카기 변호사 또한 그걸 가만 놔둘 사람이 아니거든.

음, 온갖 사고를 치고 결국에는 변호사사무소를 그만두고 나간 것이 아닌가 도 싶어요.

## 국회의원 간담회 결성

의원간담회(사할린 잔류 한국·조선인 문제 의원간담회)가 만들어질 때 누가 가장 애를 썼냐 하면, 내 힘만으론 못하지. 바로 오누마 야스아키大沼保昭 선생님입니다. 우리의 활동을 오누마 선생님이 보고는 처음엔 우리가 그저 흔한 재일 조선인들처럼 이것저것 요구하는 것 아닌가 생각했는데 그게 아니었던 거야. 뭐랄까, 어떤 식으로 활동하는 건지 도무지 알 수 없다고 해야 하나, 너무 빈 약한 방식으로 일하니까 도저히 그대로는 보고 있을 수 없어서 오누마 선생이 직접 <화태 귀환 재일한국인회를 돕는 모임>을 만들기로 한 것이야.

그런데 여기저기에 도움을 요청해도 사람들이 모이지 않았어. 두 차례 정도 집회를 열었는데 한 사람도 안 왔어. 그래서 결국 그 모임도 자연스레 없어지고 말았어……. 그런데도 오누마 선생은 이 문제를 어떻게든 해결해야겠다고 했어요. 그로부터 십수 년 동안 그분이 여러 가지로 머리를 짜냈는데, 결국 이 문제는 정치적으로 해결해야 한다고 말했어. 아마도 도쿄대학 법학부 조교 수라는 자존심도 있었던 거야. 그때는 조교수였어. 조교수인 사람이 이 문제에 관여한 채 그냥 내빼는 건 있을 수 없다, 일본의 수치라고 생각했던 것 아닐까. 우리가 십 년, 이십 년 이상 온갖 활동을 해 왔지만, 그 선생은 정치가를 이용하지 않으면 제대로 해결될 수 없다며 의원간담회를 만들려고 한 거지. 그런 사정을 나중에 자세히 전부 말해주었어요, 오누마 선생님이 말이야.

간담회가 생긴 것이 1987년 7월이었나. 아직 박노학 씨가 살아있을 때죠. 간담회가 만들어지자 서둘러 준비해 곧바로 간담회 소속 의원들이 모스크바로 날아간 겁니다. 하라 분베이原文兵衛 의원, 이가라시 코조五十嵐広三 의원, 다카기高木 변호사와 당시엔 구사카와 쇼조草川昭三의원, 시라카와 카츠히코白川勝彦 의원이 갔을 거예요.

소련 측과 어떤 얘기를 나눴냐고? 우리가 귀환 운동을 펼쳐도 소련 정부에는 절대 폐를 끼치진 않겠다, 또 이 문제는 정치적 활동이 아니라 어디까지나 인도적 문제라고, 우리가 늘 했던 얘기를 말하지 않았을까요. 그런 식으로 얘기가 진행되어서 모두 이해했고 그래서 사할린까지 가게 되었으니까. 또 사할린에 있는 조선인들과 만나서 대화도 나누고 돌아왔어요. 우리도 일본 정부를 찾아가 얘기하긴 했지만 우리 얘기는 신빙성이 없어 믿을 수 없다는 말만 들었거든.

그 후에 얼마 지나지 않아 일본적십자사 대표와 사무장 그리고 외무성 직원이 모스크바로 날아갔어요. 간다는 건 알고 있었지만 뭘 하러 가는지 물어보지 못했어. 아, 우리가 한 얘기를 확인하러 간다는 건 알고 있었지. 그런데 돌아와서도 아무 얘기도 해주지 않았어. 그래서 우리가 물었죠. "어땠습니까? 우리가 거짓말을 하기라도 했나요?" 물어도 아무 대답도 안 해. 그때는 우리도 정말 있는 힘을 다 쏟았으니까.

그렇게 의원간담회가 만들어지고 우리 활동이 좀 편해졌냐 하면, 사할린에 있는 사람들을 초청하는데 신원보증인을 세우지 않고도 우리 서명만 있으면 가능하게 되었지. 그래서 정말 일이 수월해지긴 했어요.

그 당시는 소련에 있는 동포를 초청하고 한국에 있는 가족도 불러 일본에서 만나게 했던 때였으니까. 그전까지는 그 사람들의 신원보증인을 구하느라 정말 애를 먹었거든. 조선인은 신원보증인이 될 수 없다고 하는 데다 일본인이라 해도 그 사람들이 일본에 와서 몇 주를 머물든 상관없이 모든 책임을 져야 했고, 무사히 사할린으로 돌아갈 때까지 책임져야 했으니까. 어느 정도는 힘이 있는 사람, 재산가인 일본인이 아니면 외무성에서 신원보증인으로 인정해주지 않았어요. 그러니 보증인이 되어줄 사람이 없을 수밖에. 그런데도 그때 신원보증인이 되어 준 사람이 오누마 선생님, 다카기 변호사, 일본 방송국의 우노 요시코 아나운서 그리고 또 다른 변호사가 몇 명 있었고, 정치가도 몇 사람 있었어.

의원간담회가 생기기 직전에야 조선인도 신원보증인이 될 수 있었지. 그 당시 나는 마에다건설회사의 하청회사에서 하네다 공항 매립공사를 하고 있었어. 그 회사에서 보증인이랄까, 회사의 증명서를 두 번 정도 받았어요. 나중엔 얼마든지 받을 수 있게 되었는데 집사람이 반대했어. 쓸데없이 나서지 말라며 집사람이 역정을 내서 그 후론 증명서를 받는 일을 그만두게 됐어. 그랬더니 전 회장이었던 박노학 씨가 나한테 증명서를 받는데 협력을 안 한다며, 그래서 사이가 조금 나빠졌거든. 누구보다 상황을 잘 알면서 힘이 되어줄 증명서를 받아오지 않는다고…….

집사람이 왜 반대했냐고? 그 일로 세금을 더 내야 할지도 모른다는 얘기에 겁을 먹었던 거야. 세금 같은 건 아무 관계도 없을 거라 했지만 내 말을 들으려 하지 않았으니까. 나로서는 괴로웠지만 아무 말도 못 했어.

의원간담회가 생긴 후부터는 신원보증인 없이도 초청할 수 있게 됐지. 내 서명만 있으면 통과되었으니까. 그런데 얼마쯤 지나니 또 조선인 보증인은 안 된다고 하는 거야. 초청하는 사람이 조선인이면 안 된다고. 그 말에는 정말 기가 막혔지. 하지만 난 집사람 이름으로라도 초청하기로 했어. 집사람은 싫어했는데 막무가내로 내가 서류를 만들어 버렸으니까.

당시에는 일본에 와서 한 달씩 있는 사람도 있었으니 생활비가 이만저만이 아니야. 그래서 내가 소련에 편지를 보내서 그쪽엔 연어가 많이 잡히니까 일본에 올 때 소금에 절인 연어를 한 마리라도 갖고 오면 반찬이라도 할 수 있다고 했어. 그다지 비싸지도 않았으니까 사 오도록 편지를 썼어요. 그랬더니 타슈켄트에 있는 신문기자라는 사람이 와서 나에게 불평하더라고. 그가 신문기자라고 했으니 이것저것 묻고 싶은 것, 듣고 싶은 얘기가 있지 않을까 해서 내가 초청해 일본에 왔거든. 외무성 담당자인 이토伊藤 씨라는 분이 있었는데 내 얘기도 잘 들어주고 친절했어요. 그래서 이토 씨에게 어떤 기자가 일본에 오는데 뭔가 얘기를 나누고 싶어 하니까 그 사람을 좀 상대해 달라고 했더니 "좋아요. 만나 보죠."라고 승낙했지. 타슈켄트에서 일본에 온 그 기자에게 말하니 내게 불평을 하는 거야. 내가 그 기자를 제대로 알지 못했어. 자기는 만나고 싶지 않고 한국으로 가고 싶으니까 빨리 한국으로 보내달라고 하더군. 참 어이가 없었어요. 허허허.

결국 외무성 사람에게 전화해서 사실은 이런 사정으로 당신과 만나기로 한 일이 틀어졌다고 하니까 "그렇다면 됐어요." 해서 끝났지만 말이야. 이토 씨는 14년 뒤에 다시 만났는데 정말 높은 직책까지 올라갔더라고요.

1990년에 내가 사할린에 다시 갔는데, 그때 옛 친구들을 만났어요. 해방 후에 나처럼 운전사를 하던 친구가 있는데, 내가 다시 갔을 때 그는 차도 갖고 있었어요. 그 친구가 나를 차에 태우고 야만(노비코보)이라는 곳까지 데려가 주었어. 돈도 한 푼 받지 않았지. 그 대신에 내가 그 친구를 일본에 초청해 그의 친척과 만나게 해 주었어. 나중에 다시 꼭 한 번 불러달라고 눈물을 글썽이며 말했는데, 지금도 마음에 짐으로 남았어요. 그걸 들어주지 못했거든. 더는 여력이 없었어.

나 혼자 해결해야 했으니 돈이 상당히 들었거든. 돈이 나올 곳이 정말 없었어. 스폰서가 있는 것도 아니었고. 그래서 그 후론 사정을 말하고 거절했는데, 일본에 왔을 땐 이곳저곳 구경은 시켜주었거든. 그 정도는 해 줄 수 있었지만 그 이상의 여력은 없었어요. 솔직히 말해서 불가능했지. 음, 당시는 1인당 2만~3만 엔은 있어야 초청할 수 있었어. 그 친구는 한 번 오면 만나고 싶은 사람을 모두 만났으니까, 친척이나 지인들까지 말이야. 잘은 모르겠지만 예전에 어느 돈 많은 이한테 그 친구가 몇십만 엔인가 받은 적이 있는 것 같아. 그 돈으로 일본에 와서 물건을 사 가려 했던 거지. 일본에 와도 나에게 폐를 끼치지는 않겠다고는 했지만 그건 모르는 일이에요. 결국은 초청장을 보내지 못했어요. 그렇게 세상을 떠나고 말았어. 그가 원하는 대로 해줬어야 했는데…….

내가 초청한 세대가 약 50세대 정도에요. 그때마다 초청하는 일과 관련해서 다카기 변호사와 밤늦게까지 전화로 싸웠어요. 아마 1시간 이상 전화로 입씨름을 한 적도 있으니까.

음, 나도 얼마쯤은 갖고 있었어도 그 돈을 집사람이 내 맘대로 쓰게 놔둘 리가 없었지. 그때는 재하청 회사에 다닐 때였으니 정식 월급봉투 같은 걸 갖다 준 적도 없어. 그야말로 대충 나눠 받은 돈이었어, 너는 얼마, 자네는 얼마, 이런 식으로 말이지. 돈을 받으면 전부 집사람한테 줬어요. 그토록 더운 날에 콜라를 마시고 싶은 것도 꾹 참고, 빈 병을 갖다주면 한 병에 25엔이었나, 마시고 싶었던 콜라도 안 마시고 그저 물만, 거기다 소금을 조금씩 핥으면서 말이야. 그렇게 일해서 번 돈을 나는 한 푼도 꿍치지 않았거든. 집사람한테 전부 줬어요. 그런데 집사람은 내가 일하는 회사가 평범한 회사라면 제대로 된 급여명세서가 있을 텐데 그게 없으니 이상하게 여겼지. 눈대중으로 생선을 대충 나눈 것 같은 돈을 갖고 와서 그것이 전부라고 말하니 못 믿겠다고 하지.

1988년 3월에 박노학 회장이 죽고 나서 그의 부인이 모임을 운영할 때 공명당의 구사카와 쇼조草川昭三 의원이 우리를 버리고 그 부인과 짜고 뭔가 함께 하려고 했어요. 난 화가 나서 그걸 반대했고 결국 구사카와 씨와 갈라서게 된 거예요. 잘 운영될지 안 될지 해 보지 않으면 모를 거라고 생각은 했지만, 결국 그 부인도 해내지 못했잖아요. 아무리 박 회장의 부인이라지만 일본인 부인이 어떻게 그 모임의 회장이 될 수 있어요? 그러면 안 되지. 분명 부회장인 내가 살아 있으니 그건 안 된다고 말했어요. 그 부인도 몇 달인가 지나서 결국은 그만두었지만 말이야.

의원간담회가 이 책*(주29 '화태 잔류 한국·조선인 문제 의원간담회'가 엮은 <화태 잔류 한국·조선인 문제와 일본의 정치—의원간담회 7년>(1994년 2월))을 출간하고 출판기념회를 열었었지. 한국대사관의 대사도 왔고, 취임 후 얼마 안 된 일본의 가이후 토시키海部俊樹 총리도 오고, 다양한 사람들이 왔어요. 아마 민단 중앙의 국제국장도 왔고, 이 운동에 관여했던 사람들도 왔고.

국회의원들이 이용하는 방이었는데 그곳이 가득 찼으니까. 하라 분베이 의원은 간담회 회장이니까 당연히 그 자리에 있었지. 이가라시 코조 씨, 오누마 야스아키 씨와 당사자인 나도 있었죠. 사회자인 오누마 선생님이 잠시 발언

할 기회를 만들 테니 나에게 간단히 인사말을 하라고 신신당부를 하는 거야. "네, 알겠습니다." 하고 내가 발언권을 얻어 얘기하게 되었거든. 그런데 나는 앞뒤를 계산하지 않는 사람이라 총리대신도 있고 일본의 쟁쟁한 사람들이 많이 와 있는 자리에서 "우리가 만든 이렇게 작은 모임이 오늘까지 오는데 일본 정부의 여러 곳에서 문전박대를 당해 왔습니다. 그런 취급을 받으면서도 오늘을 맞게 되었습니다. 앞으로는 제발 잘 부탁드립니다."라고 했어. 그렇게 인사말을 끝냈는데 나중에 오누마 선생이 내 얘기를 수습하느라 고생 좀 했을 거예요.

그 자리가 끝나고 나갈 때 민단 중앙본부 국제국장이 와서 "이희팔 씨, 정말 잘 얘기했어요. 그런 얘긴, 이희팔 씨가 아니면 못 해요. 아무도 그런 말을 할 사람이 없어."라며 그 자리에서 칭찬을 하더군. 허허허. 우리를 응원해 주던 분들도 내 옆에 와서 "이희팔 씨, 여하튼 오래오래 사세요."라고 했죠. 음, 그런 일도 있었지요.


하라 분베이 선생과 이가라시 코조 선생에게 우리가 <화태 귀환 재일한국인회> 이름으로 감사장을 드린 적이 있었거든. 그때 다카기 변호사에게 부탁해서 감사장의 문장을 써 달라고 했어요. 그것으로 감사장을 제작하는 곳에 가서 만들어 왔어요. 감사장 한 장을 만드는데도 몇만 엔이 들어서 함께 드릴 선물을 마련할 여유가 없었지. 그렇게 거의 준비가 되어서 내가 두 분에게 말했어요. "감사장에는 뭔가 선물을 함께 드려야 하는데, 양해해 주십시오." 그랬더니 "괜찮아요, 괜찮아. 감사장만으로도 좋아요." 하며 기쁘게 받아 주어서 나는 정말 만족했어요.

그 후, 하라 분베이 선생님이 돌아가셨을 때*(주30 1999년 9월 7일 타계) 다카기 씨가 부고를 듣고 나한테도 알려줘서 장례식에 갔어요. 장례식장에 가보니 "<화태 귀환 재일한국인회> 회장 이희팔 씨가 조문을 오셨습니다."라고 여러 번 방송이 나와요. 도중에 돌아가려고 했는데 마지막까지 있어 달라고 해서 저녁때까지 줄곧 하라 분베이 선생님 곁에 앉아 있었어요.

## 김덕순 씨의 한국방문

솔직히 말해서 우린 선거권이 없어요, 조선인이니까. 어딜 가도 상대해 주지 않았죠. 그래도 우리 나름대로 진정서를 만들어서 일본 정부와 한국 정부 그리고 나중에는 소련 정부에도 보냈어요. 그런 식으로 여러 활동을 하다 보니 1984년 무렵부터 조금씩 운동의 효과라 할까, 실적이 나타나기 시작했지. 가라후토(사할린)에 있을 때부터 친구였고, 귀환해 올 때도 함께였고, 같이 이 운동을 시작해 <화태 귀환 재일한국인회> 회장을 오랫동안 맡았던 박노학 씨가 1988년 3월에 돌아가셨어요. 그래서 그 후에 내가 회장 일을 맡게 되었지.

김덕순 씨라고, 당시 67세의 아주머니가 딸, 사위와 함께 셋이서 일본에 온 것이 내가 회장이 되고 얼마 되지 않았을 무렵이에요. 박 회장이 살아 있는 동안에 모임에서 초청해 사할린에서 몇 명인가 왔고, 1988년 무렵에는 28명이 일본으로 왔지. 당시엔 여전히 한국에까지는 갈 수 없고 일본까지만 왔는데, 한국에 있는 가족들을 일본으로 오게 해서 여기서 만나게 했거든요.

한국에서 오는 사람에겐 찹쌀로 떡을 만들어 오라고 하거나 고기를 조려서 반찬으로 가져오도록 내가 전부 연락했어. 사할린에서 오는 이들에게도 송어나 연어를 한 마리 정도 갖고 오면 꽤 많은 반찬으로 만들 수 있다고 편지를 보냈고. 그래서 어느 정도는 그들도 부담이 없고, 우리도 부담이 줄어든

아다치구(足立區) 이코(伊興)의 숙소에서 김덕순 씨 일행을 대접하고 있다.(1988년 9월 18일, 이희팔 씨 촬영)

거야. 모두 합쳐서 몇 명이 오는지 미리 알고 있었으니까 밥도 반찬도 전부 준비해 두었고, 이불도 습기가 없도록 잘 말려 두었지. 그 사람들이 돌아가고 난 다음에는 식기를 전부 씻어 보관해놓고……. 그러니 집사람이 불만을 털어놓을 수밖에. "그래도 어쩌겠어. 이것도 다 사람을 위한 일이잖아." 그렇게 다독였지. 불평할

때도 있었지만 집사람이 참 잘 도와주었어요.

아사쿠사淺草에 10명 정도를 데리고 가면 몇천 엔은 순식간에 다 써요. 내 용돈만으론 도저히 충분하지 않지. 그 사람들도 400루블 정도는 갖고 왔거든. 그 당시 400루블을 일본 돈으로 바꾸면 몇만 엔 정도였는데, 정확한 금액도 이제 다 잊어버렸네. 여하튼 나는 그 사람들이 갖고 온 돈은 쓰지 못하게 하고 돌아갈 때 선물을 사 가도록 했으니까. 그 생각은 좋았는데 그러니 어디에서도 비용으로 쓸 돈이 들어오지 않는 거야. 그때 비용을 마련하느라 정말 어지간히 고생했는데 어쩔 수가 없었지. 그러다 돌아갈 때가 되면 전부 배웅해서 보냈어요. 날씨가 좋은 날엔 그나마 괜찮아요. 비가 내리는 날은 정말 힘들었어. 당시 내 아들이 차를 가까운 곳에 세우고 대기해 주었어. 그 차가 있어서 그나마 다행이었지. 그것마저 없었다면 굉장히 힘들었을 거야. 전부 택시를 태울 수도 없고 모든 게 만만치가 않았지. 그 차도 무료로 썼거든. 내가 운전도 하고, 구입한 물건들을 차로 옮겨 싣기도 하고, 그렇게 배웅할 때 모두 차에 실어 보냈으니까.

김덕순 아주머니는 딸 그리고 사위까지 3명이 함께 일본에 왔어요. 거기다 그분의 친척도 한국에서 9명이나 왔죠. 남동생, 남동생의 부인, 여하튼 많이 왔어. 멀리 사할린에서 어머니가 일본까지 왔으니까, 전부 합해서 10명이었나.

사할린에서 같이 온 사위는 말이죠, 나중에 알게 됐는데 공산당원이었어요. 처음부터 공산당원이라는 소릴 그쪽도 하지 않았고 나도 알 수가 없었지. 또 그의 부인이 상당한 미인이야. 그런데 밥 짓는 일은 전부 그 사위가 하는 거야. 부인은 아무것도 하지 않아. 허허허. 그래서 내가 아주머니에게 물었어요. 어째서 딸에게는 아무것도 시키지 않느냐고. 그랬더니 그 사람들은 원래 그렇게 하니까 그냥 놔두라고. 그쪽에서는 여자가 위였어. 거기서는 여자가, 요즘 일본처럼 상위였거든.

그렇게 아주머니의 가족이 다 같이 다시 만났어요. 처음에는 음, 울기도 하고 그랬어. 그리고 한국에서 온 사람들은 열흘 정도 있다가 돌아갔을 거예요. 그래서 내가 아주머니에게 물어봤어요. 일본에 와서 남동생과 여동생, 남동생의 처까지 만났는데 아직도 미련이 남았느냐고요. 그러자 한 가지 더 있다는 거야.

88세의 노모가 이번에 일본에 오려고 했는데, 고령인 데다 몸이 좋지 않아서 오지 못했다고 해. 남동생과 여동생은 다 만났지만, 어머니를 꼭 한번 만나고 싶다고. 자기가 살아있는 동안, 이번 기회에 만났다면 정말 좋았을 텐데 안타깝게도 만나지 못했다고.

그때 내가 <화태 귀환 재일한국인회> 회장을 다시 맡고 얼마 되지 않은 무렵이라 그 소리를 듣고 이 아주머니를 어떻게든 한국까지 보내야겠다고 마음에 담아 두었어요. "음, 알겠어요. 어떻게든 한번 해 봅시다." 하고는 그 세 명을 내 앞에 앉게 했어요. 그리고 사위한테 내가 말하는 대로 청원서를 쓰라고 했지. 그 사람은 공산당원인데다 의사였어요. 그것도 세균을 연구하는 특별한 의사야. 처음에 난 그가 의사라는 것도, 공산당원이라는 것도 몰랐어요. 그쪽도 그걸 밝히지 않았어, 나한테도 알리지 않았거든. 여하튼 김덕순 아주머니가 그토록 어머니를 만나고 싶어 하니까 내가 말하는 대로 탄원서를 대필하라고 했지. 나는 러시아 말을 쓸 수 없으니까.

그렇게 탄원서를 다 써서 사위와 아주머니도 함께 소련대사관으로 갖고 갔어요. 그리고 여권과에 있는 참사관에게 건넸더니 그 사람이 이런 탄원서는 처음이라고 하더군. 마음은 알겠는데 자기 힘으로는 아무것도 할 수 없다고 해. 그래서 옆에 서 있던 내가 "이런 기회는 두 번 다시 없을 테니, 어쨌든 이 서류를 본국으로 보내 허가를 좀 받아 주면 안 되겠습니까?" 이렇게 말했지. 그랬더니 대사관 사람이 잠시 고민하더니 "그런 방법도 있었네…. 좋아요, 좋아. 보낼게요." 하더군.

답변이 오기까지 며칠이나 걸리느냐고 물었더니 빨라도 2주는 걸린다는 거야. 공문으로 보내는 것이라 틀림없이 도착할 것이고, 전송도 빠르다기에

"여하튼 잘 부탁합니다. 답변이 오면 전화해주시오." 하고는 돌아왔어요. 그렇게 그 탄원서가 러시아로 보내진 셈이죠.

나는 곧바로 한국대사관에 연락해서 이런 사정으로 지금 김덕순 씨가 일본에 남아 있으니 임시여권을 바로 발급해 달라. 김덕순 아주머니의 이름과 생년월일을 전달하고 여하튼 빨리 여권이 나올 수 있게 준비해 달라고 부탁했어요. 그랬더니 대사관도 "네, 알겠습니다." 했어요. 중간에 한 번, 소련대사관에도 전화했죠. 그랬더니 아직 답이 오지 않았다고 해.

그 후 2일 정도 지나서 전화가 왔어요. "어떻게 되었습니까?" 하고 물으니까 "김덕순 씨의 사위가 지금 거기 있습니까?" 하는 거예요. 사위는 귀국기한이 거의 다 되긴 했지만 있다고 했지요. 그랬더니 "전화를 걸어 달라고 전해 주십시오."라고 하더군. 그래서 곧바로 그 식구들이 머물고 있던 함바, 아파트로 가서 빨리 대사관에 전화해야 한다고 전하고 공중전화로 전화를 걸게 했어요. 그랬더니 뭔가 한참 이야기를 하는 거야. 나는 그저 허가가 나왔는지 어쨌는지 그게 궁금한데, 도무지 통화가 끝날 줄을 몰라. 난 그저 옆에서 듣고 있었는데 러시아어로 무슨 얘길 하는지 알 수가 있어야지. 그러다 잠시 얘기가 멈춘 순간이 있었어요. 그래서 재빨리 "어때요? 허가가 나왔어요?" 하고 물으니까 OK라고. 허가가 나왔다는 거야. 그때까지 30년간 이 운동을 해왔는데 그런 날이 온 것은 처음이었으니까. 김덕순 아주머니보다 어쩌면 내가 더 기뻐했을 거예요.

허가는 나왔는데 그 세 명이 모두 한국으로 가는 건 아니었어. 딸과 사위는 먼저 사할린으로 돌아가고, 내가 책임지고 김덕순 아주머니만 한국까지 데리고 가게 되었지요. 그래서 곧바로 한국대사관에 전화했더니 이튿날 오라더군. 다음날 대사관에 가보니 벌써 김덕순 아주머니의 임시여권이 나와 있었어요.

그뿐만이 아니에요. 솔직히 경비도 없었으니까 대사관에 사정했죠. 처음부터 이렇게 될 것을 알았다면 어느 정도 생각해 여비를 준비했을 텐데, 이미 사할린으로 가져갈 물건을 사느라 돈을 다 썼다고.

그 당시 TV도 2대 정도 샀을 거예요. 그 사람들은 일본에 왔다 가면 꽤 많이 돈을 모았어요. TV 1대를 사서 러시아에서 팔면 상당히 많이 남았을 거야. 자기들이 보려고 사는 것 아니냐고? 자기들이 보려고 2대씩이나 사 갈 리가 없잖아요. 그 사람들은 사할린으로 돌아가는 항공권을 왕복으로 구해서 오니까 그건 괜찮았는데, 그땐 아주머니가 한국으로 갔다가 다시 일본으로 돌아와야 할 경비가 없는 거예요. 모두 다 써버렸으니까.

내가 너무 솔직했다고 할까, 무지했다는 걸 이제야 조금 깨닫긴 하는데 무엇보다 그 사람들이 돈을 안 쓰게 하고 싶었으니까. 러시아에서 오는 사람들에게 쓸 돈은 가능한 내가 어떻게든 마련했어요. 식비나 교통비 같은 비용 말이에요. 그들이 얼마간 마련해 온 돈은 무조건 선물을 가서 돌아가게 해야겠다는 생각밖에 없었거든. 나중에는 일본 정부에서 1인당 3만 엔 정도 보조금이 나오긴 했지만.*(주31 일본 정부에서 나온 보조금은 일단 다카기 켄이치 변호사사무소로 지급된 후 거기서 다시 <화태 귀환 재일한국인회>로 정산했다고 한다. 이희팔 회장은 모임에 직접 보조금을 주지 않는 이 방식이 불만이었다.)

여하튼 한국대사관에 가서 "실은 이런 사정이 있다. 다음에는 부탁하지 않을 테니, 이번만 좀 도와주십시오." 하고 말했지. 항공료와 여비를 포함해 10만 엔 받았어요.*(주32 한국대사관이 <화태 귀환 재일한국인회>에 지원한 보조금은, 박노학 회장 시절에 국제 우편요금을 보조해 준 적이 있었고, 이희팔 회장 시절에는 이때 받은 한 번의 보조밖에 없다고 한다) 그런데 이번엔 내가 쓸 경비가 없는 거야. 그래서 다카기 변호사에게 5만 엔을 받고, 또 5만 엔은 내가 어떻게 마련했어. 그렇게 해서 바로 다음 날 한국으로 출발했어요.

출발할 때 한국에 있는 친척에게 미리 전화해서 공항까지 데리러 오도록 하고, 나는 그 집에는 함께 가지 않는다고 얘기했어요. 그래서 인천의 비행장에서 김덕순 씨를 인계했어요. 그렇게 사람들을 보낸 후 나는 인천에 있는 여관에 혼자 묵었어요. 그랬는데 거기서 무슨 여자를 샀다느니, 뭐니, 여기저기서 말들이 많았지. 무슨 소릴 듣더라도 그냥 돌아올 수는 없었으니 내가 여관에 묵을 수밖에요. 거기서 1주일간 지냈는데, 낮에는 여관을 나와서 여기저기 구경하기도 했어.

김덕순 아주머니의 고향인 전라남도 광주에서 88세가 된 노모와 만난 겁니다. 거기서 1주일 동안 있었어요. 게다가 아주머니가 직접 가서 만났으니까. 음, 어머니가 병상에 누워계셨는데 40년 만에 딸을 만난 거예요. 그러다 돌아올 시기가 되어 공항에 갔더니 이번에는 일본으로 돌아갈 재입국허가서가 없는 거야. 공항에서는 '일본대사관에 가서 받아오라'라고 하는 거야. 그래서 일본대사관에 갔더니 "지금 바로는 불가능하다, 20일 정도 걸린다." 이렇게 말하더라고. 이거 큰일이다 싶어서 한국의 외무성으로 전화를 걸었어요. "지금, 이런 상황이니까 도와 달라." "알겠다, 오늘 밤 어디에서 묵는지, 연락처를 알려 달라." 하더라고.

다행히 그날은 김덕순 아주머니의 조카 집에 묵게 되었어요. 그런데 그 조카의 남편이 롯데회사 중역이었어. 가보니 아주 근사한 집에 살더라고. 장롱이나 장식품이 우리 집과는 전혀 다른걸. 그 집의 전화번호를 외무성에 알려주고 거기서 하룻밤을 잤어요.

다음 날 아침 10시경에 외무성에서 전화가 와서 "오늘 일본대사관에 가 보시라." 그러더군. 대사관에 간 것이 11시쯤이었나. 가니까 곧바로 만들어 주었어. 그래서 그다음 날에 일본으로 다시 돌아온 거예요. 20일은커녕 단 하루 만에 재입국허가서가 나온 거야.

한국 외무성에 내가 직접 부탁했으니까, 음, 거기서도 이 상황을 해결해 주라고 했겠죠. 역시 대사관과 외무성의 높은 사람이 말하면 들어주는 거야. 그렇게 그다음 날에 일본으로 돌아왔어요. 그 이튿날 다카기 변호사한테 부탁해 김덕순 아주머니를 니가타新潟에서 배웅했을 거예요. 그러니까 1988년 8월 29일에 소련에서 출발해 일본으로 왔고, 그다음에 한국으로 간 것이 9월 21일, 그리고 9월 29일에 다시 일본에 와서 사할린으로 돌아간 것이 10월 3일이었나.

사할린에서 온 방문자 중에 한국까지 가서 노모와 다시 만난 사람은 그 아주머니가 최초에요, 그 일을 모두 우리 모임에서 한 겁니다. 제1호라며 대사관에서 여비도 내주었어.*(주33 이희팔 씨의 노트에 기록되어 있다. 김덕순 씨는 니가타공항을 출발해 하바롭스크 공항에서 환승, 사할린의 유즈노사할린스크 공항까지 갔을 것으로 필자는 추측한다)

30년간 이 운동을 해 왔는데, 처음으로 그 아주머니가 한국에 갔던 셈입니다. 그래서 자기 어머니와 다시 만나고 그렇게 사할린으로 돌아가서 2년 후에 세상을 떠났어요. 여기 적힌 것이 김덕순 아주머니의 생년월일, 그리고 도요하라(유즈노사할린스크)에 살았고, 무국적이에요. 어머니는 박절자(朴節子), 일본어로는 박 세츠코.

그 후로는 점점 더 많이 한국으로 갔어요. 무슨 일이든 처음이 중요해요. 그때 당시 한국은 아직 가난했어요. 올림픽을 하긴 했지만, 개인은 그리 유복하지 않았어요. 한국에 가는 길을 우리가 전부 열게 된 겁니다.

그렇게 한국에 갈 수 있는 허가가 나온 것을 알고는 그 아나운서, 우노 요시코 씨가 말하길 "아아, 이희팔 씨한테 당했다." 하더라고. 사실 우노 씨가 김덕순 아주머니 일행 3명을 일본으로 초청했는데, 나한테 선수를 빼앗기고 말았다고 하더군요. 초청은 우노 씨가 했거든.

그것이 시작이에요. 사할린에서 일본까지 와서 다시 한국으로 갔다가 소련으로 돌아간 사례는 그 아주머니가 최초에요. 그 일이 있고 일주일 후에는 다카기 씨도, 나도 직접 한국에 갈 수 있다는 걸 알았으니까 그 후로는 한국까지 가는 수속도 시작하게 된 것이지요.*(주34 한국까지도 갈 수 있게 되자 일본에서 가족들과 만날 필요가 없게 되었고, 이후로는 사할린에서 도쿄에 있는 다케노츠카(竹ノ塚, 이희팔 씨가 관리한 숙소)로 오는 사람은 없었다.)

그 뒤로는 뭐, 내가 대사관에 전화하면 한국으로 가는 허가는 쉽게 나왔어요. 그것이 시작이에요. 그러니 무슨 일이든 처음이 중요해. 그런 식으로 차츰 일이 수월하게 진척되어 갔어요. 그 후로는 본국으로 곧장, 소련의 사할린에서 서울의 김포공항으로 가는 비행기가 떴지요. 그렇게 오늘까지 해 왔던 겁니다. 더 이상 일본을 경유할 필요가 없어졌죠. 음, 그 대신에 비용은 일본에서 지출했어요. 32억 엔.

처음 그 길을 여는 것이 몹시 힘들었지요. 자랑은 아니지만, 우리처럼 돈도 없고, 지식도 없고, 배운 것도 없는, 그야말로 아무것도 없고 그저 맨주먹 하나만으로 여기까지 해낸 겁니다. 그건 내가 어딜 가도 당당히 말할 수 있어요.

## 사할린 재방문

일본으로 귀환하고 처음으로 1990년에 다시 사할린에 갔어요. 아직은 그리 춥지 않으니까 8월 무렵이었을 거야. 귀환 후 30년 만에 갔다 왔어. 그때 한국에 사는 임온전(林溫全)이라는 재산가가 항공권을 사 주었어. 그 사람은 북조선 출신인데 일찍 남으로 내려와 부산에서 큰 부자가 되었거든. 부산에 몇만 평이나 되는 땅을 갖고 있다고 했으니까. 그 사람이 내 얘기를 어디서 알았는지 몰라도 여러 이야기를 나누기도 했고, 재판자료*(주35 제1차 사할린 재판. 이 재판에서 처음엔 법원이 소장을 수리하지 않았는데, 김경득 변호사(고인)가 소장을 수정해서 결국 수리되었다고 한다. 이희팔 씨는 당시 먹고 사는 일에 쫓겼고 또한 원고도 아니었기 때문에 공판은 한 번밖에 나가지 못하고 방청도 가지 않았다고 한다)도 보내 주고 오랫동안 알고 지낸 사이에요. 그 당시에 KBS*(주36 한국방송공사)에도 갔고, MBC*(주37 문화방송)에도 갔었지. 사할린에 오라며 나한테도 항공권을 사 주었거든. 사할린에 가서 거기서 합류했어요. 한국 정부도 어느 정도는 도와주었을 거야.

사할린에 있는 이들에게 주려고 무얼 가져갔냐면 칫솔, 치약, 양말, 태극기 그리고 볼펜이랑 껌도 넣었지 아마. 음, 돈이 없으니까 그다지 많이 살 수는 없었어. 껌은 한 집에 한 통씩 봉투에 넣었어요. 껌도 한 통 사려면 100엔이야. 아홉 통쯤 샀던가. 그것들을 큰 봉투에 전부 넣어서 한 사람당 봉투 하나씩 돌아가도록 했으니까 꽤 많이 갖고 갔어요.

받은 사람들이 좋아했냐고? 그럼, 좋아하지요. 거긴 껌 같은 건 없었으니까, 껌을 사 가는 사람이 꽤 있다고 들어서 그렇게 한 거예요.

도요하라(유즈노사할린스크)에 운동장이 있는데 그때는 운동장에 사람들이

가득 모였거든. 아마 그때 미야코 하루미(都<sup>はるみ</sup> 가수)도 갔을걸. 뭐 하러 갔
냐고? 그야 노래지, 노래를 부르러 갔지. 도요하라에 있는 조선인들이 거의
다 모였다고 해도 과언이 아니었어. 굉장했으니까, 그땐.

해방 직후에 오도마리(코르사코프)에서 같이 살았던 호시야마<sup>星山</sup> 씨가*(주38
이문택 씨. 공동생활을 했던 이희팔 씨가 결혼한 1, 2개월 후 이문택 씨는 북사쿠탄(北柵丹 보쉬니
아코보)으로 이사했고, 그 후에 결혼했다. 자녀는 1남 2녀) 나를 자기 집으로 데려가고 싶
다고 마중을 왔어요. 일부러 와줬는데 안 갈 수도 없으니 따라갔지. 쿠슌나이
(일린스크)까지 기차로 간 다음 거기서부터는 그 사람 사위의 차로 갔지. 도중
에 자동차 스프링이 끊어졌어. 그래서 그걸 수리하고 갔는데, 쿠슌나이에서
4시간 이상은 걸렸어요. 거기 가서 이틀 밤을 묵었나. 그 집에 묵으면서 예전
에 국경이 있던 곳*(주39 북위 50도 위치의 일소 국경선)까지 차로 데려가 주었어.
　27일 정도 사할린에 있다가 일본에 돌아왔더니 집사람이 화를 내더라고.
일본에 있는 식구들은 나 몰라라 하고 거기 가서 신나게 놀며 여기저기 돌아
다녔다면서. 그야 귀환하고 처음 갔으니 당연하지. 옛날에 함께 살았고 편지
를 주고받았던 사람도 있었으니까.
　내가 갔을 때가 페레스트로이카*(주40 고르바초프 정권이 1985년부터 시작한 개혁개
방 정책)가 시작되고 3년째였나. 그때는 아무 곳이나 가서 사진을 찍어도 누구
도 뭐라 하지 않았어. 이전에는 오도마리(코르사코프)에서 버스를 타고 도요하
라(유즈노사할린스크)까지 가려면 첫 번째, 두 번째, 세 번째 골짜기가 있었어
요. 골짜기가 있으면 당연히 고갯마루가 있지. 고갯마루 위에는 막사가 있고
군부대가 있었거든. 내가 갔을 때는 부대가 없어졌더라고.
　또 그 해안가 인근은 예전엔 밤이 되면 전깃불로 해안가를 밤새 비추는 서
치라이트가 있었어요. 그것도 없었어. 어딜 봐도 보초가 서 있는 곳이 없더라
고. 그래서 야만(노비코보)까지 가서 송어 부화장을 짓고 있는 것도 보았지. 이
전에 내가 오도마리(코르사코프)에 있을 때 나처럼 운전기사를 하던 사내가 데
려가 줬어요. 내가 가보고 싶다고 하니까 데려가 주었지. 보통은 갈 수 없어

요, 군부대 지역이니까. 군인들이 여기저기 있긴 했는데 우리를 막는 사람은 아무도 없었어.

우리가 거기에 갔을 때는 일본인들이 들어와서 부화장을 만들고 있었지. 러시아인들이 만드는 게 아니라 일본인들이 들어와 짓고 있었어. 기계도 전부 일본 기계야. 화장실까지 일본 것을 가져와 만들었으니까.

굴착기는 대부분 히타치*(주42 히타치(日立)제작소)였지. 미쓰비시*(주43 미쓰비시(三菱)중공업)는 없더라고. 내가 하네다 공항 비행장 공사를 할 때 썼던 T-7이었나, 상당히 큰 장비야. 그것도 노란색 페인트가 하나도 벗겨지지 않은 완전 새것이었어. 그걸로 강바닥을 팠어. 뭐, 그거면 일도 아니지. 콘크리트 타설도 러시아에서 쓰는 임시 목재 틀은 안 써. 전부 일본의 철판이야, 철로 된 패널을 가져와서 썼어요. 고정할 때도 못을 박아 고정하지도 않아. 전용 집게 같은 것이 있거든. 그런 장비들을 모두 갖춰 와서 만들었으니까. 콘크리트*(주44 콘크리트 타설)도 지금 같은 신식 장비가 다 있더라고. 불도저가 몇 대나 있었지. 아주 깨끗한 새것이야. 그렇게 좋은 장비를 갖고 들어가서 공사를 마치고 나올 때는 아마도 그 장비들을 사할린에 주고 나올 거예요.

그때 내가 갔을 때 사할린에 있는 조선인들은 다들 러시아사람들보다 생활 수준이 훨씬 높았어요. 어느 집에 가 봐도 이탈리아제 가구가 있었지. 사할린에 있는 조선인들은 그 당시엔 한창 좋은 시절이었어. 왜냐고? 농지가 있어서 거기에 뭐든 심어도 됐으니까. 러시아인들이 그 땅에 감자를 심으면 자잘한 감자들이 나오는데, 조선인은 이렇게 큰 감자를 얼마든지 재배했지. 또 배추나 무를 심어서 수확하면 장아찌로 만들어 팔아요. 그걸 러시아사람들이 자주 사 먹었으니까. 그렇게 다들 돈을 모았는데, 거기 있는 조선인은 다들 잘 살았어. 내가 봐도 조선인이 사는 집과 러시아인이 사는 집은 한눈에 봐도 표가 나요. 조선인들이 가꾸는 밭에는 잡초가 없어. 감자든 토마토든 어떤 채소를 심어도 전부 잘 자랐거든. 그런데 밭에 풀이 무성한 곳은 러시아사람이 살았어. 그러니 조선인들의 형편이 좋을 수밖에. 러시아인들은 채소를 사서 먹었어. 그런 상황이었어요, 1990년에 갔을 땐.

음, 고르바초프의 페레스트로이카가 시작되었는데, 그때는 아직 소련이었나. 여하튼 일본에 귀환한 후 사할린에 간 건 한 번뿐이었으니까. 내가 사할린의 동포들을 초청할 때 북조선(조선민주주의인민공화국) 국적인 사람은 일본에 초청할 수 없었어. 만약 일본에 오더라도 한국이 임시여권을 내주지 않는걸. 한국에 보내주지 않으니까 초청해 봐야 소용없었지. 그래서 우리가 북조선 국적인 사람은 초청하지 못했어. 음, 일본에 오는 것도 그 국적으로는 소용없었으니까.

음, 나도 말이지, 사할린 동포를 위해 정말 많이 노력했어요. 연말이 되면 민단에서 달력이 나오잖아요? 그걸 민단에서 넉넉히 받아내기도 했는데, 민단 아라카와荒川 지부였나, 다른 지부에도 부탁해서 조금씩 받아서 그걸 사할린에 보내면 좋아들 했었지. 1년에 20부인가, 30부 정도씩, 배편으로 3~4년간은 보냈을 거야. 1부를 보내는데 얼마였는지도 잊어버렸는데, 달력은 우편봉투에 넣지 않아도 되니까 편지보다는 요금이 싸요.

처음에는 다들 잘 도착했다고 했어. 그런데 2년째, 3년째가 되자 본인들에게 도착하는 부수가 많이 줄어드는 거야. 도중에 도난당해서 동포들이 못 받았어. 달력에는 여자들의 사진, 한국말로 예쁜 언니들, 치마저고리를 입고 찍은 사진이 있었어. 거기엔 그런 달력이 없으니까 아마 갖고 싶었겠지. 내가 1990년에 갔을 때 '못 받았다'라는 이야기를 들었거든. 그러니 중간에 누가 빼돌려서 가져가 버린 거야.

또 어떤 사람은 붓글씨를 쓰는데 필요한 붓과 먹 그리고 벼루가 갖고 싶다고 해. 그걸 한 세트, 아니 두 세트 정도 보내 주었어요. 전부 사서 보냈지. 배송료도 내가 부담했어, 돈을 지원해 주는 곳이 없었으니까. 잘 받았다는 편지는 왔어요.

또 <통일일보>도 31부를 정기적으로 보냈어요. 그 신문은 어떤 식으로 보냈냐면 롯데회사 있잖아요? 거기 찾아가서 무조건 부탁해 보자 작정하고 찾아간 거예요. 신주쿠新宿 쪽에 그 회사가 있었거든. 거기 갔더니 사장의 제1비서가 남성인데 한국말을 나보다 더 잘하더라고. 내 얘길 듣고는 "아, 잘 찾아오셨습니다." 하더군. 그 자리에서 내가 사정을 얘기하고 "한 번 도와주십시오. 이런저런 사정으로 동포들이 거기 많이 남아 있고 또 거긴 전혀 오락거리가 없으니까 신문을 보내주면 일본과 한국, 세계의 정세도 조금은 알게 되지 싶어요." 했더니 "좋습니다." 하더라고.

그렇게 며칠 후 내가 견적서를 만들어 갖고 갔어요. 그때는 말이지, <통일일보>가 일주일에 6번 나왔는데 배송료가 1부에 120엔이었어요. 그래서 롯데회사가 제공해준 돈으로 계산해 보니 31부는 보낼 수 있겠더라고. 그렇게 31부를 4년 가까이 보냈을 겁니다. 4년이면 4백몇십만 엔이에요. 그 비용을 롯데회사가 부담해 줬어요. 배송은 통일보사에서 하고, 수취인 주소는 전부 내가 써서 줬어요. 그렇게 해서 신문을 보내줬어. 신문을 받은 사람이 롯데 쪽에 감사 편지를 보내기도 했고, 또 민단 쪽에도 감사 편지를 보냈어. 민단은 아무 상관도 없었는데.

31부의 신문은 물론 개인들에게 보냈지. <통일일보>는 일본어 신문이었으니까. 수취인을 어떻게 정했냐고? 음, 이 사람은 아마 일본어를 읽을 수 있을 것이라 혼자 짐작했지. 내가 그 사람들을 전부 잘 아는 건 아니었으니까. 이전부터 사할린에서 오는 편지를 보고, 편지 문장이나 그런 것을 비교해서 31명을 골라서 보냈어. 한 여성은 상당히 어려운 어휘를 쓰며 고맙다는 편지를 보내왔어. 또 나이호로(고르노자보드스크)에 사는 남성은 고맙다면서 매번 편지를 보내왔고. 신문을 보내 줘서 고맙단 말을 들은 건 그 두 사람뿐이야. 나중에는 오자와大澤비행장(유즈노사할린스크) 근처에 살던 이에게 보내줬더니 "정말 고맙습니다. 고마워요."라고 했는데, 1990년에 내가 거기 갔을 때도 또 고맙다고 했지. "앞으로도 가능하면 오랫동안 보내 주세요. 신문 대금을 못 드려서 정말 미안합니다."라고 했어. 음, 그 사람들은 이제 다 죽어서 아무도 없어요. 난 내 나름대로 열심히 했어, 바보처럼 말이야. 지금 돌아보면 내가 생각해도 참 바보스러웠다는 걸 알아요.

그렇게 4년째가 되었을 때 그 스폰서(롯데)가 이제 그만하는 것이 좋겠다고 했는데, 그럼 예산지원을 못 받게 되는 것이야. 더는 못하겠다는 걸 무리하게 부탁할 수도 없는 노릇이라……

그러던 중 내가 했던 것처럼 민단 중앙본부에서도 <민단신문>을 몇 년 동안, 2년인가 3년 정도 보냈을걸? 그걸 보낼 때도 나한테 아무 연락도 없었어. 그냥 <민단신문>을 일방적으로 보냈지. 내가 수취인 명단을 써 주겠다고 했는데도 말이야. 사할린에서 신문을 받은 동포가 고맙다는 편지를 민단 중앙본부에도 보냈어요. 그래서 나도 어느 정도는 알게 되었지.

내가 1990년에 사할린에 갔을 때 한 동포의 집에서 묵은 적이 있어요. 그 동포의 남동생이 한국에 있는데 꽤 잘 살았지. 동생의 소식을 내가 대신 전해 주기도 했어. 덕분에 사할린에 갔을 때 그 동포 집에 묵게 됐거든. 그 사람은 그곳에서 꽃을 판매했는데 돈을 많이 벌었어요. 나에게 '여러 가지로 고맙다' 하면서 며칠 후 양복 옷감을 보내왔어, 정장 한 벌을 만들 수 있는 옷감이었지. 하지만 정장 한 벌을 맞추려면 6만 엔 정도는 들잖아요. 차라리 기성복을 사는 편이 낫다 싶어서 결국 맞추지는 못했지. 계속 그대로 보관만 하다가 나중엔 누군가에게 주고 말았어요. 그 동포는 나중에 한국에 있는 자기 동생한테로 영주 귀국했어요. 귀국한 후로는 더 이상 연락이 없었지.

## 김덕순 씨의 한국방문 이후

음, 그동안 참 여러 일들이 있었어요. 솔직히 말해서 가끔은 좋은 일도 있었지만 힘든 일이 더 많았지. 무엇보다 국교도 없는 소련과 가난한 한국을 상대해야 했고 또 별로 달가워하지 않는 일본 정부를 상대해야 했으니까 쉬운 일이 하나도 없었어요. 정말 어딜 가도 환영해 주는 데가 한 곳도 없었거든. 사실 대놓고는 냉대를 못 하니 말만 그럴싸했지.

예를 들어 국회에 가서 진정서를 내면 '선처하겠습니다'라고 말은 잘하는데 전혀 효과가 없었어요. 그래도 그 김덕순 아주머니가 방한하고 사할린으로 돌아간 후부터는 우리도 더 많이 초청할 수 있게 되었어. 초청받고 사할린에서 오는 사람이 점점 많아졌어. 김덕순 씨가 다녀간 이듬해인 1989년 2월 무렵부터는 어느 누가 와도 일본에서 바로 한국까지 갈 수 있게 되었거든.

그 후로는 일본에 들렀다 갈 필요가 없으니 한국의 비행기가 사할린까지 직접 날아가 거기서 바로 서울로 간다고 했으니까, 여하튼 그런 상황까지 가능해지게 된 겁니다. 그걸 전부 나 혼자서 한 것은 아니에요. 많은 일본 분들이 응원해 주어서 처음으로 그런 일이 가능해진 것이죠.

그 후 일본 정부도 마지못해 움직이기 시작해서 어느 정도는 지원하게 되었지요. 지원이란 건 국가 예산을 책정한 것인데, 첫해는*(주46 1988년도 육친 재회 비용 391만 엔) 4백몇만 엔이었나? 그다음 해는 5백몇만, 6백몇만, 그러다 1억 엔까지 되었지. 그렇게 되고 나니 사할린에 있는 조선인들이 고생스러워도 조국 땅을 밟을 수 있게 된 셈입니다.


다양한 사람들이 있었지, 그중에 홍 씨라는 이가 나이부치(브이코프)에 살고 있었는데, 한국의 고향에 가고 싶어 했어. 신혼살림을 차린 아내를 두고 혼자서라도 말이야. 아이는 없었어요. 그가 고향에 너무 가고 싶은 나머지 결국은 정신을 놓아버리고 말았지. 사할린의 그토록 추운 겨울에 거의 맨몸뚱이로 이리저리 돌아다녔다고 해. 모집되어 그곳에 갈 때 입었던 마로 된 옷을, 너덜너덜해진 그 옷을 입고는 배회했다고 하더라고. 뭐, 제정신이 아니었던 거지, 그이가. 그 상태가 오래되다 보니 여러 사람이 안타까워했어요. 많은 사람이 도와줘서 결국 한국으로 돌아가게 됐거든. 그땐 이미 페레스트로이카 이후였으니까…….

여하튼 옛날 공산주의 소비에트였다면 사람들 도움으로 고향에 간다는 건 불가능하지. 그런데 한국까지 돌아갔음에도 그 사람 정신이 돌아오지 않았어요. 고향에 두고 왔던 아내가 살아 있었는데, 말을 걸면 자기 아내가 아니라고 했대요. 그 아내는 몇십 년 만에 남편을 만났으니 옛날처럼 보살펴 주며 여생을 함께 잘살아 보려 했는데 이미 남편은 그럴 정신이 아니었으니까. 정신을 놓아버려서 별별 수단을 다 써 봐도 소용없었다고 해. 그러다 결국 얼마 안 가서 죽었다고 들었어요.

또 예전에 사할린에 사는 어떤 이가 한국의 고향에 아직 살아 계신 어머니를 만나고 싶어 했어요. 그래서 한국에 갔는데 동생이 집안에 들여 주지 않았다는 거야. 결국 어머니도 만나지 못하고 울며 사할린으로 돌아간 사람도 있어요. 왜 집에 들이지 않았던 거냐고? 그거야 그 가족의 사정이니까 알 수 없지. 형제끼리 뭔가 응어리 맺힌 일이 있었던 게 아닌가. 고향에 돌아가 친족들과 만나고 싶은 마음이야 당연하지, 옛날만 생각하면. 그런데 사람 마음이란 게 이미 옛날과는 달랐던 거야. 지금의 한국이 예전과 똑같다고 생각하면 큰 오산이에요. 완전히 달라졌어. 그 시절에는 가족들도 아직 젊었고, 자신도 젊었으니까. 혈기 왕성한 때 만났으면 좋았겠지만, 이제는 그렇지 않겠지요.

사할린에 있던 사람들이 점점 더 많이 한국에 가게 되니 그런 경우도 더 많아졌어. 어머니를 만났는데 손 한 번 잡아보지 못하고 돌아간 사람도 있어요. 그러니 인간의 마음이란 점점 변하기 마련인지도 몰라요. 그런데도 난 그 일을 반세기나 되도록 오로지 바보처럼 했으니, 정말 참 바보 같았다는 생각이 들어요. 그래도 이제 와 마음을 바꿀 생각은 없어. 나는 이제 이렇게 번데기가 되어 죽겠구나, 그렇게 생각해.

내가 소련의 고르바초프 대통령한테 탄원서를 보낼 때 한국과 꼭 국교를 맺어야 한다고 썼어요. 고르바초프가 읽었는지는 알 수 없지만. 아마도 읽지 않았겠지만, 여하튼 보낸 것은 틀림없으니까. 그걸 좀 더 빨리 보냈더라면 좋았을걸. 탄원서를 보낸 때가 1990년 6월인가, 7월이었을 거야. 어쨌든 그걸 보내고 나서 반년쯤 후에 국교가 맺어졌지 아마도.*(주47 1990년 9월 30일, 한소 국교 수립) 소련에서 가족을 만나러 일본에 온 사람한테 부탁했어요. 난 러시아어를 모르니까 그 사람에게 러시아말로 탄원서를 써 달라고 해서 보냈거든.

또 이젠 죽고 없지만, 아카오 빈*(주48 赤尾 敏 좌익 활동가, 중의원의원, 대일본애국당

초대 총재) 씨와도 만나서 많은 얘길 했어요. 그도 흔쾌히 나를 만난다 했고 사정을 이해한다고도 했어요. 그런데 그 후에 누구인지 모르는 사람한테서 전화가 왔어요. "이봐, 너무 여기저기 떠들고 다니지 않는 게 좋아." 그런 전화가 온 적도 있었어요.

언젠가 전 세계에 흩어진 한국인 교포의 모임이 있었지. 2년에 한 번이었을 거야. 그 행사가 한 번은 미국 워싱턴에서 열릴 때였는데 민단이 나를 데리고 가 주었어. 워싱턴에 가면 기부금이라도 좀 모아 오려 생각했거든. 난 지금도 말주변이 없지만 그 시절에도 마찬가지였어. 내 생각을 그다지 조리 있게 말하지 못했어. 남들 앞에서 설명도 잘하지 못했고.

민단 측도 이번에 워싱턴에 가면 언제쯤 나를 소개할 테니 이런 얘기를 해 달라거나 뭔가 언질을 주었으면 상황이 달라졌을지도 몰라요. 그런 말을 전혀 안 했거든. 그러니 내가 어떻게 해야 좋을지 알 수가 있나. 이런 얘길 해도 좋은지 안 좋은지, 그것도 몰랐으니까. 그래서 솔직히 사할린에 관한 얘기를 별로 못했어. 그런데도 워싱턴에 있는 한국인 단체의 간부가 100달러인가, 200달러인가 주었을 거야. 돈이 좀 있는 사람 같았는데 그리 많이 주지는 않았어. 그 정도 받은 게 전부야, 그 사람한테서만. 거기서는 이틀 정도 묵었나. 그 후엔 비행기를 타고 도시를 구경했어. 뉴욕이라 했던가. 경비는 모두 민단에서 대주어서 나는 공짜로 간 거야.

우리 모임에서 '의원간담회'의 하라 분베이原文兵衛 회장과 이가라시 코조五十嵐広三 사무국장, 오누마 야스아키大沼保昭 선생까지 세 분한테 감사장을 드리고 싶다는 얘기를 내가 한국대사관 간부에게 말한 적이 있어요. 나는 그런 일을 곧바로 척척 해내지는 못했어. 전부 남의 손을 빌려야만 했거든. 그러다 반년 정도 지나서 대사관에 다시 얘길 했지. 감사장을 드리고 싶어서 지금 준비 중이라고 했거든. 그러던 중에 한국 정부에서 하라 분베이 회장과 이가라시 코조 사무국장 두 명에게만 감사장을 준다는 얘기가 들리는 거야. <통

일일보>에도 실렸으니 언제쯤일까 기다렸는데 나한테는 아무런 얘기가 없

더라고. 오누마 선생도 내용을 알고 있었기에 "내가 나중에 연락받게 되면 이희팔 씨를 꼭 데리고 가서 함께 받을 수 있게 할게요." 그런 말도 했어. 그런데 그때 한국 정부에서 오누마 선생에겐 감사장을 안 주었어요. 하라 분베이 씨와 이가라시 코조 씨 두 사람만 받은걸.

무라야마 토미이치 전 수상에게 진정서를 제출(오른쪽 끝이 이희팔 씨, 두 번째가 다카기 켄이치 변호사. 2000년 2월 15일)

시간이 지난 후 알았는데 그때 그 자리에 누가 있었냐면 오사카大阪에 있는 은행의 회장인 이희건(李熙建)이라는 사람이야. 그가 감사장 수여식에 참석했지. 나중에 내가 민단의 신년회에 갔더니 이 회장이 묻더라고. "자네, 그때 안 보이던데." "부르지 않아서 참석 못했다."라고 했더니 "아아, 그런가." 하더군.

그 사람이 나중에 오사카에서 '왓소 축제'*(주49 1990년부터 매년 11월 오사카시에서 개최된다. 고대 동아시아의 국제교류를 재현한 축제)를 만들었어요. 제1회 때 나를 거기 초대해 주었지. 그 후 '왓소 축제'는 일본에서도 유명한 축제가 되었어. 매년 열리는 행사가 된 것 같아. 그때가 제1회라 많은 사람이 모였어. 내가 집사람과 함께 가고 싶다고 하니까 침대열차 왕복권 2장을 보내줬어요. 호텔도 미도스지御堂筋 근처였는데, 어느 천황이 거기 묵었다던 고급 호텔이야. 거기에 묵으라며 우리 부부를 호텔까지 데려가 주었어요. 방이 아주 넓어. 더블침대 두 개가 있고 또 손님을 맞을 수 있는 응접실도 있었지. 욕실도 넓고 장식품들이 굉장히 호화스러웠어. 거기서 이틀 묵었던가.

축제에서는 귀빈석에 앉았지. 몇만 명은 모였을 거야. 행사장의 제일 높은 곳에 무대가 아주 잘 보이는 좌석을 마련해 주더라고. 좋았지요. 또 나한테

인사말을 할 기회를 주었어요. 그런데 그때 어떤 얘기를 하면 좋다고 알려주었으면 나도 뭔가 준비했을 텐데, 아무 얘기도 없이 호텔에 데려다주기만 하고 아무도 찾아오지 않았어. 그러니 내가 얼마를 내야 하는지, 어떻게 하면 좋은지 알 수가 있나. 전부 처음 경험해 보는 일이라. 아휴, 걱정돼서 우왕좌왕했어. 점심밥도 말이지, 식비가 포함되어 있으니 호텔 레스토랑에서 먹어도 되었는데 그런 걸 전혀 몰랐지 뭐야. 거기서 먹으면 비쌀 테니 우린 밖에 나가서 먹자고 해서 다른 식당에 가서 먹었어. 제대로 설명해 주면 알았을 텐데 말이야.

행사장엔 강연 무대가 있었어. <화태 귀환 재일한국인회>의 회장이 나온다고 소개했으니까 다들 내가 무슨 얘길 할까, 아마도 기다렸겠지. 집사람도 내가 무슨 말을 할지 기다렸다고 해. 그런데 내가 생각이 짧아서 말이야. 아무리 경험이 없다지만 뭔가 한마디라도 하면 좋았을 텐데, 선물만 받고 그냥 빙 돌아서 자리로 돌아오고 말았어. 그랬더니 거기 있던 사회자가 내가 받은 걸 다시 달라고 해서 그냥 건네줬지. 그걸 보고 집사람이 핀잔을 주더라고. 안에 든 것이 무엇인지, 돈이라면 얼마인지 확인도 하지 않고 돌려줬다면서, 정말 바보 같지. 그런데 나중에 50만 엔을 보내왔더군.

음, 그때 우리 부부를 그 자리에 초청하느라 어쩌면 100만 엔 정도는 들었을 거야. 교통비니, 호텔비니, 게다가 나중에 틀림없이 현금 50만 엔이나 보내왔으니까. 나 때문에 상당한 돈을 쓴 셈이야. 그러니 인사라도 한마디 했으면 좋았을 텐데. 내가 뭘 알아야지. 이제까지 막노동 일만 하고, 곡괭이를 들고 도로만 팠던 놈이 뭘 알았겠어. 음, 그 사람들은 내가 모임의 회장을 맡고 있으니 뭐라도 준비했을 것이라고 여겼겠지. 그런데 난 그런 자리엔 가 본 적도 없는 데다 발언해도 좋은지 어떤지, 무슨 얘기를 해야 하는지…….

물론 내가 인사말을 했다면 귀환한 동포가 어느 정도 있고, 지금 무슨 일을 하고 있으며, 고향으로 돌아가고 싶다는 것, 가라후토(사할린)에 있을 때 생각했던 것들을 말하면 되었는데, 쓸데없는 얘긴 안 해도 되니까. 주최자도 말이야, 사전에 뭔가 한마디라도 해 주었다면 아무리 내가 바보라도 그런 정도는 할 수 있지. 그걸 못했던 것이 정말 안타까웠어. 나중에 보내온 50만 엔은 정말 유용하게 썼어요. 사할린에서 오는 편지의 답장을 보낼 때나 사람들이 다녀간 후 뒷마무리 등 여러 곳에 썼으니까.

일본의 건국기념일에 나가노長野 시에서 인권옹호위원회 주최로 강연회가 있었어요. 그때 다카기 켄이치 변호사가 나한테 강사로 가라고 했어요. 발언 시간이 15분이었던가. 거기서 내가 할 얘기를 조금 써서 갖고 갔어요. 그런데 그 내용을 15분으로는 도저히 다 읽을 수가 없어서 말이야, 허허허. 음, 다만 내가 꼭 하고 싶었던 얘기를 하고 끝내기는 했지만 말이야.

얼마 전에 어떤 부인회에서 강연한 적이 있는데, 아직도 전쟁이 끝나지 않았다는 말을 들었지. 그 여성들은 그런 방면을 공부하는 사람들이라 사정을 잘 알고 있었어. 아가씨도 2명이 왔어요. 그런 얘기는 들어본 적이 없다, 처음 듣는다고 하더라고. 아가씨 2명을 포함해서 여성들 10명이 모였었지. 음, 일반적으로 일본인들은 조선 사람의 이야기는 그다지 들으려고 하지 않는데 말이야, 솔직히 말해서.

또 소련 본토에서 최 씨라는 사람이 왔어요. 그 사람은 원래 가라후토(사할린)에 있었는데 본토로 건너가 타슈켄트 부근에서 농사를 지어 돈을 모았다는 것 같아. 그는 글자를 전혀 몰랐어요. 러시아 여성과 결혼했는데 그 여성도 글을 몰랐지. 그럼 어떻게 서류를 보냈냐면, 내가 고무인으로 찍어 보낸 <화태 귀환 재일한국인회> 주소를 잘라서 다시 붙여 썼다고 해. 그런 식으로 서류를 준비해 왔다고 했거든. 그가 하바롭스크까지 와서 전화를 걸어왔어요, 일본에 오고 싶다고. "그래, 그렇게 합시다." 하고 내가 승낙해서 일본에 한 번 왔었지.

여기에 경상북도 도민회가 있었는데, 경상북도 사람이 소련에서 귀환한다는 얘길 듣고 내가 미리 도민회에다 그 얘길 해두었어요. 그랬더니 며칠 후 도민회에서 오라고 전화가 왔어. 사무소에 가니까 경상북도 도민회 회장이

"고맙소. 이걸 그 사람에게 전달해 주시게." 하면서 50만 엔을 주더라고. 그래서 난 거기서 준 돈과 여기 와서 묵을 숙박비 3만 엔 정도를 보태서 한 푼도 빠짐없이 현금으로 그에게 줬어요. 내 돈도 조금 갖고 왔으니까. 당시 소비에트에서 갖고 나올 수 있는 돈이 3~4만 엔이었을 거예요. 그 4만 엔도 전부 한국에 갖고 가라고 했어요. 한국에 부인이 있다고 하기에 그 돈은 잘 갖고 있다 앞으로 자네가 형편이 어려워졌을 때, 그 돈이면 어떻게든 생활은 할 수 있을 거라고 단단히 일러서 돈을 전부 갖고 가라고 했거든…….

그런데 한국으로 간 이후로 감감무소식이야. 도착했는지 어쨌는지 편지도 없어. 나중에 들으니 부인도 만났다는 것 같아. 만나서 어찌 되었는지, 아무 얘기가 없어. 나도 꼬치꼬치 물을 필요까지 없으니 묻지는 않았지만. 나야 그 사람이 원하는 곳까지 갈 수만 있으면 그걸로 된다는 생각밖에 없었어. 돈을 어떤 식으로 썼는지는 전혀 알 수가 없지. 그 사람은 일본을 경유해서 한국으로 영주 귀국을 한 거예요. 러시아에서는 농사를 지어 돈이 좀 있었나 봐. 상당히 좋은 사람을 많이 만났다는 것 같아요. 그렇지 않으면 그토록 번거로운 출국수속이 가능할 리가 없지. 글자도 읽고 쓸 줄 모르는 사람이.

'재일한국인 역사 자료관'(도쿄 미나토 구)에 <화태 귀환 재일한국인회>의 서류들이 있어요. 집사람이 살아있을 때 어디다 어떻게 처분했는지, 없어진 것도 많지만 그래도 남은 것은 거기에 소장되어 있어요. 7천 명의 명부와 다른 자료들도. 사할린에서 온 편지가 약 1천 통 정도 되지 않을까. 내가 쓴 것은 아니지만 보면 알 수 있을 거야. 초청장을 보내주면 죽지 않는 한 은혜는 꼭 잊지 않겠다고 쓴 편지를 수없이 받았으니까. 한 두통 정도가 아니야, 그런 편지가.

그걸 사할린에서 내게 보낼 때 어떤 심정으로 편지를 썼을지, 내용을 보면 어느 정도 상상할 수가 있어요. 같은 민족을 조금이라도 생각하는 마음이 있다면 알 수 있지. 그러니 지금도 내가 이렇게 눈물이 많아요. 왜냐면 지금까지 했던 온갖 고생이 떠올라서 이내 눈물이 나와. 내가 만약 그 사람들이었다면 어찌 되었을까. 그야말로 조선말로 하면 속수무책, 손도 발도 다 묶여버린 것 같은 상태로 어찌해 볼 도리도 없었겠지? 지위도 없는 데다 돈도 없어. 아무것도 없으니까 아무것도 할 수 없지. 도와줄 수가 없으니까 그저 바라보며 한탄만 할 뿐, 그게 너무 한스러워서.

지금이니까 이렇게 얘기라도 하지, 내가 죽지 않고 오래 살아 있으니 이런 얘기도 남에게 말할 수 있는 것이죠. 이제 다 지난 과거가 되었으니까. 과거 일이 미래로 나아가는 데 문제가 된다면 얘기가 다르겠지만, 이젠 나도 인생 말기니까.

젊었을 때 능력이 있었다면 여러 가지 일들을 했을 거야. 내가 그 사람들을 초청할 때 돈이 있었다면 오고 싶어 하는 사람을 전부 초청했을 거예요. 하지만 한 사람을 부르는데도 상당한 경비가 들었어. 그리고 그쪽에서 오는 사람도 할 일 없이 1주일, 2주일씩 여기 머물렀으니 그동안 먹이고 재우고 해야잖아요? 그렇게 전부 절차를 밟아서 소련에서 일본으로 초청하고 또 한국으로 보냈지. '정말 고생하셨습니다, 고마웠습니다' 그런 편지 한 통이 없으니 야속하지. '무사히 도착했다.' 그런 편지조차 누구한테서도 없어. 나한테 초청장을 받으려고 '죽어도 그 은혜는 잊지 않을 테니, 이번 한 번만 잘 부탁드립니다' 했던 편지가 지금도 수십 통이 있을 거예요. 전부 다는 아니어도 그런 답장이 꽤 있어야 옳은 것 아니냐고.

은혜를 입었으니 그 보답하라는 의미가 아니에요. 과연 제대로 도착했는지, 무사히 돌아갔는지 어떤지. 그야 비행기로 갔으니까 뭐 틀림없이 잘 갔으리라 생각하지만, 비행기도 떨어질 때가 있으니까. 인간이 움직이면 온갖 일들이 일어나니 무사히 도착했다고만 하면 그걸로 될 텐데. 거기서 편지 한 통 보내는 데 돈이 많이 드는 것도 아닌데. 120루블이었던가, 편지 한 통 보내는데.

소련 사람들은 자원봉사라는 의미를 모르는 것 아니냐고? 물론 잘 모를 거라 생각은 하지. 하지만 그걸 모르더라도 같은 민족이니까, 같은 조선인이니 고맙다는 의미 정도는 알지 않을까. 자기들 힘만으로는 아무것도 할 수 없잖아요. 그땐 내 힘이 꼭 필요했어요. 삼십몇 년이나 가족을 만나지 못했다, 고향에 가고 싶다……. 그런 사람을 가족들과 만나게 해주고 보살펴 줬는데, 고 맙다는 말 한마디 한다 해서 딱히 죄가 되는 것도 아닌데. 게다가 난 그들에 게 돈을 내라고 한 적도 없었어요. 애초부터 난 그 누구에게도 1전 한 푼 받지 않았어. 누가 나한테 돈을 건넨 사람이 있다면 이름을 대고 나와 보라고 해 요. 단돈 10엔이든, 100엔이든. 오히려 내 돈을 꽤 많이 들였어요. 그 돈은 밤 에 잠도 못 자고 도로를 파며 모은 돈이었어요. 놀면서 받은 돈이 아니란 말 이에요. 그러니 그런 일들을 생각하면 정말 억울한데 그것도 뭐 그런 민족이 니까 어쩔 수 없다고 생각할 수밖에.

나도 소련에서 나차아리*(주50 사장)에게 그토록 신세를 졌으면서 편지 한 통 못 보낸 것이 지금까지도 한이 되었는데……. 지난달에도 꿈을 꿨어요. 그 나차아리가 꿈에서 내게 이런 말을 해요. "이제 지난 일은 잊고, 쓸데없는 걱 정은 하지 말게." 그런 말을 들었어요.

음, 나도 더 많이 초청하고 싶었어요. 그런데 난 그렇게 많이 데려올 힘이 솔직히 없었어. 내가 일을 척척 해내는 인간은 못 되었으니까. 그런데 다카기 씨는 말이지, 그 변호사사무소의 사무원이 머리가 좋아서 서류를 만드는 솜 씨가 여간 아니야. 처음에는 어딘가에 가서 견본을 만들어 왔는데, 그 후로는 사무원이 전부 직접 만들었어. 어차피 거기엔 컴퓨터도 있고, 러시아어 컴퓨 터도 있었거든. 나야 어쩌다 한 번씩 초청했으니 고작 50명 정도 될까, 그 정 도밖에 못 했어요.*(주51 다카기 켄이치 변호사는 1988년부터 1990년까지 자신의 변호사사무 소를 거점으로 사할린에서 약 1천 명의 조선인들을 일본방문, 가족 재회, 한국으로 일시 귀국시키기 위해 초청했다고 한다(<화태 잔류 한국·조선인 문제와 일본의 정치 의원간담회 7년>). 이를 보고 어느 한국인 기자는 <화태 귀환 재일한국인회>가 좀 더 주체적으로 노력해 사할린에 남은 이들을 초청해야 했다는 말을 이희팔 씨에게 했다고 한다.)


한국의 안산시에 '고향마을'이 있지요. 거기 입구에 P모 씨, 그 사내의 동상 이 세워졌다는 얘기를 들었거든. 그런 사람의 동상을 세울 바에야 우리 모임 의 회장인 박노학 전 회장의 동상을 세우는 편이 훨씬 의미가 있지 않나 싶어. 그래서 나는 안산에는 가지 않아요. 그 동상이 있는 이상 난 죽어도 안 갈 거야. 그 동상을 보고 싶지 않으니까.

우리가 일본으로 귀환해 와서 운동을 펼쳐왔기 때문에 한국의 안산이나 인천, 대구 같은 곳으로 영주 귀국한 사람들이 약 5천 명은 되는 것 아닌가요. 또 죽은 사람들도, 60%는 죽었다고 듣긴 했지만. 내 생각엔 그 사람들을 중요하게 여기지 않는 것 같아, 그래서 별로 애착이 안 느껴져요. 왜냐하면 우리가, 박노학 씨와 나, 심계섭 씨가 온갖 노력을 해왔던 것을 무시한다고 할까, 그리 중요하게 생각하지 않아. 그리고 또 한 가지, 그 P씨의 동상을 세웠다는 것 때문이지.

고향마을 낙성식에는 갔어요. 그 후에 P씨가 사할린에서 온 사람들과 무슨 집회를 하기도 하고, 여러 가지 일을 벌이기도 했던 모양이야. 또 스폰서도 찾아내서 결국 그 사람의 기념비가 거기에 세워진 것이 아닌가 싶어. 그렇게 한국으로 영주 귀국해서 거기서 죽었잖아요.

우리가 몇십 년이나 먼저 일본에 와서 운동을 펼치고, 일본 정부에 예산을 책정하게 만들고, 그 돈으로 집도 짓고 낙성식을 한 건데, 거기 있는 기념비에 우리 얘기는 한 마디도 없었으니까, 단 한 마디도. 전부 자기들이 했다고 하니 웃기는 이야기지요. 이 문제에 대해 진심으로 온갖 일들, 큰일을 한 것이 누구냐 하면, 안산의 고향마을을 만든 것도, 인천에 다양한 시설을 만든 것도, 우리가 일본 정부에 국가 예산을 책정하게 만들어서 그 돈으로 한 것 아닌가요? 가족들과 다시 만나게 한 것도 우리가 했잖아요? 몇십 년 동안 만나지 못한 사람들을 다시 만나게 하려고, 한국의 이산가족과 소련에 있는 당사자들을 우리가 계획해서 일본에 오게 했고 또 가족과 만나게 했으니 1주일, 2주일 즐겁게 지내다가 돌아간 것이잖아? 그렇게 한 명을 데려오기 위해 절차를 밟는데 얼마나 많은 돈이 들었는지 아느냐는 얘기야.

일단 외무부 서류작성에도 돈을 써야 하죠? 소련대사관에도 돈이 들잖아요? 소련에 보낼 서류를 만들려면 전부 돈이 든단 말이에요. 한 사람에 적어도 1만~몇만 엔은 들어요. 일본어를 전부 러시아어로 번역하고 또 러시아어를 일본어로 번역해야 했으니까. 러시아어 서류를 한국의 외무부에 들고 가 봐야 통하지도 않았어요. 제대로 번역해서 갖고 가야 했으니까.

우리가 그들을 위해 얼마나 많이 노력하고 시간을 들였는지, 얼마나 많은 신경을 쏟아 부었는지……. 그 일은 그 P씨만을 위해서 한 것이 아니에요. 한국이란 나라를 위해서 한 것이지. 솔직히 말해서 우리가 이 운동을 처음 시작할 때 한국 정부가 소련과 협상할 여지가 있었나? 국교도 없었는데 그럴 여지가 있을 리 없잖아. 국가가 못하는 일을 우리가 한 것 아니냐고 난 말하고 싶은 거예요. 그런 걸 전혀 알아주지 않으니 정말 한심해요. 이 운동은 1년, 2년에 끝난 것이 아니라, 반세기에 걸쳐 이뤄낸 것이라고요.

집사람한테는 일해서 번 돈을 어디에 다 쓰고 남은 돈만 갖고 오냐는 말까지 들었어요. 왜 안 그렇겠어요. 그게 아니라고 내가 온갖 설명을 했지만 그다지 진지하게 들어주지 않았어요. 나이가 들고, 70세가 지나서부터는 나를 별로 인간답게 대해 주지 않았던 것 같아. 그리고 "당신이 당신 조국의 국민을 위해 열심히 애쓰는 마음은 알지만, 나도 일본인이라 내 나라를 사랑하는 마음은 당신한테 뒤지지 않아요."라고 하더군.

예전에는 여러모로 나를 걱정해 주었어요. 한국에 간 것도 처음 한두 번은 나 혼자서 갔지만 그 후엔 줄곧 둘이 같이 갔으니까. 그리고 처음 같이 갔을 때 내가 태어난 집에도 갔었지. 정말 이런 곳에서 태어나 자랐다는 걸, 이렇게 가난하게 살았다는 걸 실물을 보고 알았을 거야.

음, 둘이 한국에 가서 즐거웠던 일도 있어요. 냇가에 가서 투망으로 물고기를 잡아 매운탕을 끓이기도 했고 또 우리가 왔다고 친척들이 모여서 춤도 추고 막걸리를 마시기도 했고. 그때 내가 8mm 카메라로 촬영한 영상이 있거든. 마침 봄이어서 밭에 온통 복숭아꽃이 피었지. 친척 집에 가서는 술상을 두드리며 노래도 불렀어. 나중에 물어보니 집사람도 그때는 즐거웠다고 했어요.

음, 집사람이 죽기 전에 많은 일들이 있었어요. 60년간 나만 바라보고 온갖 일들을 해주었는데, 왜 나이가 들면서는 그렇게 되어버렸는지. 죽기 5년쯤 전부터는 정월에 아이들이 집에 오는 것도 싫어하더라고. 뭐, 이미 마음이

변했던 것 아닌가 싶어요. 그러니 <화태 귀환 재일한국인회> 서류도 말이지, 언젠가는 필요할 때가 올 것 같아서 전부 모아 트렁크 두 개, 세 개로 나눠서 보관했는데 점점 없어지는 거야. 그걸 알고는 있었지만 난 아무 말도 못 했어. 이제 와 불평해 봐야 돌이킬 수도 없고.

결국 난 끝까지 그 얘긴 아내에게 하지 않았어. 일본에서, 여기 다케노츠카(竹の塚, 이희팔 씨가 관리한 숙소)에서 조선인들이 가족들과 재회할 때 집사람이 그 준비를 하느라 고생했던 것도 다 알아요. 알지만 그 또한 살아 있는 사람의 한 모습이랄까, 그들을 잘 보살펴 주는 일이라 생각하면 고생이라 여길 일도 아니지 않나. 그 사람들에게 받은 선물이, 보답으로 받은 것들이 아직도 남아 있어요. 현관에 있는 저 꽃병도 사할린에서 온 사람이 선물로 갖고 온 거예요. 너무 커서 자리를 차지해 버린 물건도 있어요. 그걸 선물로 사 온 사람은 꽤 많은 돈을 주고 샀을 겁니다.

음, 나도 나름대로 고생은 했지요. 솔직히 나 자신과도 싸우지 않으면 이 문제를 이토록 오래 해 올 수 없었던 것도 분명해요. 60년간이나 나를 따르며 살았던 집사람이 마지막에 가서 그런 행동을 한 것은 도리에도 맞지 않아요. 그래도 난 집사람 덕분에 일본에 올 수 있었지요. 그때 집사람이 일본인이 아니었다면 난 일본에 올 수 없었으니까.

그 후 2004년이었나, 한국 정부에서 '석류장'이라는 훈장을 받았어. 음, 훈장도 뭐 나쁜 의미는 아니겠지만 거기에도 단계가 있어, 가장 낮은 훈장이었거든.*(주52 한국의 국민훈장은 위에서부터 무궁화장, 목련장, 동백장, 목련장, 석류장 등 5등급으로 되어 있다)

뭐, 제일 좋은 놈으로 줘도 좋지 않나, 그런 생각을 한 건 아닌데, 그때 다카기 변호사에게 물었어요. "내가 이 훈장을 사양하고 싶은데, 어떻게 생각하세요?" 그랬더니 "어떤 훈장이든 훈장은 훈장이지. 국가가 주는 상이니 받아 두시게." 하더라고, 그래서 받았지. 노무현 대통령 때야. 이 손목시계 뒤에 '대한민국 대통령 노무현'이라고 새겨 있어. 이래 봬도 대통령한테 받은 손목시계야.

훈장을 받는 것도 민단 중앙본부에서 신청서류를 썼다면 석류장보다는 높은 걸 받았을걸. 아마 민단의 제일 밑에 있는 모국방문단 사무소의 직원에게 신청서를 만들게 했을 거야. 나도 그때 몇 가지 서류를 냈거든. 거기에 내용을 잘 정리해 썼더라면 좋았을 텐데 어떻게 써야 할지 몰랐으니까. 뭐, 이 정도로 쓰면 되겠지, 그렇게 끝내고 말았으니까.

한국의 대통령이 김대중과 노무현 시절에는 말이지,*(주53 김대중은 1998~2003년, 노무현은 2003~2008년에 각각 한국의 대통령에 취임) 한국대사관에 가도 직원이 북에 관한 얘기만 할 뿐 내 얘기는 들으려 하지 않아요. 그러니 나도 화가 나서 더 이상 가지 않았어. 정말 어처구니가 없었지. 이러다간 내가 빨갱이 취급을 당할 것 같았거든. 대화 내용이나 태도, 여러 가지를 보면 나도 그 정도는 알아요. 내가 몇십 년이나 해왔던 일도 대부분 끝나 있었고, 더 이상 할 일이 없다는 생각에 한국대사관에는 거의 가지 않았어요.

그런데 이명박 대통령이 되고 나자 이번엔 전혀 태도가 달랐지. 이전처럼 온통 북에 관한 얘기만 하는 것이 아니더군. 다시 옛날로 돌아간 것 같아서 그 뒤로도 대사관에 몇 번 가긴 했어. 바뀐 대사관 사람들도 나를 대할 때 이전과는 달랐어. 전에는 말이지, 음 나를 거지라고 여겼을 거야, 대사관 직원도 나를 진심으로 대하지 않았으니까. 대통령이 바뀌고 얼마 후 갔더니 전혀 분위기가 달랐어.

음, 그렇게 내가 온갖 일들을 겪긴 했지만 일본 정부와 싸우며 마땅히 해야 할 일은 했으니까. 그 당시 소련과 한국 사이에는 국교도 없었고 아무것도 없었어. 전화도 안 되었지. 길이 없는 곳에 내가 길을 만들었으니 그다음은 여러분들이 잘 알아서 해 달라고 했지. 내가 할 일은 뭐 다 했으니 그걸로 된 것 아닌가. 당장 내일 일도 알 수 없었던 내가 말이야. 그러니 난 더 이상 아무것도 안 해요.


전국 화태 연맹의 역대 회장*(주54 오츠 토시오(大津敏男, 1893~1958) 마지막 화태청 장관과 전국 화태 연맹 제2대 회장을 역임)과는 몇 차례나 만나서 식사도 하고, 공식적으로 만나기는 했는데, 내가 그런 사람과 알고 지낸다 해서 별로 대단한 일을 하는 것도 아니니까. 그 사람이 현재 화태 연맹의 회장을 맡고 있고, 매년 연하장을 보내오긴 하지만요.

또 꽤 오래전 이야기인데, 요미우리신문이 지면 하나를 할애해 줬어요. 그 기자는 이제 뭐 높은 사람, 과장인가 뭔가 되었지. 당시에 하라 분베이<sup>原文兵衛</sup> 선생에 관한 얘기와 우리 모임에 대해서도 많은 것들을 기사로 실어 줬어. 무엇보다 신문의 한 면을 모두 채워 썼으니 대단하지, 사진까지 넣어서. 나중에 물어보니 굉장하더라고. 만약 광고였다면 1천만 엔 정도는 든다고 들었어.

그 기자가 집에 찾아왔을 때, 마침 과일가게에 가보니 좋은 복숭아가 있더라고. 그걸 내가 사 왔거든. 그 기자는 까만 승용차를 타고 왔어. 굉장했지. 자동차가 저만치에서 기다렸고 내가 복숭아를 건네니 맛있게 먹는 거야. 허허허. 잘도 먹더라고. 복숭아를 맛있게 먹던 모습이 지금도 기억나요. 음, 그런 사람이었지, 오랜 시간 통화도 하고 연락하고 지냈는데, 그 후로는 너무 자주 연락하지 말라고 해서, 그걸로 끝이야, 난 더 이상 전화 안 해.

전후 보상이라는 명목으로 홋카이도의 왓카나이<sup>稚內</sup>에 위령비를 세우려 했었지. 전부 다 준비했어요, 왓카나이 시청도 지원금 100만 엔을 냈고, 위령비를 세울 장소의 도면도 제대로 그려 주었어. 그곳에 이만한 넓이로 위령비를 세우자고 했었지. 그런데 실제로 모금을 시작하니까 기부하는 사람이 없는 거야. 돈이 모이지 않아. 그래서 지금도 그냥 방치되어 있어. 이런 일은 정부의 사할린 관련 예산에서 지출해야 한다는 얘기도 나왔지.

내가 사할린주 한인협회*(주55 러시아 사할린주에 거주하는 모든 조선인을 망라하는 조직. 본부는 유즈노사할린스크시에 있다)에도 의논했는데, 일본에서 이런 운동을 하고 있으니 민단 중앙의 간부들도 사할린에 있는 조선인의 상황을 한 번 보러 가면 어떻겠냐고 몇 사람에게 얘기했거든. 가겠다고는 했는데 바빠서 시간이 나지 않는다며 결국은 안 갔어. 그래서 사할린주 한인협회가 민단과 등지고 말았지. 민단도 우리가 돈이 없으니까 상대해 주지 않았던 거잖아요.

민단의 사할린 담당자한테도 내가 여러 차례 얘길 했는데 결국은 가지 않았어. 그런데 중앙본부에서 나오자 내가 했던 여러 이야기를 떠올리고 무슨 장사라도 해볼 생각에 갔던 모양이야. 사할린에 갔지만 별로 환영받지 못했지. 나중에 내게 그 얘기를 하기에 어째서 내가 그렇게 가보라 할 때는 가지 않았나, 그쪽에서 원할 때 갔더라면 좋았을 것 아닌가. 혼자서 뭔가 돈이 될 만한 일이 없나 알아보러 간 것이냐고 다그쳐 물으니까 더 이상 아무 말도 못 하더라고. 그렇게 돈벌이가 하고 싶었으면 재직 중에 제대로 길을 닦아 두었으면 좋았잖아. 그러니 민단은 사할린 문제에 관심이 없었던 것이 분명해요.

그 후에도 나에게 현재 사할린 상황이 어떤지 묻지도 않았어. 여하튼 이후로도 사할린 문제를 중요하게 여기지 않았지. 그래서 내가 따졌더니 뭐라고 하느냐면 "우리도 한마음이다."라는 거야. 한마음이라니, 어떤 한마음을 말하는지 묻고 싶다니까요. 일본에 있는 사람들은 언제든 원하기만 하면 한국의 고향에도 갈 수 있었잖아. 가고 싶지 않으면 안 가도 되니 자유였단 말이지, 자유가 있었어.

사할린에 있는 사람은 날마다 목이 빠지게 본국에서 무슨 좋은 소식이 오지 않나, 일본에서 오지 않나, 어디서든 오지 않을까, 몇십 년을 기다렸어도 안 왔어요. 지금까지도 아무것도 하지 않으면서 어째서 한마음이라고 말할 수 있냐고 따졌지. 그랬더니 그가 아무 말도 못 해. 음, 뭐라고 해야 할까, 공산주의를 우습게 본다고 할까, 그게 아니면 우리가 일본에서 귀환 운동을 한 것을 민단이 치켜세우면 일본 사회가 별로 좋아하지 않을 것 같아서 그런 것인지, 그 진의는 알 수 없어요, 솔직히 말하면. 어떤 얘기도 해주지 않으니, 알 길이 없지. 그러니 우리가 이 문제에 그토록 오래 관여해 왔지만 어디 한 곳도 그다지 관심을 보이지 않았던 겁니다.

## 현재

중학교 2학년들이었나, 선생은 여자였어. 그때 학생들이 26명이었나, 내 이야기를 듣고 싶다고 해요, 그것도 하루 종일 말이야. 여기 구영주택 집회소를 빌려서 내 얘기를 했어요. 내 이야기를 전부 노트에 기록해서 그걸 패널에 붙여 학교 문화제 때 사용했어. 그리고 나중에 학생들이 감상문을 보내 주었지. 그것도 <재일한국인 역사 자료관>에 전부 전달했어요.

아사히신문사가 나를 3일간*(주56 2010년 5월 8일~10일) 독점 취재해서 신문에 실어준 적도 있어요. 내가 한국으로 부모님 성묘하러 갈 때 아사히신문사 기자가 함께 갔지. 그 사진도 어딘가 있었는데. 아, 여기 있네. 이건 비행장에서, 나를 마중하러 나왔어요. 이 사람은 일본대사관의 참사관이라는 사람인데, 여러모로 나를 잘 챙겨주었지. 이 신문기자와 함께 38선 가까이 데려가 주었어.

이쪽은 지금 한국에 있는 <중소 이산가족회>의 회장 아닐까. 이곳에 모였을 때 함께 찍은 거야. 이건 부산에 가는 도중에 산에 꽃이 활짝 피어 있어서, 옛날에 이 꽃이 양지바른 곳에 가장 먼저 피는 꽃이었다면서 찍었지. 그리고 이것도 진달래꽃, 옛날 생각이 나서 찍은 거예요. 산소에 가는 길에 찍은 건 없어요. 형제들 모두, 누나도 돌아가시고 나 혼자 남았으니까. 이건 술을 따르는 장면. 이 사진은 산소에 엎드려서 내가 뭔가 말하는 장면일 거야. 불효자가 절을 올리는 순간이지. '산소가 명당이라 일본의 신문기자까지 와서 절을 하네요, 이제야 비로소 제가 효도하게 되었습니다' 하고 부모님께 보고했거든. 산소 앞에 과일도 놓았고.

여기 모셔져 있는 건 아버지, 어머니 두 분뿐이야. 다른 사람들의 묘는 또 다른 곳에 있어요. 한국에서는 100% 매장 묘예요. 내가 어릴 때는 화장을 하는 건 무슨 전염병이 있거나, 평범한 죽음이 아닐 때 한다고 들었어. 그런 일은 좀처럼 없었지.

이건 생가에 갔을 때 방에 들어가 찍은 사진. 이 집엔 조카가 살았는데 죽어서 지금은 아무도 살지 않아. 그 후 다시 안동으로 돌아가서 거기서 묵었을 거야. 안동소주가 유명하지. 영국의 엘리자베스 여왕이 한국의 양반마을에 가고 싶다고 해서 안동 하회마을에 갔지.*(주57 2010년, 유네스코 세계유산으로 지

정) 시골이라 거의 다 옛날 기와지붕이야. 거기서 여왕이 생일 축하를 했거든. 그 일로 갑자기 유명해져 하회마을은 관광지가 되었어요. 나도 아직 가본 적이 없어. 죽기 전에 한번 가보고 싶어. 생가에 가는 도중에 있거든. 훌쩍 보고 돌아와도 반나절 정도는 분명히 걸릴 거야.

그나저나 나도 참, 이렇게 긴 시간을 앉아서 잘도 얘기한다 싶네요. 보통은 이렇게 오래 앉아 얘기하는 사람은 없지 않나? 덕분에 그래서 내가 건강해. 건강의 비결이 뭐냐고? 솔직히 말해 몸을 소중하게 다뤘지. 별로 무리를 안 한다고 할까. 술도 담배도 안 해. 담배는 젊었을 때 조금 피웠는데 입담배 정도였으니까.

또 한 가지, 난 식사할 때 시간이 오래 걸려요. 그건 젊을 때부터 그랬거든. 옛날에 실습학교에 다닐 적 얘기도 했지요? 그때 다들 식사가 끝나면 어쩔 수 없이 숟가락을 내려놓고 기다렸어, 모두 나가고 나면 남은 밥을 혼자서 먹었다는 얘기 말이야. 음식을 아주 오래 씹어서 먹었어. 음, 술은 마시지 않았지만 담배를 피운 건 일본에 오고 나서야. 음, 대체로 하루에 한 갑, 어떤 때는 이틀에 한 갑이기도 하고, 그리 많이 피우지는 않았으니까. 그리고 소박한 생활을 한 것이 큰 원인이 아니었나 싶기도 하고. 그리 넉넉한 생활은 안 했으니까. 그리고 과식은 안 해, 과식은 절대 안 해. 음, 정말 난 평생 술에 취한 적도 없어요. 음식도 마찬가지지, 요즘도 물론 그렇고. 하루에 두 끼를 먹는데 예를 들면 최근에는 여기 이런 걸 먹기도 하고, 뭐라도 주위에 먹을 게 있으니까. 음, 어느 정도는 먹지만 그렇게 과식하지 않는 것이야.

싫어하는 음식은 없냐고? 아니, 있지요. 산나물이야, 생콩가루를 섞으면 그나마 좀 낫지만, 그저 산나물만 넣고 끓이면 정말 새까맣지. 죽을 쑤어도 맛이 없어요. 뭔가 여러 양념을 넣어야 맛이 나지, 산나물 그것만으론 맛이 없어요.

난 여태까지 부유한 생활은 해본 적도 없는 데다 오늘까지 정말 근근이 살아와서 이젠 인생의 마지막을 맞고 있어요. 지금은 혼자라서 쓸쓸해. 그러니 사할린에서 찍은 영상이 TV에서 나오면 곧바로 눈물이 나와요. 한국에 있는 조카 손자들이 말해요. '할아버지는 눈물이 너무 많다'라고. 온갖 일들이, 내가 겪은 일들과 겹쳐 생각나니까…… 그만큼 나도 약해진 것이야. 원래도 약했는데 지금은 심신이 모두 약해지고 말았어. 그건 어쩔 수가 없는 일이야.

지금은 데이서비스 센터(고령자나 치매, 병약한 노인들을 직접 데려가 식사나 목욕 서비스는 물론 일상생활에 필요한 훈련과 오락 등을 제공하는 시설_역자 주)에 다니는데, 거기 직원들은 내가 무슨 말을 해도 화를 내지 않아. 뭐랄까, 봉사 정신이 투철하다기보다 자기 직업에 대한 책임이랄까, 그렇게 교육받았겠지만.

거기에 나보다 5살 많은 사람이 있어서 자주 바둑을 두는데, 꽤 잘 두어요. 정신도 멀쩡하고. 제주도 사람은 까막눈이 없어요, 남자는. 또 제주도 여자는 일벌레야. 남자는 일을 안 해. 그래서 그 사람도 글씨를 아주 잘 써요. 달필이야. 치매도 아직 없고. 바둑은 음, 내가 좀 더 잘 두지 않을까. 10번에 7번은 내가 이기는 정도야. 그런 사람도 있어.

난 자식이 셋 있는데 친손자는 없어요. 친손녀가 둘 있는데, 자매야. 그런데 아들 부부가 헤어질 때 며느리가 데려가 버렸어. 그 손녀들이 가까이 사는데 한 번도 오지 않아요. 외손자는 있지만.

난 지금도 아내의 성이었던 우스이臼井라는 성을 쓰고 있어. 죽어서도 우스이臼井라는 성을 묘비에 분명히 새길 생각이야, 있는 그대로. 음, 조선인이니, 일본인이니, 그런 것과는 상관없이 그저 내가 한 인간으로서 살았던 사실을 후세에 남기고 싶은 마음입니다. 사실 집사람이 없었다면 내가 1958년에 일본으로 올 수 없었지. 집사람 덕분으로 왔으니까, 그건 끝까지 내가 잊지 않겠다고 결심했지. 왜냐면 가라후토(사할린)에 있을 때 러시아인 사장이 나를 그토록 아껴주었는데, 내가 편지 한 통도 보내지 못해 아직도 가슴이 아파서 그런 거야. 한 번은 실수라 해도 그런 실수를 다시 반복한다는 건 용납할 수 없으니까. 그래서 난 죽어서 저세상에 갈 때도 우스이臼井라는 성을 분명히 묘비에 새길 생각입니다. 그러면 아무 미련도 남지 않아서 좋지 않을까 싶어요. 있는 그대로, 생전에 썼던 이름 그대로가 좋다고 생각해요. 그 덕분에 내가 일본에 와서 집사람과 잘 살았고, 자식들도 잘살고 있으니까.

언젠가 내가 '일본 정부에서도 얼마쯤 보상받아야 하지 않나' 싶어서 다카기 변호사에게 물으니 "이희팔 씨는 보상은 안 받았어도 일본에 왔잖아요. 먼저 일본에 왔고, 한국에도 왔다 갔다 할 수 있잖아." 그렇게 농담을 해요. "이제야 보상받는다 해도 대수롭지 않을걸요." 하더라고. 몇천만 엔도 아니고 기껏해야 몇백만 엔밖에 못 받는다면서. 지금 한국에서는 보상받은 사람도 있어요. 죽은 사람은 일본 돈으로 2백만 엔. 일본에 있는 사람에겐 안 준다고 하더라고. 한국에 와 있는 사람에게만 준대. 사할린에 있는 사람도 받았다는 이야기는 듣지 못했으니까. 자기 나라에 있지 않으면 안 되는 건지, 그런 법률적인 일은 잘 몰라요.

나는 말이지, 아무것도 숨기는 게 없어요. 있는 그대로 지금까지 얘기해 왔어. 거짓을 말해서 나한테 무슨 득이 있어요? 아무런 이득도 없어. 어쩌면 내가 이렇게 한 이야기가 어느 정도는 기록으로 남겠지요. 지금까지 몇몇 곳에 남겨 놓은 것도 있어요.

일본과 한국, 이 두 나라는 솔직히 말해 지금까지의 역사가 있으니 그다지 진지하거나 솔직하게 가까워질 사이는 아니란 것이 이미 확연해지고 말았어요. 그러니 이 21세기에 언제까지나 똑같은 얘기를 해 봐야 소용없지, 앞으로 나아가야죠. 과거는 과거로, 역사는 역사로서 남겨두고. 그렇다고 그 역사가 없어지느냐, 그렇지 않아요. 역사는 역사이니까. 그러니 이제부터는 전진하자는 것이 지금 한국의 작전입니다. 그런데 일본은 그렇지 못해요. 현재로서는 전혀 그런 면이 보이지 않아.

나는 사할린에 있는 사람들을 위해서 살려고, 어떻게든 도움이 되려고 내가 할 수 있는 것 이상으로 했고 내 나름대로 열심히 해왔어요. 결과적으로 음, 난 진심으로 많이 노력했다고 생각해. 그 사람들이 어떻게 생각하든, 내가 좋은 일을 한 것만은 틀림없다, 그렇게 생각할 뿐이지. 칭찬받든 그렇지 않든 난 상관없어요. 내 민족을 위해 애쓰는 게 지극히 당연한 일 아닌가. 또 내가 사할린에 있을 때 고생했으니까.

거기 사람들은 말이지, 우리가 귀환해 올 때 모두 부러워서 어찌할 줄 몰랐어. 일본에 가면 동포들도 많이 있다고 했으니까. 민단도 있고, 대사관, 그때는 대사관이 아니라 대표부라고 했어요. 한국대표부도 있으니까 자기들도 우리처럼 돌아갈 수 있도록 활동해달라고, 그렇게 부탁하는 것 말고는 할 수 있는 일이 없었지.

정말 그렇게 부탁받았냐고? 물론이지요. 일본에 가면 꼭 그렇게 하겠다고 약속했냐고? 당연히 했지요. 내가 그곳에 있을 때 경험했으니까. 한국에, 조국으로 돌아가고 싶다고 다들 그랬어, 나만 그런 것이 아니라 모두 그렇게 생각했어. 팬티 한 장만 입고 가라고 해도 모두 가겠다고 했으니까. 모여서 잡담할 때도 그 얘기만 했어요. 그것 때문에 난 내 나름대로 민족을 위해서 정말 애를 썼어요.

일본에서 부자가 된 어느 조선인한테 "저놈은 내일 먹을 쌀도 없으면서 민족운동을 한다." 그런 말도 들었거든. 다른 사람이 무슨 말을 해도, 나쁜 말을 들어도, 그런 건 전혀 마음에 두지 않았어. 나와 같은 처지의 조선인이 그곳에 남아 있었어요. 4만 3천 명이라고 내가 계속 말해 왔으니까. 일본인과 함께 약 1,500명 정도 귀환해 왔고, 그 후에 우리가 운동을 펼쳐서 한국에 약 5천 명이 영주 귀국했어. 일본 정부에 돈을 내게 하고, 한국은 토지를 제공해서 안산에 집도 만들었으니, 내 목적은 달성한 거야. (끝)

한국 방문 이후 선물로 받은 앨범을 보는 이희팔 씨
(2018년 5월, 촬영 이귀회 님)

<관련 자료>

# <관련 자료>

## {1} 구술 <南사할린 나이부치 탄광의 기억> (박노학)
   기록_나가사와 시게루

   (1) 탄광 입소·훈련
   1943년 12월 6일에 나이부치 탄광에 도착했어요. 그때 62명 가운데 2명은 도중에 도망쳤어. 그래서 60명이 탄광으로 갔습니다. 그때는 몹시 추웠어. 추위를 견딜 준비조차 못 하고 갔으니 너무 고생했어. 아이고, 지금 생각하면 그런 준비를 못 하고 간 것이 잘못이었지. 그래서 어떤 친구는 귀와 발이 동상에 걸렸어요. 1944년 정월에는 영하 40도까지 내려간 적이 있었으니까.
   조선에서는 '가라후토 인조석유 주식회사'에 간다고 했어, 탄광이 아니라 공장이라 생각하고 갔지. 가서 보니 공장이 아니라 석탄을 채굴해 석유를 만든다며 우릴 탄광에서 일하게 했지.
   나는 나이부치 탄광의 친화親和 5숙소에 들어갔어. 1~6 숙소까지 있었어요. 거긴 학교 교실처럼 되어 있는데 추웠어. 이중 유리라면 그나마 낫겠지만 한 장이야. 게다가 얇은 이불에 난로는 하나밖에 없었어, 넓은 방에. 추워서 옷을 입은 채로 얇은 이불 한 장을 덮고 덜덜 떠느라 잠을 잘 수도 없어. 아아, 눈물이 났지. 한 숙소에 50~60명이었으니까 6개면 300명, 350~360명이나 되잖아요. 친화 숙소에 있는 사람은 모두 조선에서 같이 온 사람들이에요. 조선에서 함께 온 사람들을 모아서 하나의 숙소에 넣었습니다.
   훈련기간은 갱 밖에서 2주인가 3주간이었지. 또 갱내에 들어가 견학하기도 하고……. 갱 밖에서 훈련할 때는 일렬종대나 횡대, 앞으로 정렬, 우향우처럼 여러 가지를 시켰어요. 그게 잘 안되거든. 소학교도 못 나왔으니까. 같은 부대는 아니었지만, 우리 숙소에도 아주 못된 대장이 있었는데 이 씨라는 사람이었지. 자기 아버지뻘인 사람의 뺨을 때리고 괴롭혔어. 똑같은 조선인이야. 아무리 생각해도 버르장머리가 없었지. 소학교 정도 나온 젊은이에게 부대대장을 시켰거든. 처음 갱내 훈련은 견학하는 것이에요. 석탄 채굴하는 것을 보거나 광차를 미는 걸 보기도 했고, 그런 다음에 숙련된 갱부와 함께 탄광에 들어가 일하게 됩니다.

## (2) 갱내 노동

우리와 함께 온 김 씨라는 이가 석탄 운반부에 갔어요. 거기서 화약을 설치했으니 다들 피하라고 했는데 처음 왔으니 뭐가 뭔지 몰라서 몸을 완전히 숨기지 못한 겁니다. 그래서 석탄 덩어리가, 그 엄지손가락만 한 것이 관자놀이에 부딪혀서 내출혈을 일으켰지. 꼬집어도 아무 반응이 없는 거야. 병원에 데려갔는데…….

그 후로 오줌도 못 가리고 전혀 대화도 되지 않아. 의식불명이에요. 하루쯤 지나서 죽고 말았어. 탄광에 들어와서 1개월인가 2개월 만에 죽은 겁니다. 정말 젊은 사람이었어. 또 전쟁 전에 낙반 사고로 다리를 잃은 후 전쟁이 끝난 후엔 걸인처럼 지팡이를 짚고 다닌 서 씨라는 불쌍한 조선인도 있었어요. 그이도 전후에 죽었습니다. 아직 젊었는데.

나이부치 탄광에는 인부들이 갱내로 올라가기 위한 좁은 길이 있는데, 나는 딱 한 달만 거기서 채탄 작업을 했어. 아주 급한 경사지였는데 발파를 하면 이만한 돌이 데굴데굴 굴러와서……. 아이고, 정말 겁이 났지. 현장은 20명 안팎이었어. 대체로 일본인과 조선인이 절반씩이야. 우리는 초보자니까 그 사람들이 시키는 대로 따라야만 했어. 현장에는 숙련자, 초보자가 있고 발파 담당이 있어요. 숙련자와 담당자는 일본인이야. 그 밑에 운반하거나 보조를 하는 사람은 모두 조선에서 온 사람입니다. 조금이라도 게으름을 피우면 뭐, 이 새끼, 멍청한 새끼라며 욕을 해대고……. 일본말을 못 알아듣는 사람들이 아주 많았으니까. 나는 다행히 소학교를 나와서 알아들었지만, 소학교도 못 간 사람들은 정말 고생했어요.

하루 임금을 7엔으로 정하고 계약기한은 2년으로 사할린에 갔지. 그런데 하루 2엔 5전밖에 안 주는 거야. 해군 시설부 보국대가 있었어요, 거긴 6개월

<관련 자료>

동안. 우린 2년이었고. 거기는 해군의 비행장을 만들었어, 오도마리(코르사코프)의 오하타케마치<sup>大畑町</sup>라는 곳이었지. 해군 시설부에서 6개월간 일한 사람들은 말이죠, 하루에 5엔 정도 받았어. 우리가 받은 돈에 두 배였지. 그 정도로 일이 또 힘들었다고 해.

나는 1개월이 안 되어서 같은 탄광의 西나이부치 쪽으로 옮겼어요. 西나이부치는 기계부가 있어서 그때부터 갱내 기계를 다루는 작업장에 있었습니다. 거기 가니 지성<sup>至誠</sup>, 우애<sup>友愛</sup>(1~5), 흥산<sup>興山</sup> 같은 이름의 숙소가 있었고, 우리가 있던 지성 숙소는 조선인과 일본인이 함께 있었어요. 친화 5숙소와 1숙소의 방장들은 과거에 경찰관을 했던 사람이나 거친 사람들뿐이었는데, 내가 있던 지성 숙소는 방장이 그리 나쁜 사람은 아니고 병영이 해제된 사람이었지. 다행이었어요, 얌전한 사람이라. 그래도 군대식이야. 일하러 갈 때는 다녀오겠다고 하고 돌아와서는 또 다녀왔다고 하고……. 입구에 바로 방장실이 있었거든. 출입할 때는 반드시 인사해야 하고 다른 곳에도 갈 수 없었어요. 어디 갈 때는 허가를 받아야 했지. 하물며 오치아이(돌린스크) 시내나 도요하라(유즈노사할린스크) 같은 곳은 갈 수도 없지, 못 가.

나이부치에 유곽이 있었어요. 거기 보은정<sup>報恩亭</sup>이라는 곳은 조선 사람이 운영했지. 그런 곳이 딱 2곳이었어요. 또 한 곳은 일본인을 상대하는 곳이었어. 3곳뿐이었을 걸. 보은정은 조선인들이 이용했는데 주인도 조선인입니다. 대장이란 사람이 거기 가고 싶어 하는 사람을 20명쯤 데리고 갔어요. 조선인 여자가 있었어. 가라후토(사할린)에 있던 유녀들은 전쟁이 끝나 해방되고 나서는 독신 남성들과 함께 살며 아이까지 낳은 사람도 있어요. 그 사람들은 그런대로 행복했지요. 나는 유곽에 있던 사람들을 오도마리(돌린스크)에서 상당히 많이 봤습니다.


(3) 8·15해방 직후

그러다 내가 제일 기뻤던 일은 西나이부치에 있는 지성<sup>至誠</sup> 숙소에 있을 때, 8월 15일에 지금의 천황이 12시에 방송을 한 것입니다. 무조건 항복이라고.

나는 마침 숙소 뒤쪽에 직접 개간한 감자밭에서 감자를 심고 있었어요. 거기서 풀을 뽑다 4시쯤에 돌아왔는데, 친구인 이 씨가 사무소에 있었어요. 내가 현관에 들어갔더니 이 씨가 나에게 "이제 전쟁이 끝났어. 조금 전 12시에 천황이 무조건 항복했어." 하는 거야. '아아, 그렇구나' 하며 기뻐했죠. 전쟁이 끝났으니 정말로 돌아갈 수 있다고 생각했어. 일본인은 그때 울거나 했지만 우리는 왜 울어? 자기 나라에 돌아갈 수 있는데. 이걸로 이제 안심할 수 있겠다 했는데…….

그런데 그 사람들이 아직도 돌아오지 못하고 있으니, 다들 얼마나 기뻐했는데. 나는 다행히 일본인 아내를 얻어서 올 수 있었지만, 일본인과 결혼해 돌아온 사람이 현재 480세대, 2,300명 정도이던가요. 그 외에 사람들은 모두 결국 그곳의 흙이 될 겁니다. 거기서 죽을 거라고요. 오늘도 누가 죽었다는 편지가 왔거든요.

해방 직후의 일인데, 갱내 기계를 다루는 작업장이라 다양한 도구가 있었어요. 야스리 있잖아요, 30cm짜리. 여러 일본인 담당자들이 대장간에서 뭔가 열심히 하고 있더라고. 시뻘겋게 달궈진 야스리를 두드리면 칼이 되지 않습니까. "이게 뭡니까?" 하고 물었더니 "아, 이건 말야, 만약을 위해 만드는 거야." 하더군. 혹시 우리가 그들에게 반감을 품으면 '죽이겠다!' 그런 의미였지.

또 숙소마다 폭탄을 설치했어, 우리 모두를 죽일 셈이었어. 각 탄광에는 보국회관이라는 곳이 있었어요. 그런 곳에 모아 놓고 모두 죽이려 했던 겁니다, 폭탄을 설치해서. 그 계획을 군에서 오쓰 토시오<sup>大津敏夫</sup> 가라후토청 장관에게 보고한 거야. 조선인이 스파이 짓을 했기 때문에 전쟁에서 졌다면서. 무슨 말이냐면 북위 50도 선에서 말이지, 시루토루(마카로프) 방면부터 소련 군대가 남하해 왔잖아요, 8월 20일 전후로. 그때 보니 소련군 중에 조선인이 있었다는 거야. 그 말은 몽골인, 타타르인, 중국인들은 조선인과 얼굴이 비슷하니까 일본 군인들이 그들을 조선 사람으로 여긴 것이지. 그래서 조선인을 죽이려 했다는 소문도 있었어. 그때 오쓰 장관이 폭파를 허가했다면 나는 지금 살아

<관련 자료>

있지 못했겠지.

또 8월 18일을 전후로 카미시스카(레오니도보) 경찰서에서 17명이 죽었는데, 그건 일부예요. 전부 죽일 셈이었거든. 일부 살아남은 사람들이 얘기했어요. 몇몇 동포들은 일본이 전쟁에 패해서 앙갚음하려고 조선인 모두를 죽이려 했다고 말했어.

(4) 남겨진 조선인

함께 가라후토(사할린)에 갔던 60명 중에 전후 일본으로 돌아온 사람은 3명뿐이야, 일본인 아내가 있는 동포 3명. 또 한 사람은 글자도 모르는 사람인데, 어쩌다 거기 포함되었는지 일본인 신분으로 입국했어요. 내 친구가 한국의 대구에 가서 그 사람이 돌아온 것을 보고 깜짝 놀랐다는 거야. 어떤 식으로 나이부치 탄광에서 도망쳐 나왔는지 도무지 알 수 없지만, 어쨌든 그 사람은 일본말을 아주 잘했거든. 그래서 내가 사람마다 특출난 부분이 있구나 싶었어…….

일본에 있는 사람이 4명(1명은 사망)이고, 한국에 1명. 또 나홋카에 1명, 이씨라는 사람이 있고 사할린에는 4, 5명 있으려나. 이 씨는 전후 나이부치 탄광에서 도요하라(유즈노사할린스크)로 갔어요. 거기서 결혼하고 아이 둘을 낳고 조국이 그립다며 일단 북조선으로 갔는데, 3개월도 안 되어서 못 살겠다며 다시 사할린으로 왔어요. 그게 1956년 무렵이야. 식량난과 언론통제가 소련에 비할 바가 아닌데다 북조선이 선전한 지상낙원이 아니었던 거야. 소련 국적이었으니까 돌아올 수 있었어. 이 씨가 말하길 사할린에는 우리 부대원이 4, 5명밖에 없다고 해. 나머지 오십몇 명은 모두 죽었다고 하더라고. 우리 부대뿐만이 아니야. 다른 부대도 모두 그렇다고 했지. 거의 다 죽었어. 5, 6명 남았거나 7, 8명 남았거나. 한 부대가 대체로 50~60명이에요.

자신의 조국으로 돌아가고도 싶고 온갖 걱정이 있었겠지. 혼자인 사람들은 자주 보드카를 마셨는데, 그게 40도이잖아요. 스피리터스(spirytus)는 95도죠. 그렇게 독한 술을 마셨어요. 소련인은 독한 술을 마실 땐 고기를 먹어요,

고깃덩어리. 그 사람들은 거위 고기나 돼지고기 같은 칼바사(소시지)를 반드시 먹고 독한 술을 마시거든요. 우리 동포들은 그렇지 않고 김치나 채소 따위를 조금 먹고 술을 마셨으니까 자연히 위장이 망가졌지. 조선인은 위장에 구멍이 나거나 창자가 종이처럼 얇아져서 제 기능을 못 하게 되어 죽었어요. 술 때문입니다.

생각해 보세요. 새벽 6시쯤 일어나 난롯불을 켜고 간단한 식사로 빵 같은 걸 먹고 7시쯤엔 일을 나가요. 돌아와서는 차가운 방에서 혼자 잠이 드는데 그저 흑빵 같은 걸 하나를 뜯어서 먹고 잠들고……. 아주 딱딱한 빵이에요. 반찬은 생선이나 김치 같은 건 있지만 영양가 있는 것은 생각지도 못하지. 그래서 다들 점점 체력이 약해졌어요. 많이들 죽었어, 술 때문에 모두 죽었어(1986년 6월 3일 구술).


## {2} 사할린 잔류자 귀환 청구 소송(제1차 사할린 재판) 관련 문서

1975년 12월에 시작된 사할린 잔류 한국·조선인 귀환 청구 소송(제1차 사할린 재판) 당시 <화태 귀환 재일한국인회> 회원들이 각각 작성하고, 이 소송의 실행위원회 회장에게 제출한 '경력서' '경력조사서' '답변서' 등이다. 여기에 수록하기에 앞서 내용을 훼손하지 않는 범위에서 필자가 표현을 일부 수정하거나 생략했음을 밝혀둔다.

'재사할린 한인 귀환 청구 소송'을 추진하기 위해 본회가 재사할린 한인에게 소송 준비에 필요한 위임을 받기 위해 보낸 의뢰서.

<의뢰서>
사할린 동포의 귀환에 관해 일본에서 일본 정부를 상대로 재판을 시작하게 되었습니다. 이 재판은 잘 아시리라 생각되지만, 이미 몇 분의 위임장이 도착

<관련 자료>

해 있습니다. 이 재판을 하는 데 있어 원고로서 필요한 사항을 아래 내용과 같이 적은 후 반송해 주십시오.

또한 이 재판은 일본에 있는 동포와 지인, 한국의 동포가 전면적으로 협력해 실시하는 것으로 한국과 일본의 역사를 묻는 일입니다. 분명 여러분의 귀환을 촉진하는 데 큰 힘을 지녔다고 확신합니다.

또 만약을 염려해 말씀드리는데 우리 귀환 한국인회는 여러분의 귀환만이 목적이며, 이 재판으로 인해 어떠한 이익도 얻으려 할 의도가 없습니다.

1975년 4월 화태억류귀환한국인회

재판에 앞서 필요한 귀환 희망자에 대한 조사사항

① 성명, 생년월일, 출생지, 부모의 성명

② 한국에서의 경력(학교명, 졸업 후의 직업, 혼인 사실 여부 등)

③ 가라후토(사할린)에 가게 된 사정. 모집인가, 징용인가(되도록 상세히), 기간은 정해져 있었는가(6개월인가, 2년인가), 임금은 정해져 있었는가, 일본인과의 차액은 얼마쯤이었나.

④ 가라후토(사할린)에 가기까지의 여정(예: 한국→시모노세키→하코다테→가라후토)

⑤ 가라후토(사할린)의 주소, 회사, 일의 내용, 임금, 일상생활, 학대가 있었나(구체적으로).

⑥ 현지에서 징용되었는가. 징용된 경우는 그 당시의 상황에 대해 기입.

⑦ 해방 당시의 모습.

⑧ 일본인만 일본(내지)으로 귀환한 것을 알았는가. 어떻게 생각했나.

⑨ 소송(재판)에 관해 전면적으로 위임하겠는가(본회가 선택하는 변호사에게).

⑩ 그 외 참고사항

(주의)

1. 사할린에서 보내오는 서류로 위임장은 도쿄에서 작성.

2. 아래 요령 사항은 별지에 기입하고, 사진을 첨부해 도장을 찍을 것.

3. 이 서류(설문) 형식을 사할린 귀환 희망자 4백여 세대에게 보냈음을 알려 드림.


\*\*\*\*\*\*\*\*\*

<의뢰서>에 동봉된 미야자와 키이치宮沢喜一 외무대신 앞으로 보낸 '진정 서' 및 본회가 첨부한 '추신'

<화태 억류 한국인 귀환 문제에 관한 진정서>

화태억류한국인회 회장 박노학 외 6명


일본국 정부 미야자와 외무대신 앞

제2차 세계대전 당시 우리 동포가 일본 정부의 강요로 사할린에 연행되어 간 후 어느덧 30여 년이 지났습니다. 우리가 사할린에서 귀환해 16년 동안 동포들 의 귀환 촉진을 위해 20여 차례에 걸쳐 진정서를 제출하며 활동을 해왔습니다 만, 본회는 최근 들어 아래와 같은 분들에게 귀환 촉진을 요청했습니다.


1972년 1월 26일, 당시 후쿠다 외무상을 통해 방일 중인 소련의 고르바초 프 외무상(도쿄)

1973년 5월 16일, 일본적십자사 아즈마 류타로東龍太郎 사장(모스크바)

1973년 9월, 민사당 타부치 테츠야田渕哲也 의원(모스크바)

1973년 10월, 다나카 가쿠에이田中角栄 전 수상(모스크바)

1974년 10월 2일, 공명당 다케이리 요시카츠竹入義勝 위원장(모스크바)


위의 분들과 정당이 우리 동포의 귀환에 힘써 주었습니다만 여전히 진전되 지 않는 것을 지극히 유감스럽게 생각합니다. 그러나 공명당의 다케이리 위 원장이 알렉세이 코시긴 소련 수상에게 사할린 동포의 귀환을 요청했고, 코시긴 수상은 이 문제를 내년에 열릴 일소 회담 때 일본의 외무대신이 의제로서 제안한다면 검토하겠다고 밝혔습니다. 내년에 일소 회담을 위해 미야자와 외무대신이 소련을 방문할 때는 반드시 우리 동포의 귀환 문제를 회담 의제에 포함해 소련 수뇌부와 협의해 주시도록 요청함과 동시에 성과 있는 회담이 이뤄져 우리 동포가 하루라도 빨리 귀환할 수 있기를 기원합니다.

1974년 12월 25일 화태억류귀환한국인회  회장 박노학

부회장 이희팔

기획부장 심계섭

섭외부장 이대훈

고문  호시시마 니로星島二郎

고문 김주봉

고문 장재술

&lt;추신&gt;

1975년 1월 16일과 17일에 모스크바에서 열린 일소 외무장관 회담 때 일본국 미야자와 외무장관이 사할린에 있는 한국인 귀환 희망자를 일본으로 이주시켜 주길 요청했는데, 안드레이 그로미코 소련 외무장관은 이 문제가 일본과 소련 간의 문제가 아니라 소련과 한국 간의 문제라는 점을 이유로 일본 측의 요청을 거부했습니다.

작년 10월 모스크바에서 공명당의 다케이리 위원장과 코시긴 수상이 했던 회담 내용과는 달리 소련 측은 전혀 다른 견해를 보였습니다. 또 사할린 동포가 10년 전부터 소련 정부에 귀환(출국)을 청원하고, 이를 강하게 희망한 것에 대해 ― 일본 정부가 당신들의 입국을 허가한다면 소련 정부는 언제라도 출국을 허가할 용의가 있다고 해왔는데 ― 현재는 소련 측의 태도가 전혀 달라졌습니다. 사태가 이에 이르렀기에 우리가 이 문제를 새로운 각도에서 진지하게 접근해야만 할 시기가 된 것이라 하겠습니다.

[경력서]

성명 : 박노학(朴櫨學 1914년생)

본적 : 충청북도 청주시

주소 : 도쿄도 아다치구足立區

1929년 3월, 충주공립보통학교 졸업

1929년 5월, 충주시에서 이발사 견습

1932년 9월, 청주시에서 이발소에 취직

1934년 11월, 고순자(高順子)와 결혼

1935년 3월, 경기도에서 이발소 경영

1938년, 함경남도 장진군 대동광업(주) 제련소에 취업

1942년, 충주시에서 이발소에 취업. 자택 통근. 부모와 남동생은 농업에 종사

1943년 11월 28일, 가라후토인조석유(주)의 노무자 모집에 지원. 1가구에 1명은 강제적으로 모집되었기에 어차피 간다면 수입이 많은 쪽으로 가려 했다. 이발소는 하루에 2엔을 받았는데, 석유회사는 7엔. 노무계약 기간은 2년이었다.

1943년 11월 29일, 관부연락선에 승선, 30일에 시모노세키 상륙, 이후 아오모리, 하코다테를 거쳐 나이부치에 도착.

1943년 12월 6일, 가라후토 오도마리에 상륙. 1개 부대원 63명. 스가하라 노무과 직원 외에 3명의 감시인이 따라왔다. 밤 12시 무렵, 나이부치탄광에 도착해 다나카 노무과장의 훈시가 있었다.

회사명 : 가라후토인조석유(주) 친화親和 제5료寮

주소 : 가라후토 호에이군豊榮郡 오치아이초落合町 지나이부치字內淵
　　　1944년에 회사명을 제국연료(주)로 변경. 나이부치탄광 제2사업소에서 노동.

업무 : 갱내 기계부에서 기계 대여와 수리. 12시간 교대 근무, 합숙소로 돌아가면 외출 금지, 감시가 심했다.

식사 : 쌀과 콩이 반반 섞인 밥. 잘게 썬 다시마, 우동.

임금 : 모집 당시에는 1일 7엔으로 계약했지만, 실제 임금은 1일 2엔 50전이었다.

현지 징용 : 작업 대기장에 많은 인부를 모아놓고 다나카 노무과장과 시로카와 헌병 중대장이 다음과 같이 말했다. '전쟁이 드디어 격렬해졌다. 너희들은 노무계약 기한이 다 되었지만, 전쟁에서 승리할 때까지는 돌려보낼 수 없다. 전쟁이 끝나면 모두 집으로 보내줄 것이니 열심히 해라.' 나는 어떻게든 집으로 돌아가야 한다고 청했지만 소용없었다.

1945년 8월, 해방. 전쟁이 끝났다. 우리는 조국으로 돌아갈 수 있다며 다들 몹시 기뻐했다. 일본인은 통곡하는 사람도 있었고, 일찌감치 항복했다면 국민이 고통을 겪지 않아도 되었을 거라고 말하는 이도 있었다. 아무도 일을 안 하려 했고, 언제 귀환 명령이 떨어질 것인가 그 이야기만 했다. 술과 여자, 도박, 암거래, 소련 군인의 강도 행각, 살인, 민심이 너무 흉흉했다.

암거래 물품 : 옷, 담배, 시계, 트렁크, 술 등

1946년 7월, 오도마리시大泊市 후나미초船見町 조선거류민회 사무원으로 취직

1947년 9월, 호리에 가즈코(堀江和子)와 결혼

1947년 10월, 오도마리 시에서 이발소에 취직

1955년, 오도마리시大泊市 우네르 토목과에 취직

일본인 귀환 : 일본인은 대부분 귀환했고 한국인들만 남게 되었다. 전쟁이 끝나면 우리가 먼저 조국으로 돌아가리라 생각했는데 뜻밖이었다. 억울했지만 소용없었다.

1958년 1월 14일, 일본으로 귀환. 일본인의 가족 동반자로서 아이 3명과 아내인 호리에 가즈코 덕분에 가라후토로 건너간 지 15년 만에 교토 마이즈루舞鶴에 상륙할 수 있었다.

1958년 2월 4일, 도쿄도 아다치구足立區 오야타초大谷田町 377번지에서 &lt;화태

억류귀환한국인회> 결성.

1959년 10월 16일, 현주소지(도쿄도 아다치구足立區 6가츠月)로 이전. 사할린 동포의 귀환 운동을 하며 현재에 이름.

생업 : 전화, 전기, 가스공사 등에 종사했는데, 귀환 운동을 하기 위해 쉬는 날이 많다.


\*\*\*\*\*\*\*\*\*\*

[경력서]


성명 : 신창규(辛昌圭 1915년생)

본적 : 충청북도 괴산군 증평면

주소 : 도쿄도 미타카시三鷹市

기혼. 무학력. 고향에서 농업에 종사.

1941년 4월, 가라후토로 건너감. 진나이珍內탄광의 엔도구미遠藤組에 소속되어 8개월 기한의 모집에 지원. 임금은 1일 3엔으로 결정.

부산, 시모노세키, 하코다테를 거쳐 혼토(네벨스크)에 상륙. 70명의 인부를 15명의 감독이 철저히 감시하는 '타코 베야'였다. '타코 베야'라는 것을 모른 채 지원했고 짐승처럼 혹사당했다. 노무자 5명당 1명씩 감시자가 있어 조금만 일을 쉬어도 몽둥이로 맞거나 발길질을 당하고……. 주로 위험한 곳에서의 작업을 해야 했다.

진나이탄광이 새로 개발된 시기였기 때문에 건물의 부지 매립이나 땅 고르기 같은 일을 했다. 1일 3엔이라 했던 임금은 실제로는 2엔 20전밖에 받지 못했다.

1950년, 호리에 준코(堀江純子)와 결혼. 오도마리시大泊市 오하타초大畑町에서 형님인 신성규(辛聖圭), 신임석(辛壬錫)과 동거.

1958년 9월 7일, 아내 호리에 준코, 딸 2명과 함께 시로야마마루白山丸를 타고 마이즈루舞鶴에 상륙.

<관련 자료>

1962년, 호리에 준코와 이혼.

1974년, 정장희(鄭長喜)와 결혼.

오도마리(코르사코프)에 억류된 형제, 가족을 빨리 귀환시키고 싶다.

1975년 7월 2일

\*\*\*\*\*\*\*\*\*\*

[경력서]

성명 : 최호술(崔好述 1918년생)

본적 : 경상남도 울산시

주소 : 도쿄도 미타카시三鷹市

기혼. 무학력. 본적지에서 농업에 종사.

1943년, 가라후토에 건너감. 나이부치 가라후토인조석유(주). 당시 임금 2엔 50전.

도항 여정 : 부산→시모노세키→오도마리 상륙. 인원수 48명. 감독 3명. 나이부치탄광.

1945년 8월, 종전

1958년 9월 7일, 아내 니이다 하츠에(新田初枝)와 함께 시로야마마루白山丸를 타고 마이즈루舞鶴에 상륙.

1958년 9월 10일, 도쿄의 현주소로 이전, 오늘에 이름.

1975년 7월 1일

\*\*\*\*\*\*\*\*\*\*

[경력서]

성명 : 김재봉(金在鳳 1922년생)

본적 : 경상남도 밀양군 산내면

211

주소 : 도쿄도 미타카시<sup>三鷹市</sup>

본적지에서 농업에 종사.

1943년 3월, 가라후토로 건너감. 미쓰비시 나이호로<sup>内幌</sup>탄광.

도항 여정 : 부산→시모노세키→혼토(네벨스크) 항에 상륙. 단체인원 72명. 감독 사이토<sup>齊藤</sup> 외 2명.

1945년 8월, 종전

1959년 2월 7일, 아내 히라야마 리츠코(平山律子)와 함께 시로야마마루<sup>白山丸</sup>를 타고 홋카이도 오타루 항에 상륙.

1959년 1월 20일, 도쿄로 상경해 오늘에 이름.


\*\*\*\*\*\*\*\*\*\*

[경력서]


성명 : 전병문(全炳文 1922년생)

본적 : 경상남도 거창군 마리면

주소 : 도쿄도 미타카시<sup>三鷹市</sup>

1936년 3월, 보통학교 졸업

1936년 4월, 동 면사무소에서 호적 사무에 종사

1940년 10월, 동 면사무소를 퇴직하고 오사카시 아사히구<sup>旭區</sup>로 이주

1940년 11월, 낮에는 아사히구 소재 모자공장에서 근무, 밤에는 이 지역의 오사카공업학교에 다님.

1942년 2월, 나고야시<sup>名古屋市</sup> 아츠타구<sup>熱田區</sup>의 일본차량제조(주)로 징용됨.

1943년 2월, 동 회사의 '간토군 차량증비 계획'에 따라 6개월간 만주국 봉천시<sup>奉天市</sup> 철서구<sup>鐵西區</sup> 스미토모금속공업(주)로 파견됨.

1943년 9월, 일본차량제조(주) 나고야 본사로 복귀.

1944년, 나고야 대공습으로 동 회사를 퇴직하고 가라후토로 건너감.

1944년 2월, 오도마리(코르사코프)에서 곤노구미<sup>今野組</sup>에 소속되어 군 도로공

사, 방공호 작업에 종사.

1945년 8월, 종전. 소련군 상륙.

1946년 ~ 58년, 오도마리(코르사코프)의 소련 배급소에서 근무.

1958년 9월 7일, 마오카(홈스크)에서 시로야마마루<sup>白山丸</sup>를 타고 아내, 자녀 5명과 함께 마이즈루<sup>舞鶴</sup>에 상륙. 이후 오늘까지 현주소에 거주.


\*\*\*\*\*\*\*\*\*\*


[경력서]


성명 : 심계섭(沈桂燮 1924년생)

본적 : 경상남도 사천군 곤명면

주소 : 도쿄도 아다치구<sup>足立區</sup>

소학교 4년. 농업.

1943년 1월 26일, 가라후토인조석유(주) 노무자 모집에 지원해 가라후토로 출발. 기간은 2년. 부산→시모노세키→아오모리→하코다테→나이부치→오도마리에 2월 6일 밤 도착. 총 60명 중 현지에 도착한 인원은 57명. 감독은 후지이<sup>藤井</sup>, 가네시로<sup>金城</sup>(한국인, 노무과). 대장은 오야마<sup>大山</sup>.

현지 주소 : 호에이군<sup>豊榮郡</sup> 오치아치초<sup>落合町</sup> 나이부치<sup>內淵</sup> 지니시나이부치<sup>字西內淵</sup> 제3료<sup>寮</sup>

1943년 5월 31일, 특별 군사훈련을 받기 위해 제3료에서 나이부치의 콧코<sup>旭光</sup> 숙소로 이전. 임금은 2엔 50전이며 군사훈련은 매일 반나절씩. 노동도 반나절만 했고 훈련은 3개월 만에 끝났다. 그 후로 갱내 운반업무.

1944년 5월 26일, 작업은 너무 고되고 임금은 적었다. 또 작업장도 숙소도 바뀐다고 해 그날 밤 숙소를 탈출해 도망쳤다. 둘이서 아이하마<sup>相浜</sup>까지 걸어가 카미시스카(레오니도보)에 도착했는데, 10일 정도 지나서 나이부치탄광 노무과 직원에게 붙잡혀 열 손가락 사이에 연필을 끼워 넣은 채 손가락을 꺾기도 했고, 판자 위에 앉게 한 후 무릎 사이에 막대기를 끼워 넣고 물이 담긴 양동이를 들고 있게 하는 등 심한 고문을 받았다. 나이부치탄광으로 돌아가서는 주재소 유치장에 일주일간 갇혀 있었다. 그리고 다시 3개월간 훈련생이 되었다. 인종차별이 너무 심해 군대에 가지 않을 결심으로 손가락 한 개를 절단하려고 생각했지만 다른 사람에게 폐를 끼치는 일이라 단념한 적이 있다.

1945년 2월 6일, 현지 징용. 기간이 만료된 이들을 나이부치 보국회관에 모아 놓고 가라후토청 장관의 명령이라며 다나카 노무과장이 말하길 '전쟁이 격심해졌기 때문에 전쟁에서 이길 때까지 너희들도 열심히 해 주기 바란다. 전쟁이 끝나면 돌아간다.'라고 했는데, 김찰섭(金察燮) 씨가 '나는 반드시 돌아가야 하니 보내 달라'고 거칠게 항의했다. 그 때문에 3개월간 갇혀 지내며 심한 중노동과 짐승 취급을 당한 적이 있다. 콧코旭光 숙소에서 친화親和 6숙소로 옮긴 후 얼마 되지 않은 무렵이었다. 나는 갱내 작업용 양말이 떨어져 대장에게 한 벌 살 수 있도록 부탁했는데, 나보다 나중에 얘기한 사람이 먼저 살 수 있게 한 것에 화가 나서 '왜 나는 주지 않느냐'고 대장에게 말했다가 와다和田(강 씨), 시미즈清水, 정학로鄭學老 3명이 번갈아 때리고 발로 차 흉부에 내출혈이 생겼고, 병원에서 수술받은 후 7개월간이나 고생한 적이 있다.

전쟁이 끝난 후 오도마리(코르사코프)로 거주지를 옮겼는데, 업무 형편상 진나이珍內까지 벌채를 하러 간 적도 있다.

1955년 10월 30일, 현재의 아내 타니우치 레이코(谷內麗子)와 결혼.

1957년 10월 20일, 장남, 아내와 셋이서 마이즈루舞鶴에 상륙.

1958년 2월 6일, 사할린에 억류된 한국인을 귀환시키기 위해 도쿄도 아다치구足立區 오야타초大谷田町 377번지에서 <화태 억류 귀환한국인회>를 창립. 박노학, 이희팔 씨와 함께 오늘까지 귀환 운동을 하고 있다. 토목공사에 종사하며 4명의 자녀를 포함해 6인 가족이 생활한다.

\*\*\*\*\*\*\*\*\*\*

[경력조사서]

성명 : 김근수(金根秀 1911년생)

본적 : 전라북도 완주군 화산면

모집 당시 주소 : 충청남도 논산군 강경읍

어머니 김성녀(金姓女) 88세. 무학력.

한국에서의 경력 : 농업

1943년 7월 21일, 유영자(柳英子)와 결혼. 다음날 논산 군청 직원에게 강제적으로 끌려가 부산에서 24일에 승선, 8월 1일에 토마리기시泊岸 광산에 도착했다. 강제 모집.

기간 : 2년

여정 : 부산→시모노세키→아오모리→하코다테→나이부치→오도마리 상륙.

임금 : 한국에서는 하루 임금이 5엔이라 정했는데, 현지의 실제 임금은 3엔 60전이었다.

감독 : 6명. 모집 인원수는 100명.

회사 : 토마리기시 탄광, 사사키구미佐々木組에 소속

업무 : 갱내에서 석탄 채굴

대우 : 기간이 만료되었음에도 돌려보내지 않고 2년간 재계약되었다.

1945년 8월 20일, 오도마리(코르사코프)로 이주. 사할린 광산에서 근무.

1951년, 요츠야쿠 토키(四役卜キ)와 결혼.

1959년 1월 14일, 아내와 아이 셋을 데리고 마이즈루舞鶴 상륙, 귀환.

1959년 1월 20일, 도쿄도 아다치구足立區 오야타초大谷田町 377번지 오야타 합숙소에 입소.

1960년 11월, 현 주소지의 도영주택으로 이주.

기타 : 탄광에서 일해서 번 돈은 모두 보국저금 되었고, 전후에는 한 푼도 받지 못해 무일푼이었다. 그 돈과 청춘 시절을 바친 배상과 사할린에 억류된 동포를 하루라도 빨리 귀환시키고 싶다. 한국에서 결혼한 다음 날 강제적으

로 사할린까지 연행한 일본의 죄는 용서할 수 없고 잊을 수도 없다.

1975년 7월 16일  김근수 ㊞

\*\*\*\*\*\*\*\*\*\*

[경력서]

성명 : 이갑수(李甲秀 1924년생)

본적지 : 경상북도 대구시

현주소 : 도쿄도 나카노구中野區  에고타江古田

경력 : 전쟁 중 미쓰이광산 가라후토 광업소에서 근무, 종전 후 1958년 1월까지 사할린에 억류되어 있었는데, 나중에 마이즈루를 경유해 현주소지로 왔습니다. 사할린에는 현재도 남동생 부부와 자녀 셋이 남아 있고, 편지를 보내올 때마다 고향에 돌아가고 싶다고 진심으로 원하고 있습니다. 더불어 아내 구라모토 후사코(倉本フサ子), 자녀 6명과 함께 1958년 1월 27일에 마이즈루舞鶴 상륙.

1975년 7월 18일 이갑수 ㊞

\*\*\*\*\*\*\*\*\*\*

[표지 없음]

성명 : 이동옥(李童玉 1920년생)

본적 : 충청북도

주소 : 도쿄도 아다치구足立區 아오이靑井

학력 : 없음

경력 : 농업

<관련 자료>

1943년 5월, 가라후토 모토토마리군<sup>元泊郡</sup> 기타카시호<sup>北樫保</sup>탄광으로 징용되어 출발. 기간은 2년. 부산→시모노세키→아오모리→하코다테→나이부치→오도마리.

인원수 : 34명

당시 주소 : 모토토마리군<sup>元泊郡</sup> 기타카시호<sup>北樫保</sup> 탄광의 숙소에 거주.

3개월간 특별 군대훈련을 받고 그 후 탄광부로 일함. 한국에서 갈 때는 임금을 7엔으로 약속했는데 3엔 30전밖에 주지 않았고, 농사를 짓다 갑자기 탄광부로 일하는 것이 좀처럼 적응하기 힘들어 쉬겠다고 하면 담당자에게 맞았다. 만약 불평이라도 하면 바닥에 꿇어앉힌 후 몽둥이로 맞았다. 일이 끝나면 죽창 훈련이나 교육을 받음. 우리는 학력도 없는 농사꾼이다. 그런 우리에게 교육해주는 것이 기뻐서 어떻게든 배울 수밖에 없는 일본어를 열심히 배우려 했는데, 상대는 짜증만 냈고 가르쳐주기보다는 때리는 일이 먼저였다. 작업복은 너덜너덜. 일본인이 봤다면 미역 줄기를 걸치고 있다며 비웃었을 것이다.

1945년 5월, 2년간의 징용 기간이 끝났어도 자유의 몸이 되지 못했고, 만약 도망치는 사람은 그야말로 큰 봉변을 당했다. 노무과 담당자가 밤새도록 찾아내 붙잡아 와서 주재소의 유치장에 집어넣었다. 나도 23세의 젊은 나이에 징용되어 농기구를 버리고 일본을 위해 곡괭이를 들고 검은 다이아몬드를 캐겠다는 희망으로 갔지만, 그런 상황에서 우리가 무엇을 위해 왔던가, 왜 이런 인종차별을 당해야 하나, 그런 생각을 한 적도 있습니다.

드디어 1945년 8월 15일, 종전. 우리는 귀환을 기대하고 있었는데 그건 허황된 꿈이었다. 일본인만 가능했다. 한국에서 갈 때는 징용으로, 전쟁이 끝나자 우리는 버려진 폐기물과 마찬가지였다.

1945년 10월, 오도마리(코르사코프)로 이주, 음식점에서 일함.

1948년 1월, 현재의 아내 야마구치 사하(山口サハ)와 결혼.

1959년 2월 7일, 아내가 일본인이라 귀환 명령을 받았고, 나도 함께 온 것은 일본 정부의 덕분이라 여기며 감사하고 있습니다. 자녀 4명과 함께 가족

6명이 홋카이도 오타루에 상륙. 도쿄에 정착해 현재에 이름.

직업 : 작은 음식점을 경영. 현재 나는 조용히 눈을 감고 사할린에서 귀환했던 때를 생각하면 혼자서 그저 눈물이 난다. 아직 사할린에 4만여 명의 잔류자가 귀환하지 못하고 있고, 나이가 들어 고독하고 쓸쓸하게 살고 있어 불쌍하고 괴롭습니다. 일본에는 '부둣가의 어머니(岸壁の母)'라는 유명한 노래가 있는데, 자식을 기다리는 마음은 온 세상의 어머니가 똑같습니다.

한국에도 사할린에 징용 간 자식이나 남편을 기다리는 부둣가의 어머니가 있겠지요. 나는 지금 큰소리로 한번 외치고 싶습니다. 한국에서 기다리는 사람들, 잔류자 여러분, 드디어 빛이 보이기 시작합니다, 힘을 내시기 바랍니다. 변호사 여러분, 부디 잘 부탁드립니다. 우리는 진심으로 말씀드립니다. 재판에 관한 모든 것은 본회가 선택한 변호사님들에게 일임하겠습니다.

1975년 8월 5일  이동옥 ㊞
화태억류한국인귀환소송 실행위원회 회장 귀하


**********


[답변서]


성명 : 이만세(李万世 1922년생)

본적 : 경상남도 마산시

한국에서 경력 : 2년간 야학. 부모는 일찍 돌아가시고, 형님 이권세(李權世)가 돌봐주었다.

모집인가 징용인가? : 1944년 11월 29일, 징용으로 2년간 임금도 정하지 않고 연행되었다.

도항 여정 : 마산 부두에 36명이 모여 부산으로 갔는데, 지방에서 모집된 사람이 6,000명. 연락선을 타고 하카타博多로 가서 2,000명은 규슈 방면으로, 홋카이도 아사히카와旭川에서 2,000명 정도가 내리고, 1,000명은 가라후

토 혼토(네벨스크) 항에 도착했다. 1,000명 정도는 나이호로<sup>內幌</sup>의 제국연료 제3사업소에 도착했다. 도중에 아키타현<sup>秋田縣</sup> 부근에서 몇 명이 도망쳤다. 숙소 대장은 조선인 이와모토<sup>岩本</sup>. 연행 당시 도망자를 감시하는 이가 많았다. 객차에 타지 못하고 화차를 타고 갔다. 전원이 화차를 타고 갔다(하카타에서 가라후토까지).

현지 주소 : 혼토군<sup>本斗郡</sup> 나이호로초<sup>內幌町</sup> 친애<sup>親愛</sup> 숙소.

임금은 종전 때까지 받은 적이 없다. 이발소도 숙소 안에 있다. 출근할 때도 점호를 하고, 현장에 가서도 다시 점호를 했다. 노예처럼 일만 했다. 당시 숙소 대장이었던 이와모토는 그 후 같은 숙소의 인부들에게 맞아 죽었다. 일본인보다 먼저 귀환할 줄 알았다. 그런데 일본인이 먼저 귀환하고 조선인은 그대로 남아 오늘에 이르렀다. 지금 생각해도 너무나 잔혹했다. 앞으로 소송에서 반드시 과거 일본의 죗값을 치르게 하고 싶습니다.

1958년 9월 7일에 아내 야마모토 히데코(山本秀子), 아이 4명과 함께 귀환. 시스카(포로나이스크)를 출발해 마오카(홈스크) 항에서 시로야마마루<sup>白山丸</sup>를 타고 마이즈루<sup>舞鶴</sup>에 상륙.

사할린에 남아 있는 동포를 하루라도 빨리 원상 복귀시키는 소송을 전면적으로 지원함과 동시에 &lt;화태 억류 한국인 소송위원회&gt;에 모두 위임합니다.

1975년 7월 21일 이만세 ㉖

\*\*\*\*\*\*\*\*\*\*

[답변서]

성명 : 한청술(韓淸戌 1920년생)
본적 : 경상북도 경산군 자인면
현주소 : 도쿄도 아다치구<sup>足立區</sup> 코도<sup>弘道</sup>
한국에서 경력 : 농사를 지었다. 어느 날 아침, 촌장님이 부르더니 갑자기

'가라후토 오우지(王子)회사'에 가라고 명령해 갔다.

모집인가, 징용인가? : 1943년 2월 10일, 징용으로 2년간 일하는 조건, 임금도 정하지 않음.

도항 여정 : 집에서 훈련소까지 4km를 걸어가 3일간 훈련받았다. 101명이 경산역에서 기차를 타고 부산으로 갔다. 연락선을 타고 시모노세키에 도착. 기차로 아오모리, 하코다테, 나이부치, 오도마리, 에스토루(우글레고르스)까지 12일 걸렸다. 101명 중에 절반인 51명은 시루토루(마카로프)의 와타나베구미渡邊組에 소속되고, 남은 50명은 에스토루에 있는 와타나베구미渡邊組에 소속되었다. 연행되어 가는 중에는 감시자가 기차 양쪽 입구에서 도망치지 못하게 철저히 감시했다.

현지 주소 : 가라후토 토우로塔路 하쿠초사와白鳥澤 탄광 와타나베구미渡邊組

벌목작업 후 비행장 건설 작업. 숙소에서 작업장에 나갈 때도 감시원이 앞뒤에서 지키며 우리가 도망치지 못하게 눈을 부릅뜨고 있었다. 배고픔도 견디기 힘들었지만 약 2년간 번 돈을 한 번도 손에 쥐어본 적이 없고, 돈 얘기를 하면 '군인들이 돈을 받고 싸우는가!' 라며 화를 낼 뿐이었다.

아버지가 사망했다는 편지를 받고 '고향에 돈을 보내고 싶다'라고 말하니 '사무소에서 송금해줄 것이니 걱정하지 마!'라고 할 뿐이었다. 16년 후, 일본인의 동반가족으로 귀환해 와서 본국에 연락해 확인하니 친척 아저씨가 40엔을 받은 적이 있다고 알려주었다. 2년간은 완전히 노예와 같은 생활과 근로봉사였다.

해방 후의 모습 : 소련군이 상륙한 이후(1945년 9월 무렵), 와타나베구미渡邊組를 해체해버렸다. 당시 와타나베구미에 있던 이는 한 명도 없었다. 조선인이 먼저 귀환할 줄 알았다. 하지만 일본인만 떠나고 우리는 호소할 곳도 없이 그저 망연자실해 있었다. 돌이켜보면 일본인은 정말 몹쓸 짓을 했다. 2년간의 노예 생활과 16년간의 억류 생활로 인해 내 인생의 기반을 닦을 수 없게 된 것에 대해 일본 정부는 당연히 죗값을 보상해야 한다고 생각하며, 이번 <화태 억류 귀환 한국인회>가 일본 정부를 상대로 하는 소송을 전면적으로

<관련 자료>

지지합니다.

아내 우쓰미 하루에(內海晴江), 자녀 4명과 함께 케톤(스미르늬히)에서 출발해 귀환. 1958년 9월 7일, 시로야마마루白山丸를 타고 마이즈루舞鶴에 상륙.

1975년 7월 21일 한청술 印

**\*\*\*\*\*\*\*\*\*\***

[경력조사서]

성명 : 이사술(李士述 1920년생)
본적 : 경상북도 금릉군 봉산면
학력 : 없음. 농업. 한국에서 결혼 이력 없음.

1942년 4월에 한국 울산에서 강제적으로 모집되어 西나이부치 광산의 인조석유(주)에 탄광부로서 2년 기한으로 갔습니다. 그때 90명이 있었습니다. 임금은 7엔 50전으로 정하고 갔지만 1개월간 일하니 2엔 50전밖에 받지 못했습니다.

한국에서 시모노세키→하코다테→왓카나이→오도마리→西나이부치 광산으로 갔습니다. 총 90명에 30명 단위로 감독자가 하나씩 있었는데, 시모노세키에서는 소변을 보러 갈 때도 감시당했습니다. 그 후로는 일이 힘든 것보다 날마다 무사할지 불안한 나날이었습니다.

2년이라는 세월을 힘들게 보내고 드디어 기한이 끝나 빨리 내 나라로 돌려보내 달라고 여러 차례 감독자에게 부탁했습니다. 기한이 끝나고 약 1개월 정도 지났을 때, 한국으로 보내 줄 테니 짐을 챙겨서 모이라고 했기에 나는 너무 기뻐서 집합장으로 갔습니다. 카미시스카(上敷香, 레오니도보) 비행장이라는 곳인데 이번엔 징용이라는 수상한 명목으로 1945년 8월 15일까지, 다시 또 징용이라는 이름에 속박되어 노동해야 했습니다.

전쟁이 끝났다는 말을 듣고 그간의 과정을 생각하니 혼자라도 거기서 도망치는 일이 급선무였습니다. 이번에야말로 그간의 괴로웠던 심정도 잊고 내 나라 땅을 밟을 때가 왔다며 배가 뜨는 항구까지 찾아갔는데 일본인들만 배에 탈 수 있었습니다. 그때까진 우리를 한국인이라 하지 않고 조선인이라 불렀습니다. 그때 일본인은 우리 한국인을 인간으로 보지 않았기 때문에 내 심정을 전할 방법이 없었습니다. 나도 그때는 아직 나이가 어렸기 때문에 정말 무서운 마음만 앞설 뿐이었고, 내 의사가 받아들여진다는 것은 꿈같은 일이었습니다.

결국 내 나라에는 돌아가지 못하고 러시아인에게 포로로 잡혀 사할린으로 되돌아가고 말았습니다. 나도 젊고, 청춘이라는 말도 쓰지 못한 채 11년이라는 세월을 사할린에서 포로로 붙잡혀 있었지만, 내 나라에서 내가 어릴 적 꿈꾸었던 결혼은 할 수 없었습니다. 사할린에서도 내가 의도한 결혼을 했더라면 아직도 이곳 일본 땅을 밟을 수 없었겠지요.

소송(재판)은 전면적으로 위임하오니 부디 잘 부탁드립니다. 1956년 1월 27일에 일본인 아내, 아이 5명과 함께 이곳 도쿄로 돌아왔습니다. 아내는 가키히라 에이코(枾平英子). 1956년 1월 27일에 마이즈루舞鶴에 도착, 도쿄의 시나가와品川에 1개월간 있다가 3월에 현재 주소에 정착했습니다. 하지만 그 시절에도 여전히 한국이라는 이름 때문에 제대로 된 직장에 취직할 수 없어서 현재 상태에 있습니다. 지금, 정말 일본이라는 나라에서도 힘들게 살고 있습니다. 직장, 일거리도 없는 데다 이제는 저도 더 이상 젊지 않아 불안한 나날입니다.

그래도 우리는 어떻게든 일본으로 동포들이 올 수 있게 하고 싶었는데 여전히 많은 이들, 우리 친구들이 사할린에서 힘든 나날을 보내고 있습니다. 그 사람들도 우리처럼 젊을 때 사할린에 가서 젊음도 즐기지 못하고 지냈는데 이제라도, 하루라도 빨리 자기 조국의 땅을 밟고 싶다는 사람들뿐입니다. 그 생각만 하며 저도 하루하루 지내고 있었기에 절박한 심정입니다. 일본 땅이라도 좋으니 하루라도 빨리 어떻게든 도와주십시오. 잘 부탁드립니다.

1975년 7월 30일 이사술 ㊞

<관련 자료>

\*\*\*\*\*\*\*\*\*\*

[경력]

성명 : 전종근(全宗根 1922년생)

본적 : 충청북도 청원군 강외면

학력 : 소학교 졸업 후 전기회사 입사. 3년 후 퇴사. 목재공장에 입사해 근무하던 중 결혼했습니다.

1943년 8월 25일, 강제적 모집에 걸려들었습니다. 청주도청에 불려가 작업복으로 갈아입고, ⑭'와타나베구미 근로호국대'라 적힌 완장을 왼팔에 붙이게 했습니다. 행선지는 가라후토(사할린)라고 분명히 말했습니다. 기간은 2년이고, 임금은 미정이었습니다. 모집인원은 67명. 감독은 이토伊藤 씨와 그밖에 2명이 더 있었습니다. 그리고 대장 1명과 반장 6명을 뽑아 1명도 도망치지 못하도록 책임지고 삼엄한 경계를 하도록 지시했습니다. 청주에서 출발해 부산, 시모노세키, 아오모리, 하코다테, 왓카나이, 오도마리, 오치아이로 갔습니다.

1943년 9월 2일, 가라후토 오치아이落合 와타나베구미渡邊組 합숙소에 도착했습니다. 다음날부터 오우지(王子) 제지공장과 군수공장 건축 현장에 배치되었습니다. 현장에서의 임금은 3엔~3엔 50전까지로 정해졌습니다. 일은 중노동이었고 하루 식사는 쌀 3合(약 450g)이라 배가 고파서 죽을 것 같았지만 좀처럼 죽지도 않아 고통스러웠습니다. 외출도 자유롭게 허가해 주지 않았습니다.

힘든 가운데 즐거움이 있었습니다. 그것은 2년 기한이 하루하루 줄어든다는 기쁨이었습니다. 하지만 1년이 지나자 또 1년을 연기하겠다는 지장을 강제적으로 찍게 했습니다. 결국 날짜를 세는 즐거움도 없어지고 말았습니다.

전쟁 중에는 '내선일체內鮮一體'라 해서 1억의 국민이 단결해 싸우자며 목이 아플 정도로 외쳐야 했습니다. 전후에는 전쟁에 진 것이 조선인 스파이 때문이라는 소문이 퍼져 일본인에게 시달려야 했습니다. 지금도 일본인들은 자기들 것은 소중히 여기고 남의 것은 하찮이 여기는 버릇이 있습니다. 사할린에 남은 수만 명의 동포가 30여 년간 겪은 고통은 누구 때문입니까. 일본어를 모르는 고통, 러시아어를 모르는 고통, 일상생활의 고통… 20대, 30대, 40대의 청장년이 지금은 50대, 60대, 70대의 노인이 되었습니다. 하루라도 빨리 사할린의 동포들을 귀국시킬 수 있도록 이번 재판의 성공을 기원합니다.

화태 억류 한국인귀환 소송재판실행위원회 회장 귀하

귀환 1958년 1월 27일에 마이즈루舞鶴에 상륙. 아내 쓰루가 레이코(敦賀礼子)와 자녀 2명, 총 4명이 함께 옴.

1975년 7월 30일 전종근

재판은 귀회가 선택한 변호사에게 위임합니다.


\*\*\*\*\*\*\*\*\*\*


[경력서]


성명 : 호리에 카즈코(堀江和子 1927년생)

본적 : 도쿄도 아다치구足立區 6가츠月 1초메丁目

주소 : 도쿄도 아다치구足立區 6가츠月 1초메丁目

학력 : 1941년 3월 가라후토 마오카시眞岡市 제1심상고등소학교 졸업

경력 : 1941년 4월, 가라후토 마오카시眞岡市 사카에초榮町 3초메丁目, 이와사키岩崎 병원 간호조무사 입사. 1945년 3월, 가라후토 호에이군豊榮郡 나이부치 광산에서 오빠 호리에 요시노리(堀江吉徳)와 함께 생활.

1947년 9월, 당시 가라후토 오도마리시大泊市 후나미초船見町에 거주하던 박노학과 결혼.

1957년 1월 5일, 가사하라 미치코(笠原道子) 씨와 함께 유즈노사할린스크(도요하라)에 있는 오비르(외국인취급소)에 가서 담당 주임을 만나 우리처럼 조선인 남편을 둔 가족도 일본으로 귀국시켜 달라고 부탁하니 상부에 연락하겠다고 답했다.

<관련 자료>

1957년 8월 1일, 사할린 서해안에서 일본인 아내를 둔 조선인 가족을 태운 코안마루興安丸가 일본으로 떠났다.

1957년 10월 20일, 사할린 서해안에서 다시 귀환선이 출발했다.

1958년 1월 14일, 우리 가족에게 대망의 귀환이 실현되었다. 5인 가족. 오도마리(코르사코프)에서 가까이 지낸 조선 사람들이 아무런 힘도 없는 나에게 일본에 돌아가면 사할린에 남은 조선인들이 하루라도 빨리 돌아갈 수 있도록 활동해달라고 울면서 다리를 붙잡고 놓지 못하던 그때가 어제 일만 같고, 아직도 머릿속에서 떠나지 않는다. 잊으려 해도 잊을 수 없고 가슴에 단단히 새겨져 있다. 자유가 없는 공산국가 또 비밀경찰(엔게베)은 죄를 짓지 않아도 두렵다. 일본에 돌아와서 안심했다.

1958년 1월 20일, 도쿄도 아다치구足立區 오야타大谷田 377, 제9숙소에 정착.

1959년 10월, 도쿄도 아다치구足立區 6가츠月 1초메丁目로 이전.

1973년 6월 17일, <화태 억류 귀환 한국인회에 협력하는 부인회> 결성. 귀환 이후 <화태 귀환 재일한국인회> 회원, <부인회> 회원들과 함께 재사할린 한국인 귀환을 위해 협력해 왔는데, 고령이 된 분들을 위해 적극적으로 나서야 한다고 생각합니다.

1979년 3월 8일

화태 귀환 재일한국인회에 협력하는 부인회


\*\*\*\*\*\*\*\*\*\*


[경력서]


성명 : 신성규(辛聖圭 1910년생)

본적 : 충청북도 괴산군 증평읍

주소 : 소련 사할린주 코르사코프시

학력 : 없음. 농업에 종사. 기혼.

도항 경위 : 징용, 가라후토 모집, 기간 2년.

1941년 10월부터 2년 기한이었는데 다시 연기된 상태로 종전. 그리고 현재까지 사할린 현지에 거주.

징용 주소 : 토로(塔路, 샥조르스크) 미쓰비시탄광. 석탄 채굴, 임금은 2엔 50전.

학대 여부 : 모리森 성을 가진 악독한 감독.

현지 : 토로 미쓰비시탄광에서 나이부치탄광으로 징용.

종전 : 나이부치탄광에서 맞음.

일본인만 귀환한 것은 불공평하다고 생각했다.


## {3} <화태 억류 귀환 한국인회> 회장 박노학 외 6명이 일본변호사연합회 인권 옹호위원회 앞으로 보낸 문서


<재사할린 한국인 귀환을 위한 조사 및 구제 신청서>

## 1. 개요

(1) 1920년, 일본국은 침략행위로서 한국을 병합, 식민지화했다. '한일 병합조약'에 의해 대한제국을 폐지하고 조선으로 개칭, 동시에 설치한 조선총독부를 거점으로 우리 동포들에게 야만적이고 비인도적 학대 행위를 헤아릴 수 없이 계속했다. 이는 의심할 여지 없는 역사적 사실이다. 특히 동포들의 강제 연행이야말로 일본국이 저지른, 일본과 한국의 역사에 있어 가장 큰 오점이라 하겠다.

(2) 우리 동포가 입은 식민지배 희생의 집약이라 할 강제 연행은 중일전쟁의 격화 속에 1938년 공포한 '국가총동원법'에 따라 1939년부터 '모집'이라

<관련 자료>

는 이름으로 시작되었다. '모집'이라고는 하나 그 실태는 본인의 의사에 따라 거부할 수 없는 완전한 강제적 연행이며, 이것은 1942년 6월에 '관 알선'에 의한 '공출'로 이어졌고, 나아가 1944년 9월에는 국민징용령에 따른 '징용'으로 급속히 이어져 1939년~1945년 사이에 80여만 명의 한국인이 대부분 입은 옷 그대로 강제 연행되어 탄광 등에서 가축 이하의 노예노동에 종사해야 했고, 많은 사람이 과로로 목숨을 잃었다. 南사할린의 경우도 우리 동포들의 연행지 가운데 한 곳이며, 한때는 8만 명의 우리 동포가 탄광, 공항 정비 등 강제 노동을 했다. 그 후 일부가 규슈 등지로 끌려갔으며 또 가족과 함께 南사할린에 남은 우리 동포는 4만 수천 명이라고 한다. 그리고 전쟁에 패한 일본은 침략했던 토지를 그 민족에게 반환하고, 강제 연행된 사람들을 귀환시켜 그들의 조국으로 되돌려 보내야 할 의무를 지게 되었다.

(3) 사실상 사할린에서도 1946년 미국과 소련 간에 '소련지구 귀환 협정'이 체결되어 1946년 12월~1950년 1월 1일에 이르기까지 총 218척의 귀환선으로 11차에 걸쳐 합계 31만 2,452명이 마오카(홈스크)에서 홋카이도 하코다테로 귀환했다. 그런데 귀환 협정 제1절 '귀환 해당자' 항목에는,

아래와 같은 자가 소련 연방 및 소련 연방 관리하에 있는 지역에서 귀환할 대상이 된다.

ㄱ. 일본인 포로

ㄴ. 일반 일본인(소련 연방에서 귀환하는 일반 일본인은 각자의 희망에 따름)

이라고 되어 있는데, 일본국 정부 스스로 당시 우리 동포도 '일본인'(일본 국적을 갖고 있었다)이라 인정했음에도 불구하고, 피고(일본국)는 부당하게 우리 동포의 귀환을 일절 거부했다. 1946년 당시의 조사로 알려진 약 4만 3천 명의 사람들이 귀환의 기회조차 얻지 못하고 현재까지 30년이 넘도록 조국, 육친, 동포와 갈라져 있어야 하는 상황을 일본국이 강제하고 방치해 왔다.

(4) 그 후 1956년 10월 19일의 '일소 평화선언'에 따라 1957년 8월 ~ 1959

년 9월까지 동포와 결혼한 일본인 여성의 귀환사업이 실시되어 당시 일본인 여성의 동반가족으로서 우리 동포 일부가 일본으로 귀환했다. 그 숫자는 일본인 여성을 포함해 475세대 2,200명이다. 이처럼 南사할린의 한국인 귀환사업에 대한 차별에 항의해 1957년 6월, 1천 명의 동포가 유즈노사할린스크에서 3일간 소동을 일으킨 사실도 있다.

## 2. 재사할린 한국인 억류자의 실태

현재도 南사할린에 남아 있는 우리 동포가 적어도 총 4만 명이라 하고, 그중 65%가 조선민주주의인민공화국 국적, 25%가 소비에트 사회주의 공화국 연방 국적을 취득했는데, 나머지 10% 정도는 무국적이다. 무국적자 동포들은 당국의 허가 없이는 거주지구 밖으로 나갈 수 없어 직업의 제한을 받는 등 압박당하고 있다. 그런데도 그들이 여전히 무국적자인 이유는 한시라도 빨리 고향인 남쪽의 한국 땅을 밟고 싶기 때문이며, 한국과 국교가 없는 공화국이나 소련의 국적을 취득해 버리면 입국할 수 없다는 위기감 때문이다. 고향으로 돌아갈 날을 꿈꾸며 무국적자라는 이유로 압박에 시달려 온 그들도 어느덧 50~80세의 고령에 이르렀고 절망 끝에 자살하는 이, 알코올 중독자가 된 이도 적지 않다고 한다.

## 3. 국적 문제

일본국은 1952년 4월 28일에 발효된 샌프란시스코평화조약 제2조(C) 항에 의해 南사할린의 영토권을 반환했다. 그런데 이는 영토권 포기를 의미하는 것으로, 거주민의 국적 변경을 의미하는 것은 아니다. 따라서 이 시점까지 일본 국적을 갖고 있었고 게다가 타 국적으로 변경한다는 의사표시를 하지 않은 南사할린에 남은 무국적자 동포들은 당연히 일본 국적을 가진 자로 취급되어야 마땅하며, 소련 당국도 사실상 일본인으로서 취급하고 있다. 또 타

<관련 자료>

국적을 선택한 동포의 경우도 샌프란시스코평화조약 발효일 전까지는 일본 국적을 가진 자였고, 일본 국적을 보유한 시기에 일본 정부로부터 귀환을 거부당한 것이므로 당연히 일본 정부는 임무 불이행에 대해 마땅히 책임져야 할 의무가 있고, 남아 있는 동포들의 희망에 따른 귀환을 한시라도 빨리 실현해야만 한다.

## 4. 귀환에 대한 희망과 귀환 운동

전술한 대로 1957년~1959년까지 南사할린에 있던 우리 동포 가운데 일본인 아내가 있는 이들이 이른바 일본인 여성의 동반자로서 일본에 귀환했다. 그들은 1958년 2월에 <화태 억류 귀환 한국인회(본회)>를 결성하고 南사할린에 남아 있는 동포들의 귀환을 실현하기 위해 진정서, 청원 운동 등을 어느덧 17년 이상 지속하고 있다. 1964년 6월에는 그동안 귀환을 희망한 이들 가운데 일본으로 귀환 희망 334세대 1,576명, 한국으로 귀환 희망 1,410세대 5,348명, 합계 1,744세대 6,924명으로 밝혀졌다. 이들이 귀환을 바라는 심정을 절절히 쓴 편지가 본회 앞으로 4천 통이나 도착해 있다.

## 5. 당사국의 견해

(1) 본회가 10여 년에 걸쳐 일본국 정부에 수차례에 걸쳐 진정·청원 등 귀환 촉진을 바라는 목소리를 전달했음에도 불구하고 일본 정부는 1972년 7월 18일, 다나카 가쿠에이 수상이 국회 답변을 통해 다음과 같이 답변하는 데 그쳤다.

'지적하신 문제에 관해서는 일본 정부로서도 인도적 차원에서 진심으로 동정을 금할 수 없다. 南사할린이 일본령이었던 당시, 일본에 의해 한국인이 그곳으로 보내져 종전 후 현재에 이르기까지 사할린에 잔류한 한국인에게는, 한국 또는 일본으로 귀환할 기회가 주어지지 않았던 것을 생각할 때 정부로서는 지금이라도 이 문제에 깊은 관심을 가져야 할 것이며, 아래와 같은 귀환 실현을 위해 가능한 조치를 해야 한다고 생각한다. 다만 현재 사할린은 일본의 관할이 아니기 때문에 타국의 입장으로서 한계가 있다.

일본국 정부로서는, 이 문제 해결을 위해서는 먼저 귀환 희망자의 실태를 명확히 할 필요가 있다고 생각한다. 이러한 견지에서 소련 정부에도 1969년 8월에 한국 정부가 제출한 <귀환 희망자 명부>를 전달하고 아래 명단에 따라 출국 희망자의 실태조사 및 출국 희망자의 존재가 확인된 경우 출국 허가 가능성 검토를 비공식으로 요청했다. 그 후 본 건에 관해 기회가 있을 때마다 소련 정부에 배려를 요청했고, 앞으로도 계속해 나갈 것이다.

지적하신 바와 같이 일본 정부 입장에서 편의 제공 문제가 해결된 후의 문제이지만 일단은,

① 일본은 단순히 경유하는 것일 뿐이며 전원 한국으로 귀환시킨다.

② 귀환에 필요한 비용 일체는 한국 측에서 부담한다.

일단 위 2가지를 가이드라인으로 외무성, 법무성 등 관련 관청에서 검토하도록 한다.


(2) 소련적십자사 트로얀 총재는 1973년 5월 16일에 일본적십자사 키우치 외사부장에게 다음과 같은 견해를 밝혔다.

일본 정부가 南사할린 거주 한국인의 의사를 존중해, 일본 이주를 희망하는 자에게는 이주를 허가하고, 한국으로 귀국을 희망하는 자에게는 일본을 경유한 귀국을 허가한다면 소련적십자사로서도 南사할린 거주 한국인의 출국에 협력할 용의가 있다.

또 한국 정부의 견해는 다음과 같다.

일본의 전쟁 정책에 의해 강제적으로 南사할린에 연행된 한국인을 일본이 책임지고 귀환시키는 것이 도의적이며, 그러기 위해서는 일단 일본에 상륙시킨 후 본인의 의사에 따라 한국으로 가고 싶은 자는 한국이 접수, 일본에 거주하고 싶은 자에게는 일본이 거주권을 부여해야 마땅하다.

<관련 자료>

그런데 일본 정부의 견해는 전술한 것처럼 '① 일본은 경유할 뿐 모두 한국으로 귀환시킨다. ② 귀환에 필요한 비용 일체는 한국 측에서 부담한다'라고 한다. 이와 같은 일본 정부의 지극히 무책임한 태도가 南사할린에 있는 우리 동포들의 귀환을 실현하지 못하는 가장 큰 이유라는 것은 명명백백하다.

## 6. 일본국의 한일 병합, 강제 연행, 귀환 거부, 현재에 이르는 정책과 귀환 배상의 의무

이제까지의 과정에서 분명한 것처럼 일본 정부는 강화도사건(1875년)부터 한국의 식민지화에 착수했고 1910년 한일병합조약에 의해 식민지화를 완료하자 먼저 한국의 왕(영친왕 이은)을 인질로 삼아 토지를 수탈(토지 정비사업, 임야사업), 식량을 수탈(산미증식계획), 생명을 빼앗고(3.1만세 독립운동), 이름을 빼앗고(창씨개명), 언어를 빼앗고(한글 폐지), 사람을 빼앗았다(2차대전 중 수십만의 징병과 200만의 노무자를 강제 연행). 세상은 이를 '일본의 7대 수탈'이라 부른다.

이처럼 우리 동포들에 대한 억압, 탄압의 집약적인 행위로 강제 연행이 있었고, 동포들의 인간성을 전면 부정하며 그야말로 가축 이하의 노예처럼 일본 정부에 의해 끌려가 혹사당했고, 어떤 이는 목숨을 잃었고, 살아남은 자도 강제노동에 대한 아무런 배상도 없이 방치되었다. 특히 南사할린으로 연행된 우리 동포는 전후 일본으로 귀환조차 거부당하며 현재에 이르기까지 고향 땅을 밟지 못하고 고통의 나날을 보내고 있다.

일본 정부가 더 이상 南사할린에 있는 한국인을 방치하는 것은 더는 용서할 수 없는 일이다. 일본 정부는 南사할린의 한국인에게 귀환 의사를 속히 확인하고, 일본 이주 희망자에게는 이주 허가를, 한국 귀환 희망자에게는 일본 경유를 허가하고, 일본 정부가 비용을 부담해 귀환사업을 실시한 다음에 과거 그들을 강제 연행하고 패전 후 그리고 30년간 방치해 온 것에 대해 배상해야 마땅하다.

7. 귀 모임에서도 이상의 내용을 충분히 조사해 일본의 전쟁책임과 우리 동 포에 대한 의무를 명확히 해 신속히 구제방안을 찾아낼 것을 희망한다.

첨부서류
1. 신문 <처(妻)> 1호~8호
2. 통일일보 <재사할린 한국인의 비극> No. 1~24

1975년 5월

화태억류귀환한국인회 회장 박노학 ㊞
부회장 이희팔 ㊞
기획부장 심계섭 ㊞
섭외부장 이대훈 ㊞
고문 김주봉 ㊞ 장재술 ㊞
화태억류귀환한국인회에 협력하는 부인회 대표 미하라 레이(三原 令) ㊞

일본변호사연합회 인권옹호위원회 귀중

{4} 시

애수의 해협

1
이름도 모르는 사할린의 타향살이
어느덧 40년

<관련 자료>

매일 밤 꿈에 보는 부모님과 처자식
가장이 없는 가족의 고뇌가
눈에 선하다
아아, 그리운 내 고향으로
돌아가고 싶구나

2
오랜 전쟁은 끝이 났지만
나가려 해도 나갈 수 없는 새장 속의 새
원망도 한탄도 가슴 속에 있네
언제까지 계속될까 이 고통이여
아아, 무궁화가 피는 내 고향으로
돌아가고 싶구나

3
너의 편지는 반갑지만
평화의 종소리는 언제야 울리려나
사할린의 눈은 언젠가는
녹으련만
서글픈 운명은 누구 때문인가
아아, 나를 기다리는 내 고향으로
돌아가고 싶구나

1984년 4월 7일
화태귀환재일한국인회 회장 박노학

## {5} 국회 질문서 및 회답

1. 1972년 7월 12일 제출. 질문 제2호
 징용에 의해 가라후토(사할린)로 이주당한 조선인의 귀국에 관한 질문서를
아래와 같이 제출한다.

1972년 7월 12일
제출자 우케다 신키치受田新吉

 후나다 나카船田中 중의원의장 귀하

 징용에 의해 사할린으로 이주당한 조선인의 귀국에 관한 질문서.
 종전 전 징병에 의해 사할린으로 이주당한 조선인은 현재 1만 여 명이 잔
류, 7천여 명이 고국(대한민국)에 귀국을 희망하고 있다고 하며, 이들 대부분이
20여 년간 고국의 가족과 만나지 못했으며, 이미 노령기에 달한 이가 많다고
한다. 그러나 현재 대한민국과 소비에트 사회주의 공화국연방과 국교가 없어
양국 간의 직접 교섭조차 불가능한 상태로 오늘에 이르렀다. 따라서 정부는
인도적, 특히 전후처리문제의 해결로서 이들 조선인의 귀국에 관해 어떤 형
태로든 편의를 제공할 필요가 있다고 생각하는데, 그럴 용의가 있는지 다음
과 같이 질문한다.

 내각중의원 질문 69 제2호

1972년 7월 18일

 <회답 1> 다나카 가쿠에이田中角榮 내각총리대신
 후나다 나카船田中 중의원의장 귀하
 우케다 신키치 중의원의원이 제출한 '징용에 의해 사할린에 남겨진 조선인

의 귀국에 관한 질문'에 대해 별지 답변서를 송부한다.

중의원의원 우케다 신키치가 제출한 '징용에 의해 사할린에 남겨진 조선인의 귀국에 관한 질문'에 대한 답변서

1. 지적하신 문제에 관해서는 일본 정부로서도 인도적인 문제로서 진심으로 동정을 금할 수 없다. 南사할린이 일본 영토였던 당시 일본에 의해 조선인이 그곳으로 보내져 종전 후 현재에 이르기까지 사할린에 잔류한 조선인에게 한국 또는 일본으로 귀환할 기회가 주어지지 않았다는 점을 생각할 때 정부로서는 현재도 이 문제에 깊은 관심을 기울이고 있고, 아래와 같이 귀환을 실현할 수 있는 가능한 조치는 취하고 싶은 생각이다. 다만 현재 사할린은 일본의 관할이 아니기 때문에 우리 정부로서 할 수 있는 일에는 한도가 있다.

2. 일본 정부로서는, 이 문제의 해결을 위해서는 먼저 귀환 희망자의 실태를 분명히 할 필요가 있다고 생각한다. 그러한 견지에서 소련 정부에도 1969년 8월에 한국 정부가 제출한 &lt;귀환 희망자 명부&gt;를 전달하고, 아래 명단에 의거해 출국 희망자의 실태조사 방법 및 출국 희망자의 존재가 확인된 경우의 출국 허가 가능성 검토를 비공식으로 요청했다.

그 후 본 건에 대해 기회를 만들어 소련 정부에 배려방안을 요청하고 있고, 앞으로도 계속 요청해 나가고 싶다.

3. 지적하신 바와 같이, 일본 정부로서 편의를 제공하는 문제는 아래와 같이 귀환 희망자의 실태 파악이 완료된 이후의 문제이지만 일단은,

① 일본은 단순히 경유만 할 뿐이며 전원 한국으로 귀환시킨다.

② 귀환에 필요한 비용 일체는 한국 측에서 부담한다.

일단 위 2가지를 가이드라인으로 외무성, 법무성 등 관련 관청에서 검토하도록 하겠다.

<회답 2> 나카소네 야스히로中曽根 康弘 내각총리대신

1983년 5월 13일 수령. 답변 제20호

후쿠다 하지메福田一 중의원의장 귀하

구사카와 쇼조草川昭三 중의원의원이 제출한 '징용에 의해 사할린에 잔류한 조선인의 귀환 문제에 관한 질문'에 대해 별지 답변서를 송부한다.

질의 (1)에 대해

지적하신 문제에 대해서는 일본 정부로서도 인도적 문제로서 진심으로 동정을 금할 수 없다. 정부로서도 이 문제에 깊은 관심을 기울여 사할린 잔류 조선인의 귀국을 실현하는데 가능한 일을 하고 싶다고 생각한다.

질의 (2)에 대해

정부는 이전부터 귀환 희망자의 실정조사를 소련 정부에 의뢰하는 등 노력해 왔고, 1969년에 한국 정부가 제출한 <귀환 희망자 명부>를 같은 해 8월에 소련 정부에 전달하고 동 명부에 의거해 출국 희망자의 실태조사 및 출국 희망자가 확인되었을 경우 출국 허가의 가능성에 대해 검토를 요청했다.

그 후 1973년 10월에는 내각총리대신 단계에서, 1972년 1월부터 1978년 1월까지는 5회에 걸쳐 외무대신 단계에서, 나아가 사무당국 단계에서는 십 수 차례에 걸쳐 이 문제를 공식, 비공식으로 소련 측에 제기했다.

최근에는 1983년 4월, 일소 사무당국 협의에서 일본 측이 이 문제를 제기한 것에 대해 소련 측은 일본과 대화할 문제는 아니라는 종래의 입장을 반복했다.

질의 (3)에 대해

1983년 2월에 일본적십자사를 통해 적십자 국제위원회에 본 건에 관한 협력을 요청했고, 그 후 적십자위원회가 요청한 상세한 자료를 제출했다.

질의 (4)에 대해

<1> 1982년 6월부터 전후 처리 문제를 어떻게 생각해야 마땅한가를 검토하기 위해 민간 지식인들로 구성된 전후 처리 문제 간담회가 개최되었는데,

검토 과정에서 구체적으로 어떠한 문제를 거론할지는 기본적으로 간담회에
서 결정되어야 마땅하다고 생각한다. 1982년 3월 9일의 중의원 예산위원회
에서 총리부 총무장관의 답변은 이와 같은 취지를 표명한 것이다.

&lt;2&gt; 동 간담회는 현재 이른바 혜택 결격자 문제, 시베리아 강제 억류자 문
제 및 재외재산 문제를 중심으로, 관련된 각 성에서 이제까지 논의되어 온 시
책 등에 대해 의견 청취를 진행하고 있다.

질의 (5)에 대해

1975년 이후 이제까지 사할린에 잔류한 조선인 중에 137세대 438명(이 중
한국으로 귀환을 위해 일본을 경유하려는 자 123세대 492명, 일본에 정주하려는 자 14세
대 46명)이 입국 허가를 신청했고, 그중에 124세대 411명(일본을 경유하려는 자
115세대 376명, 일본에 정주하려는 자 9세대 35명)에 대해 입국을 허가했는데, 그들
대부분이 소련에서 출국 허가를 얻지 못해 실제로 일본에 입국한 이는 3명
(일본을 경유하려는 자 1명, 일본에 정주하려는 자 2명)에 지나지 않는다.

질의 (6)에 대해

정부로서는 현재 사할린이 일본의 관할이 아니기 때문에 자연히 우리가 할
수 있는 것에 한계가 있겠지만, 이전부터 외무성이 주무관청이 되어 소련 정
부에 실태를 조사하도록 요청하고 있음은 '질의 (2)에 대해'에서 언급한 바와
같으며, 앞으로도 인도적 견지에서 이러한 노력을 계속해 나가고 싶다.

# {6} 연보

| | 이화팔 씨, <화태 억류 귀환한국인회> 관련 | | 그 외 |
|---|---|---|---|
| | | 1905. 9. 5 | 포츠머스조약, 남사할린 일본 편입 |
| | | 1910. 8.22 | 한국 병합, 식민 지배 시작 |
| 1923. 4. 7 | 부 이복연, 모 김창선의 4남 1녀 중 다섯째로 경상북도 영양군 청기면 상청동 260번지에서 출생. 가난한 소작농 | | |
| | | 1937. 7. 7 | 루가우자오 사건, 중일전쟁 발발 |
| | | 1938. 4. 1 | 국가총동원법 공포 |
| | | 1939. 9 | 조선인 노동자 집단모집(조선인 강제 연행) 시작 |
| 1940. 3 | 사립감천학교(1, 2학년), 정촉보통학교(3, 4학년), 도계일월심상소학교(5, 6학년) 졸업. 개척민훈련소에 입소해 단기 훈련 | | |
| 1941. 3 | 영덕 농업실습학교 수료 | 1941. 3.25 | 화태(樺太) 소재 기업이 조선인 노동자 2천 명 수용 |
| | | 1941. 4. 5 | 화태인조석유(주)가 경영하는 오타니-나이부치 철도 개통 |
| | | 1941.12. 8 | 태평양전쟁 발발 |
| | | 1941.12.26 | NHK 도요하라 방송국 개국 |
| 1942. 6 | 강원도 삼화철산(주) 입사 | | |
| 1942.11.22 | 김화진(김도홍)과 결혼(1960.8.10 혼인신고) | | |
| 1943. 4. 1 | 영양군청 농업과 단기지도원 채용(4.30 면직) | 1943. 5. 1 | 화태섬 각 탄광의 노동자 일본 이동 개시 |
| 1943. 5.28 | 화태인조석유(주) 모집에 응모 트럭으로 안동, 기차로 부산. 관부연락선으로 시모노세키, 시모노세키에서 기차로 우에노 경유, 아오모리. 홋카이도 하코다테에서 기차로 나이부치 도착. 연락선으로 오도마리, 기차로 나이부치, 걍내 전차로 西나이부치 도착 | | |
| 1943. 6. 6 | 화태 도에이쿠 오지아이초 西나이부치, 화태인조석유(주) 4료, 현지 도착 | | |

<관련 자료>

| 이희팔 씨, <화태 억류 귀환한국회> 관련 | | | 그 외 |
|---|---|---|---|
| | | 1944.8.11 | 화태 루시로 지역의 탄광노동자와 자제를 일본으로 급히 전환토록 각의 결정 |
| | | 1944.10. 1 | 화태인조석유(주)가 제국연료흥업(주)와 병합, 나이부치공장은 제2사업소로 전환 |
| | | 1944.12.31 | 화태 인구 417,976명(군인, 징용 조선인 3만 명 미포함) |
| 1945. 5. 2 | 2년 계약기간 만료 직전에 이희팔과 같은 숙소의 전원(2백 명)이 돌연 현지 징용. 이에 저항한 류 씨는 시로이구미(白井組)의 타코베아에 갇혀 해방 때까지 강제노동 | 1945. 8. 8 | 소련의 대일 선전포고 |
| | | 1945. 8. 9 | 소련군 南화태 침공 |
| | | 1945. 8.13 | 화태청, 긴급 소개 개시 |
| 1945. 8.15 | 정오 라디오방송으로 일본 패전 소식 들음 | 1945. 8.15 | 정오, 도요하라 방송국이 천황의 항복 선언을 섬 전체에 중계 |
| | 타코베아에 있던 류 씨가 항복 선언 다음날 동료와 함께 조장을 국명이 자루로 때려죽임. 창고의 쌀, 신발, 의류, 담배 등을 숙소 동료들에게 분배 | 1945. 8.18 | 이 무렵, 시스카군(敷香部) 카미시스카(上敷香)에서 조선인 18명 학살 |
| 1945. 8.20 | 이희팔, 회사에서 우편저금통장과 도장 수령 | 1945. 8.20 | 소련군, 루마자사 고개에서 일본군과 격전. 마오가 우제국의 일본인 여성 전화교환원 9명 집단자결. 소련군이 화태 주민을 포함, 약탈 |
| | | 8.20~23 | 마오가군(眞岡部) 시미즈무라(淸水村) 미즈호(瑞穗)에서 조선인 27명 학살당함 |
| | | 8.22 | 소련군, 도요하라 역을 중심으로 공습, 약 400여 가옥 소실, 사상자 약 200명 / 긴급소개선 오가사와라마루(小笠原丸)와 다이토마루(泰東丸)가 홋카이도 루모이(留萌) 해안에서 소련군의 공격으로 침몰. 약 1,700명 사망 |
| | | 8.23 | 소련군, 소야(宗谷)해협 폐쇄. 화태청 긴급 소개 중단(돈토 항과 오도마리 항의 승선자 87,680명으로 추정) |

| 이희팔 씨, <화태 억류 귀환한국인회> 관련 | | 그 외 |
|---|---|---|
| | 8.24 | 긴급 소개로 인해 약 2만 명 오도마리 항으로 집결, 부둣가 대혼란 |
| | 8.28 | 화태섬 전체 일본군의 무장해제 종료 |
| | 9.1 | 소련군, 금융기관의 예금 지급 금지. 탄광, 공장의 조업 재개 명령. 지시마(千島) 열도 점령 완료 |
| | 9.2 | 일본, 항복문서에 조인 |
| | 9.5 | 화태섬 무장해제, 일본군 작업대대로 편성. 1개 대대는 北화태, 그 외는 샨바로 시베리아 이동(약 13,000명) |
| | 9.25 | 아니와만(亞庭灣)의 야만(彌滿), 서해안 혼토 부근에서 어선으로 주민 탈출 증가 |
| | 9.30 | 소련군, 제국연료흥업(주) 나이부치공장 접수 |
| | 11.7 | 섬 전체 경찰관 대부분을 시베리아로 이송. 소련군, 도요하라중학교에서 혁명기념식 거행 |
| 이희팔, 오도마리 이주. 나이부치탄광에서 함께었던 바노하, 이룬대과 공동생활 시작. 아내 김화진에게서 편지 도착. 이후 이희팔은 1957년 1월까지 오도마리에서 여업회사의 자동차 정비공, 군 관련 회사와 식품회사 트럭 운전사로 일함 | 1946. 3 | |
| | 1946.봄~가을 | 南사할린의 조선인 인구는 약 43,000명(조선인거류민회 조사) |
| | 1946.11.27 | <소련지구 귀환 미·소 잠정 협정> 체결 |
| | 1946.12.5~1949.7.22 | 일본인 292,590명 일본으로 귀환 |
| 바노하, 호리에 가즈코와 결혼, 3인 공동생활에서 분가 | 1947. 9 | |
| | 1948. 8.15 | 대한민국 건국 |
| | 1948. 9. 9 | 조선민주주의인민공화국 건국 |
| | 1950. 6.25 | 6.25 발발 |
| 이희팔, 우스이 에이코와 결혼해 분가 | 1950. 4.10 | |

<관련 자료>

| 이희팔 씨, <화태 억류 귀환한국인회> 관련 | | 그 외 | |
|---|---|---|---|
| 1956~57 | 시쿠쵸사에서 근무하던 중 북한에서 수입된 쌀가마니 속에 조선어로 '이 쌀을 먹는 놈은 해가 빠져서 죽어라!'라고 적힌 종이 발견 | 1952. 4. 28 | 샌프란시스코 강화조약 발효 |
| | | 1953. 3. 5 | 소련공산당 서기장 스탈린 사망 |
| | | 1953. 7. 27 | 한국전쟁 휴전 |
| 1957.10.20 | 2차 집단 귀환선으로 실제섬 씨 일가 마이즈루로 상륙. 이후 도쿄도 아다치구(足立區) 오타니(大谷)의 귀환자 숙소에 입소 | 1956.10.19 | 일소 공동선언 조인, 국교 정상화, 이에 따라 57.1.1~59.9.28까지 7차에 걸쳐 집단귀환. 잔류 일본인 여성 766명 및 조선인 남편과 가족 1,541명의 일본 귀환(입주) |
| 1957.12.17 | 이희팔 가족에게 화태 오도마리 지방정청로부터 12월 31일에 출국할 준비를 하라는 명령을 구두로 전달. 마오카 항으로 집결 | 1957. 7.29 | 1차 집단 귀환선 코안마루(興安丸)가 마오카에서 출항, 8월 1일 마이즈루 입항 |
| 1958. 1.10 | 이희팔 가족, 반노하 가족이 승선한 3차 귀환선 시쿠아마마루(白山丸) 마오카 출항 | 1957. 8 | 유즈노사할린스크 시내에서 3일 동안 거주 조선인의 약 1천 명의 폭동. 시내 거주 조선인의 일본 도항 신청을 부조선계 지도자가 방해한 것에 대한 항의 |
| 1958. 1.11 | 천남 냐팡진, 귀환선에서 투신자살 | | |
| 1958. 1.14 | 시쿠아마마루(白山丸)호 마이즈루 입항. 승객 534명(일본인 성인 162명, 아이 57명, 조선인 남편 94명, 남편의 어머니 1명, 아이 220명) 상륙. 이희팔 가족, 반노하 가족과 함께 마오카 도쿄도 상경 | | |
| 1958. 1.17 | 이희팔 가족 도쿄도 아다치구 오타니초 377, 1차 오타니 숙소 제9수소에 임소해 약 1년 반 거주. 옆 숙소에 살았던 만주에서 온 일본인 아리카와 요시오(有川義雄)와 만나 | | |
| 1958. 1.31 | 이희팔, 도쿄도 아다치구 가메아리(龜有) 우체국에서 보구우편저금 전액 지급. 원리금 합계 약 3,600엔이 있었느니 화폐가치가 전쟁 당시에 비해 수배분의 1로 폭락한 상황 | | |

241

| | 이회팔 씨, <화태 억류 귀환한국인회> 관련 | | 그 외 |
|---|---|---|---|
| 1958. 2. 6 | 아라카와 요시오의 도움으로 <화태 억류 귀환 한국인동맹>(대표 이회팔) 결성. 이후 명칭이 여러 번 바뀌어 현재는 <화태 귀환 재일한국인회>. 바노하이 회장을 오래 맡았는데, 88년 3월에 그의 사망 이후로는 이회팔이 회장에 복귀 | | |
| 1958. 2.17 | 중의원 예산위원회에서 일본사회당의 시마가미 겐고로 의원이 사할린 잔류 조선인 문제를 처음으로 국회에서 질문 | | |
| 1958.12 | 이회팔, 잔류 조선인의 북송 저지를 위해 민단 사람들과 함께 가와사키시의 조선인 집주 지역에서 선전 활동. '북에 가서 올지 말고, 여기서 함께 웃으며 살자'라고 호소했지만, 전혀 호응해주지 않았고 인분을 뒤집어쓰기까지 하며 쫓겨남 | | |
| 1959. 5.25 | 이회팔, 재일조선인들의 북송 반대운동에 참가(도쿄 히비야공원) | | |
| 1959. 8 | 이회팔, 귀환 후 처음으로 한국 방문. 아버지와 만났느네 어머니는 이미 사망 | 1959.10~1981. 7 | 일・소 공동선언에 따른 집단귀환이 종료되자 이후로는 차비로 나홋카를 경유한 개별 귀환. 일본인 여성 약 150명, 조선인 남편과 그 가족 약 300명(주정)이 귀환 |
| 1960. 7.12 ~ 8.19 | 이회팔, 한국 방문. 일본 귀환 후 한동안 생활보호 받음. 나중에 마에다건설의 하청회사에서 오랫동안 도로 보수공사 등에 종사하며 일본 국회에 진정, 한일 양국에 사할린 잔류 조선인을 알리는 활동을 꾸준히 전개 | | |
| 1960 무렵 | 귀환자 숙소를 나와 도쿄도 아다치구 이코호초 3415번지로 이주 | 1962.12 | 사할린 토마리에 거주하는 허조 씨 등이 현지 당국과 교섭해 제모스크바 일본대사관에 일본 입국을 신청했지만 거부당함 |
| 1963 무렵 | 이회팔, 박정희 대통령에게 진정서 송부. 나중에 방일한 한국대사관으로 호출됨 | | |

| 이희팔 씨, &lt;화태 억류 귀환한국인회&gt; 관련 | | 그 외 | |
|---|---|---|---|
| 1965. 2~ | 사할린 각지에서 &lt;화태 억류 귀환한국인회&gt; 앞으로 귀환 희망자들의 편지가 답지함(1일 수십 통)으로 도착. 한소 간 서신 왕래 불가로 양측에 편지를 중계하는 일어 모임이 중요한 활동이 됨 | 1965. 1. 4 | 사할린 토마리에 거주하는 김영배 씨, 사할린주 민간 경찰에게 '일본 정부가 입국을 허가하면 소련 출국을 허가하겠다'는 취지의 답변을 들음. 이 말이 섬 전체에 퍼져 일본으로 도항하려는 이들의 편지가 &lt;화태 억류 귀환한국인회&gt; 앞으로 대량 도착 |
| | | 1965. 6.22 | 한일 기본조약 조인 |
| 1966. 1-6 | &lt;화태 억류 귀환한국인회&gt;가 사할린에서 온 편지를 바탕으로 '귀환 희망자 명부' 작성, 한국 정부에 제출 (1,744세대 6,924명) | | |
| 1966. 4.20~5.14 | 이희팔 한국 귀국. 도중에 중앙정보부 본부로 연행되어 조사를 받았느데 무사히 석방 | | |
| 1968. 8 | '귀환 희망자 명부'가 한국 정부에서 일본 정부로 전달, 같은 달 일본 정부가 소련 정부로 전달 | | |
| | | 1970.12.10 | 한국에서 &lt;화태 억류 교포 귀환 촉진회&gt; 결성(후에 &lt;중소 이산가족회&gt;로 개칭) |
| 1971. 1. 2~1.16 | 이희팔, 한국 방문. 이 무렵 도쿄 아다치구 4초메 도영주택으로 이주 | | |
| | | 1972. 4 | KBS방송국, 사할린 전류한국인을 대상으로 한 방송 개시 |
| 1973. 6.17 | &lt;화태 억류 귀환한국인회&gt;에 협력하는 부인회(대표 미하라 레이) 결성 | | |
| 1973. 9. 1 | &lt;화태 억류 귀환한국인회&gt;가 억류된 동포들의 귀환을 호소하는 서명 활동 실시(도쿄, 간다 공립강당) | | |
| 1973. 9.23 | 박노학, 이회팔, 김주봉 등 &lt;화태 억류 귀환한국인회&gt; 간부가 일본 내각 관방장관 나카로도 스스무와 면담 | | |
| 1974. 7. 9~8.10 | 장제술(&lt;화태 억류 귀환한국인회&gt;의 상이고문), &lt;통일일보&gt;에 '재사할린 한국인의 비극'(연재, 총 24회) 게재 | | |
| 1975. 7 | 모임 결성 이후 전정, 정원 회수 총 22회 | | |

243

| | 이희팔 씨, <화태 억류 귀환한국인회> 관련 | | 그 외 |
|---|---|---|---|
| 1976.1.4~1.26 | 이희팔, 한국 방문 | 1976.6.27~7.5 | 소련 당국의 출국 허가를 받은 4명의 전류 조선인 황인갑, 배나도, 안태식, 강병수가 나홋카의 일본총영사관에 도항 신청 후 기다렸지만, 허가기한 내에 출국수속이 끝나지 않아 귀환 실패 |
| | | 1977.1.27 | 소련 당국에 항의한 오도마리 거주 가족 8명, 북조선으로 강제송환 |
| | | 1978. 봄 | 사할린 류김수 씨 가족 6명, 황태룡 가족 4명, 북조선으로 강제송환 |
| 1979.1.4~1.19 | 이희팔, 한국 방문 / 화태·소련 본토에서 일본과 한국의 친족과 만나기 위해 입지 방일한 조선인 숫자 | | |
| 1981 | 1가족(3명) | | |
| 1982 | 1가족(1명) | | |
| 1983 | 0가족(0명) | | |
| 1984 | 3가족(4명) | | |
| 1985 | 5가족(6명) | | |
| 1986 | 13가족(21명) | | |
| 1987 | 28가족(50명) | | |
| 1988 | 53가족(134명) | | |
| 1989 | 약 420명(이 가운데 원호회 취급 376명) | | |
| 1980년대 | 이희팔, 사할린 잔류 조선인을 일본으로 초청해 한국에서 온 친족과 만나게 하려고 여러 사례를 들여 노력. 한국 측 친족 수가 사할린에서 방일한 이들의 약 2배, 양측을 맞이해 일본에서 숙박, 생활 전반에 걸쳐 수발하느라 <화태 귀환 재일한국인회>의 부담 증가 | 1981.11.20 | 사할린 체호프에 거주하는 박형주 일가족 3명, 친족과 만나기 위해 일시 방일(사할린에서 일본으로 일시 귀국한 첫 사례) |

<관련 자료>

| 이희팔 씨, <화태 억류 귀환한국인회> 관련 | | 그 외 | |
|---|---|---|---|
| 1988. 3.16 | 반노하 회장 서거, 후임 회장 인선을 둘러싸고 혼란. 반노하의 부인 호리에 가즈코가 회장이 되었다가 지난 1개월 후 사임. 오랫동안 부회장을 맡아 온 이희팔이 회장에 복귀한 후 호리에 가즈코 독자적으로 <사할린 재회지원회>를 설립(89.2 해산), <화태 귀환 재일한국인회>는 사실상 분열.<br>다카기 켄이치가 <화태 귀환 재일한국인회>(회장 이희팔)와 별도로 <사할린 잔류 한국·조선인 문제협의회> 설립. 이후 민간 재회 지원활동의 중심은 <화태 귀환 재일한국인회>에서 <사할린 잔류 한국·조선인 문제협의회>로 옮겨짐 | 1987. 7.17 | 일본 중·참의원 170명이 <사할린 잔류 한국·조선인 문제 의원간담회> 설립 |
| | | 1988.9.17~10.2 | 서울올림픽 개최 |
| 1988.9.21 | 김덕순, 사할린 거주 조선인으로서는 처음으로 한국에 일시 귀국. 이희팔, 동행.<br><김덕순><br>8.29 소련에서 일본입국<br>9.21 일본에서 한국입국, 이희팔 동행<br>9.30 한국에서 일본입국, 이희팔 동행<br>10.3 일본 나가타항 출국, 소련 하바롭스크 귀항 입국 | 1988.12.27 | <의원간담회>와 <화태 귀환 재일한국인회>의 실태조사. 일시 방문한 이들을 수용할 아파트 방문, 고생담 청취 |
| 1989. 6.15 | 화태 잔류 귀환 청구 소송(제1차 사할린 재판) 취하, 종료 | 1989. 4. 1 | 일본 정부, 당해 연도 사할린 관련 예산으로 5,800만 엔 계상 |
| | | 1989. 7.14 | 한일 적십자사, 사할린 거주 한인의 친족 재회를 지원하기 위해 <재사할린 한인지원 공동사업체> 발족 |
| | | 1989.12.15 | <공동사업체>가 처음으로 사할린 거주 한인 23명을 한국으로 일시 귀국시킴 |
| 1990. 7~8 | 이희팔, 일본 귀환 후 처음으로 사할린 방문(한국어의 <해방 45주년 위문단>이 7월 26일부터 사할린에서 개최한 공연에 맞춰 사할린에 간 것으로 추정_필자 주) | 1990. 4.18 | 일본 정부, 사할린 문제에 관해 처음으로 공식사죄(중의원 외무위원회에서 나가이아마 타로 외무대신) |

| 이희팔 씨, <화태 억류 귀환한국인회> 관련 | | 그 외 | |
|---|---|---|---|
| 1990 | 이희팔, 제1회 '잊소 축제'에 조디됨 | 1990. 7 | 한일 적십자사 대표 사할린 방문. 소련적십자사, 사할린주 거부의 현지 가족회와 적행 전체기 정기 평성, 무연고자의 한국 일시귀국에 관한 협의 |
| | | 1990. 8.29 | 사할린 잔류 한국·조선인 보상 청구 소송(제2차 사할린 재판) 시작 |
| | | 1990. 9.30 | 한소 국교 수립 |
| 1991.11.19 | <화태 귀환 재일한국인회>가 일본 정부와 자민·사회당에 사할린 귀환자들에게 보상 조치를 요구하는 <제안서> 제출 | 1991. 7.19 | 하바롭스크~서울 전세기 운항, 해방 후 사할린에서 하바롭스크로 이주한 한인이 한국에 일시 귀국 |
| | | 1991. 9.17 | 한국과 북한, 유엔 동시 가입 |
| | | 1991.12.25 | 소련연방 붕괴 |
| | | 1992.11.11.~11.13 | 일본 외무성 및 한일 적십자사, 재사할린 한인 실태조사 |
| | | 1992.12. 7 | <사할린주 한인노인회> 회장, 바헤들 일행 방일, 미야자와 기이치 수상, 와타나베 미치오 외상에게 <요구서>와 한국으로 영주 귀국 희망자 1만3천 명의 명부 제출 |
| 1993.10. 6 | <화태 귀환 재일한국인회>, 일본 정부에 <진정서> 제출 | 1993.10. 5 | 한국의 <중소 이산가족회>가 일본 정부에 <요청서> 제출 |
| | | 1994. 1 | 한일 양국 정부 및 한일 적십자사, 재사할린 한인 조사 |
| | | 1994 | 일본 정부, 한국 인천시에 요양병원(100명 수용 규모) 및 경기도 안산시에 아파트(500세대 규모) 건설비 1994년도 보조예산에 약 32억 엔 계상 |
| | | 1995. 3 | <공동사업체>, 재사할린 한인의 한국 일시귀국 1차 완료, 4월부터 고령자를 우선해 재사할린 한인의 한국 영주 귀국 지원사업이 본격화 |
| | | 1999. 3 | 인천시에 요양원 <사할린동포 복지회관>(입소 인원 100명)이 개관 |

<관련 자료>

| 날짜 | 이희팔 씨, <화태 억류 귀환한국인회> 관련 | 날짜 | 그 외 |
|---|---|---|---|
| 2000. 2.29 | 이희팔, 안산시 <고향마을> 입소식 참석 | 2000. 2 | 경기도 안산시에 고층아파트 단지 <고향마을>(489세대) 완공 |
| 2003. 8 | 잡지 <세가이>(2003.8월호)에 이희팔 인터뷰 <사할린 억류 한국·조선인의 귀환을 바라며>가 게재 | | |
| 2004.12 | 한국 정부가 국민훈장 <석류장> 수여 | 2006. 3 | 일본 정부의 예산(약 5억 엔)으로 유즈노사할린스크 시내에 <사할린 한인 문화센터> 완공. 현지 조선인들이 각종 행사를 여는 거점이 됨 |
| 2007. 9. 25 | 사할린 잔류 한국·조선인 우편저금 등 보상 청구 소송(제3차 사할린 재판) 시작. 이희팔을 원고 11명이 증심 | | |
| 2009 | 이희팔, <화태 귀환 재일한구인회> 관련 자료를 <재일한국인 역사 자료관>에 기증 | | |
| 2010. 2. 3 | 이희팔의 아내, 우스이 에이코 서거, 81세 | | |
| 2010. 5. 7 ~5. 9 | 아사히신문의 연재 <일본과 코리아 100년의 내일>이 한구에 일시 귀국하는 이희팔과 동행해 취재한 기사를 시리즈로 게재 | | |
| 2011. 2. 25 | 이희팔, 중의원의원회관에서 개최된 <사할린 잔류 한구인 문제에 관한 한일 의원협의회>에서 현재까지의 활동을 보고 | | |
| 2013. 1 | 사할린 잔류 한구·조선인 우편저금 등 보상 청구 소송(제3차 사할린 재판) 취하, 종료 | | |
| 2014. 4. 16 ~ ? | 한국 방문, KIN 네트워크포럼 "해방되지 못한 사할린 한인" 포럼(4.17) 참석 | | |
| 2015. 11. 9 ~ 11. 13 | 이희팔, 한국 방문 | | |
| 2020. 9. 6 | 이희팔 서거, 향년 97세 | | |

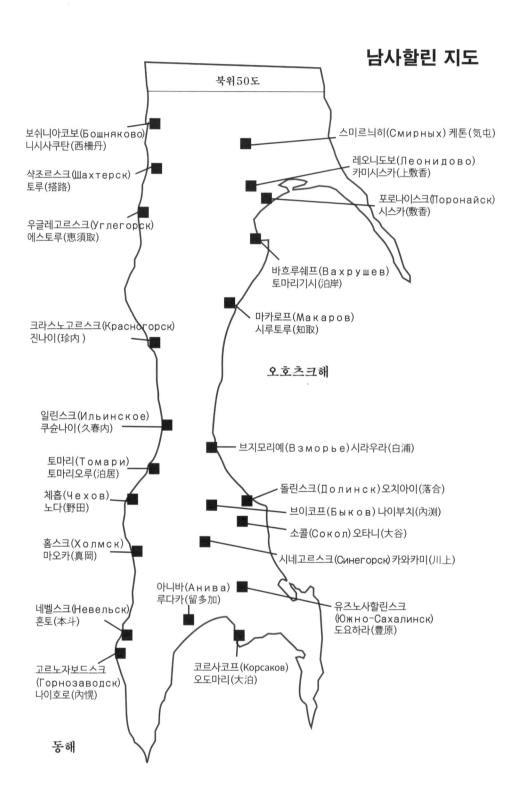

# 남사할린 지도

북위50도

보쉬니아코보(Бошняково)
니시사쿠탄(西柵丹)

샥조르스크(Шахтерск)
토루(搭路)

우글레고르스크(Углегорск)
에스토루(惠須取)

크라스노고르스크(Красногорск)
진나이(珍内)

일린스크(Ильинское)
쿠슌나이(久春内)

토마리(Томари)
토마리오루(泊居)

체홉(Чехов)
노다(野田)

홈스크(Холмск)
마오카(真岡)

네벨스크(Невельск)
혼토(本斗)

고르노자보드스크
(Горнозаводск)
나이호로(内幌)

아니바(Анива)
루다카(留多加)

코르사코프(Корсаков)
오도마리(大泊)

스미르늬히(Смирных) 케톤(気屯)

레오니도보(Леонидово)
카미시스카(上敷香)

포로나이스크(Поронайск)
시스카(敷香)

바흐루쉐프(Вахрушев)
토마리기시(泊岸)

마카로프(Макаров)
시루토루(知取)

오호츠크해

브지모리예(Взморье)시라우라(白浦)

돌린스크(Долинск)오치아이(落合)

브이코프(Быков) 나이부치(内渕)

소콜(Сокол) 오타니(大谷)

시네고르스크(Синегорск) 카와카미(川上)

유즈노사할린스크
(Южно-Сахалинск)
도요하라(豊原)

동해

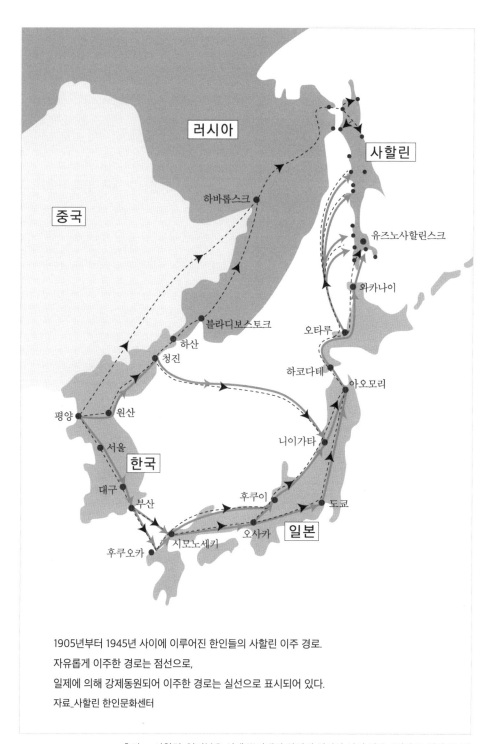

러시아

중국

사할린

하바롭스크

유즈노사할린스크

와카나이

블라디보스토크

하산

오타루

청진

하코다테

아오모리

평양     원산

니이가타

서울

한국

대구

부산

후쿠이

도쿄

후쿠오카

시모노세키

오사카

일본

1905년부터 1945년 사이에 이루어진 한인들의 사할린 이주 경로.
자유롭게 이주한 경로는 점선으로,
일제에 의해 강제동원되어 이주한 경로는 실선으로 표시되어 있다.
자료_사할린 한인문화센터

출처 : <사할린, 얼어붙은 섬에 뿌리내린 한인의 역사와 삶의 기록>(최상구, 일다 2015)

# 저자 후기

정확한 기억은 아니지만, 이희팔 씨를 처음 만난 때가 2006년이나 2007년 무렵일 것이다. 당시 나는 정보공개가 진행 중이던 러시아를 이따금 방문했다. 사할린주 주도인 유즈노사할린스크(도요하라) 시의 공문서 자료실에서 자료 수집을 하기도 했는데(이것을 『가라후토청 경찰부 문서·전전 조선인 관계 경찰자료집(전4권)』복각판 綠陰書房2006)으로 출간했다), 이 과정에서 알게 된 현지의 잔류 조선인과 교류하게 되었다. 이른바 '이중 징용자'의 유가족을 일본으로 초청해 그들의 아버지들이 일했던 탄광의 흔적을 안내하기도 했다(2008년까지 3차례, 9명의 유가족을 일본으로 초청). 그러던 중 문득 <화태 귀환 재일한국인회>와 관련된 현실이 마음에 걸렸다.

사실 그보다 20년쯤 전에 이 책의 본문에서 언급한 논문「전시하 남 가라후토의 피강제연행 조선인 탄광부에 관해(戰時下南樺太の被强制連行朝鮮人炭鑛夫について)」를 발표했었다. 그때 박노학 회장(당시)에게 이야기를 듣고 <제1차 가라후토(사할린) 재판>을 방청했다. (제46차 공판 때 우연히 한국의 친족과 만나기 위해 사할린에서 일본에 와 있던 어느 부부와 방청석에 함께 있게 되었다. 돌아가는 전차 안에서 전전과 비교해 우편국 직원이 상당히 친절해졌다는 것, 1엔의 가치가 폭락해 놀랐다는 말을 들었다. 그때 그분들이 묵고 있는 다케노츠카(竹の塚)의 귀환자 숙소까지 동행했다면 좀 더 빨리 이희팔 씨를 만났을지도 모른다.) <화태 귀환 재일한국인회>가 관련된 서류도 극히 일부분 보여주신 적이 있다. 지금까지 20년간 사할린 잔류 조선인을 둘러싼 상황이 크게 변화되었기에 나는 이 모임이 보관하고 있는 관련 서류가 없어지거나 소실되지 않을까 염려되었다.

모임이 보관하고 있는 관련 서류의 소재를 묻는 내게 이희팔 씨는 명확한 답변을 하지 않았다. 몇 번인가 같은 질문을 하는 동안에 내가 그에게 거부당하고 있다는 것을 깨달았다. 그도 그럴 것이 갑자기 눈앞에 나타난 정체불명의 일본인이 모임의 중요한 서류를 열람하게 해 달라는 것 자체가 상당히 무리한 요구였겠지만…….

결국 관련 서류의 열람은커녕 소재조차 알려주지 않았다. 그러나 이희팔 씨와 계속 연락을 이어오면서 그분의 이야기를 듣고 기록할 필요를 느껴 구술 작업을 요청했다. 구술에 대한 요청은 흔쾌히 승낙했는데 장소가 문제였다. 나는 이희팔 씨의 자택을 희망했는데, 집안 사정을 이유로 거절했다. 하는 수 없이 우리 집까지 오시도록 했는데, 전차를 갈아타며 1시간 반이 걸리는 이동은 여든이 넘은 고령자에게 큰 부담이었다. 그래서 기타센쥬北千住 역 안에 있는 찻집에서 한두 번 구술 청취를 시도해 봤지만 잡음이 심해 집중하지 못하고 중단했다. 구술 청취는 생각만큼 잘되지 않았다. 그런데 2007년 9월부터 <제3차 사할린 재판>이 시작되자 이희팔 씨가 원고 가운데 한 사람이 되어 일본 정부를 상대로 싸우고 계셨다. 나는 매회 공판을 방청하고 대기실에서 다카기 변호사의 해설을 함께 들은 후 돌아올 때는 지하철 개찰구로 향하는 히비야공원 옆길을 이희팔 씨와 함께 걸으며 대화를 나누었다.

그 후 2010년 2월에 재일한국인역사자료관의 직원(당시)인 라기태(羅基泰) 씨로부터 이희팔 씨의 부인이 돌아가셨다는 비보를 전해 듣고 조문하기 위해 처음으로 다케노즈카竹の塚에 있는 자택을 방문했다. 얼마쯤 지나 이희팔 씨가 집으로 놀러 오라는 전화를 몇 번인가 걸어왔다. 내가 찾아가면 언제나 홀로 생활하는 적적함을 호소했다.

결국 그해 12월에 구술 청취를 재개할 수 있었다. 처음에는 매주 이희팔 씨의 자택에서 했는데 늘 따듯이 맞아주셨다. 평일 오후에 만나 잡담을 나누기도 하고, 함께 TV를 보기도 했다. 1~2시간 정도 이야기를 녹음하고 같이 저녁을 먹었다.

2011년 3월 11일, 동일본 대지진도 그의 자택에서 겪었다. 어차피 전차도 못 다닐 테니 자고 가면 어떻겠냐고 했는데 가족과 직장이 마음에 걸려 고사했다. 그날은 택시를 합승해 집으로 돌아왔다. 새로이 단장한 우스이(碓井 아내의 가족성) 집안의 묘를 보러 가기도 했고, 함께 비둘기 버스를 타고 요코스카橫須賀에 있는 군항을 관람한 일도 좋은 추억이다. 구술 청취는 내가 질문하면 이희팔 씨가 답변하는 형식이었는데 묻지도 않은 얘기를 하는 경우도 많았다. 기억력은 굉장히 훌륭할 정도여서 세세한 날짜까지 모두 기억하고 계셨다. 특히 돈에 관한 내용은 정말 똑똑히 기억하고 계셨는데, 돈 때문에 몹시 고생했다는 것을 짐작하게 했다. 어머니에 대해 말할 때는 언제나 눈물을 글썽이셨다. 60년간 고락을 함께 해왔던 아내에게는 깊은 감사를 말했다.

반세기에 이르는 오랜 세월 동안 귀환운동을 지속해 오면서 모임을 도와준 많은 분도 언급했다. 특히 일본으로 귀환한 직후에 만난 아리카와 요시오有川義雄 씨, 시마가미 젠고로島上善五郎 의원, 이후에 만난 오누마 야스아키大沼保昭 선생, 다카기 켄이치高木健一 변호사, 의원간담회의 하라 분베이原文兵衛 의원, 이가라시 코조五十嵐広三 의원의 이름은 깊은 감사와 함께 자주 언급했다.

한편으로 이희팔 씨는 근본적인 당사국이면서도 식민 지배의 역사를 한순간도 되돌아보지 않는 일본 정부를 가장 엄격하게 지탄했다. 더불어 잔류 조선인을 억압하는 소련 정부, 한국으로 귀환을 방해하는 북조선 정부를 비판했다. 나아가 동족의 고통에 무관심한 한국 정부와 재일 민족단체에 대한 노여움도 숨기지 않았다. 기대에 부응해 주지 않는 조국과 일본에 있는 동포들을 대하는 태도에 애가 탔던 심정을 반복적으로 언급했다. 이미 한국으로 영주 귀국한 동포들에 대해서는 '변소에 갈 때와 나올 때 마음이 다르다'('목구멍만 넘어가면 뜨거움은 잊는다'라는 일본의 속담에 가까울까?)라는 조선의 속담을 인용했다. 그 박정함을 한탄하기도 했다.

박노학 씨가 세상을 떠난 후 회장을 맡는 문제를 둘러싸고 모임 안에서 일어난 혼란은 불행한 일이었다. 이희팔 씨는 모임이 결성된 이후로 목적 달성을 위해 다소의 불만은 참아왔다고 했다. 그 직후에 김덕순 씨의 한국방문이 실현된 것과 한일 양국의 공동사업체가 업무를 개시한 것은 모임의 분열 소동으로 인한 악영향이 최소한으로 억제된 일이라 생각한다. 이 책 서두의 졸고에서 지적한 것처럼 여전히 과제는 남아 있지만, 이희팔 씨가 맨 마지막에 '목적은 달성했다'라고 하신 말씀을 듣고 나는 안도하는 마음으로 길고 길었던 인터뷰를 마칠 수 있었다.

구술 기록은 정확성을 위해 가능한 보완과 검증을 위해 노력했는데 아직 충분하지 못한 부분도 있다. 다만, 이희팔 씨가 가라후토(사할린) 시절부터 보관하고 있던 많은 사진에는 촬영된 날짜와 촬영 장소 등이 뒷면에 꼼꼼히 적혀 있어 정말 큰 도움이 되었다.

여기서 이 책의 의미에 대해 다음과 같이 요약해 보고자 한다.

1. <화태 귀환 재일한국인회>의 장기간에 걸친 활동이 사할린 잔류 조선인의 한국 영주 귀국으로 이어졌다는 것을 이 모임의 중심인물의 증언을 통해 생생히 기록한 점.

2. 모임의 활동이 재일조선인운동사 안에서 중요한 일부에 해당한다는 점을 새로이 보여준 점. 특히 이 운동이 한국이나 북조선으로부터의 지시나 지원에 의한 것이 아니라 조직과 단체와는 무관한, 이름도 없는 재일조선인 민중이, 그들 스스로, 자립적인 노력으로 이뤄졌다는 점은 높이 평가해야 마땅하다.

3. 활동 면에서는 모임이 결성된 이후에 적지 않은 수의 일본인이 협력했고, 이희팔 씨의 일본인 가족도 그를 도왔다. 본국인 한국과 재일동포의 지원이 미흡한 속에서 일본인의 협력은 운동을 진전시키는 데 중요한 역할을 했다는 점을 보여준 것.

4. 해방 전 조선의 농촌에서 소작농의 빈곤, 전쟁 중에 노무 동원된 체험 등을 현재 직접 증언할 수 있는 생존자는 몹시 적다. 전쟁이 끝난 직후, 소련의 사회상황에 대한 구체적인 증언 등 흥미진진한 내용도 담았다는 점.

이 책이 출판되기까지 많은 분에게 신세를 졌다. 고인이 된 가지무라 히데키梶村秀樹 선생에게 박노학 씨의 연락처를 물었던 것이 시작인데, 박노학 씨에게는 많은 가르침을 받았다. 다카기 켄이치 변호사에게도 재판의 방청과 자료 면에서 큰 도움을 받았다. 일본적십자사에도 신세를 졌다. 동인지 『해협(海峽)』의 월례회에서는 몇 차례쯤 보고도 하고 회원들의 조언을 받은 것에도 감사하고 싶다. 또 방대한 양의 '녹음테이프 기록 작업'을 도와주신 최학송(崔學松 시즈오카 문화예술대학) 선생님에게는 깊은 감사를 전하고 싶다.

그리고 이희팔 씨. 남에게 털어놓기 어려운 많은 이야기를 나 같은 일본인에게 솔직하게 말씀해 주셔서 진심으로 감사를 드립니다. 이 책을 이희팔 씨께서 마음에 들어 하시기를 진심으로 바랄 뿐입니다.

마지막으로 출판에 응해 주신 산이치쇼보三一書房의 고즈카이 이사오小番伊佐夫 대표, 번거로운 원고정리 등으로 많은 신세를 진 편집부의 고수미高秀美 씨에게 깊은 감사를 드립니다.

나가사와 시게루(長澤　秀)

**글쓴이** 나가사와 시게루(長澤 秀)

1951년, 후쿠시마 현 출생. 와세다대학 졸업, 메이지대학 대학원 석사 수료,
릿쿄대학 대학원 박사 후기과정 중퇴. 고교 교원, 학원 강사, 미술학교를 경영하기도 했다.
재일조선인 운동사 연구회 회원. 동인지 <해협(海峽)> 동인.
주요 연구서로 <석탄 통제회 극비문서·전시하 조선인, 중국인, 연합군 포로 강제연행 자료집>
<석탄산업 내부 문서·전시하 강제연행 극비자료집, 동일본 편> <화태청 경찰부 문서·전전 조선인 관계 경찰자료집>
<전후 초기 재일조선인 인구조사 자료집>(이상은 복각판, 綠陰書房)가 있다.


**옮긴이** 정미영(鄭美英)

2017년에 <도서출판 품>을 만들고 조선학교와 재일(在日) 관련 번역서를 출간하고 있다.
번역서로 <보쿠라노 하타>(우리들의 깃발)1권, 2권, <르포 교토조선학교 습격사건>, <저 벽까지>,
<꽃은 향기로워도>, <우토로 여기 살아왔고, 여기서 죽으리라>가 있다.

**유언(遺言) 〈화태 귀환 재일한국인회〉 회장 이희팔(李羲八)**

초판1쇄 | 2022년 11월 30일
글 쓴 이 | 나가사와 시게루(長澤 秀)
옮 긴 이 | 정미영

펴 낸 곳 | 도서출판 품(031-946-4841/poombooks2017@gmail.com)
주 소 | (10884)경기도 파주시 안개초길 12-1, 302
등 록 | 2017년 9월 27일 제406-2017-000130호(2017.9.19.)

편 집 | 강샘크리에이션
인 쇄 | 다해종합기획

이 책은 三一書房출판사의 『遺言 「樺太帰還在日韓国人会」会長、李羲八が伝えたいこと』의 한국어 완역본입니다.
한국어 저작권은 저자 長澤 秀와 독점계약으로 도서출판 품에 있습니다. 저작권법에 의해 한국 내에서 보호받는
저작물이므로 무단전재와 무단복제를 금합니다.
책값 : 16,000원
한국어판 저작권 ⓒ도서출판 품, 2022
ISBN 979-11-962387-6-6


* 잘못 만들어진 책은 구입하신 서점에서 교환해 드립니다.